REIHE

ZEITGUT

Band 3

Stöckchen-Hiebe

Kindheit in Deutschland 1914–1933

REIHE

ZEITGUT

Band 3

Stöckchen-Hiebe

Kindheit in Deutschland 1914–1933

52 Geschichten und Berichte von Zeitzeugen

Herausgegeben von Jürgen Kleindienst

JKL Publikationen

*Umschlagbild, Hintergrund: Zeppelin ZR 3 über Berlin, Brandenburger Tor
(Ostseite), 26. September 1924.
Foto: Landesbildstelle Berlin.
Umschlagbild vorn, Vordergrund: Die fünf Geschwister, Ostern 1917,
Foto: Familienalbum Ludwig Eberbach
Umschlagbild hinten: Familienalbum Richard Nettersheim*

*Die in diesem Buch veröffentlichten Fotos und Dokumente stammen aus dem
Privatbesitz der Verfasser.*

Die Deutsche Bibliothek – CIP-Einheitsaufnahme
Stöckchen-Hiebe : Kindheit in Deutschland 1914–1933. –
Berlin : JKL Publikationen GmbH, 1998
ISBN 3-933336-02-3

© 1998 by JKL Publikationen GmbH, Berlin
Reihe ZEITGUT, Band 3
2., korrigierte Auflage 1999
Verlag: JKL Publikationen GmbH, Berlin
Klausenpaß 14, 12107 Berlin
Telefon 0 30 - 7 41 04 624, Telefax 0 30 - 7 41 04 626
Herausgeber: Jürgen Kleindienst
Gesamtredaktion und Zusammenstellung: Ingrid Hantke
Bearbeitung und Lektorat: Barbara Grebe, Waltraud Sieg
Umschlaggestaltung: Pepita Richter, Berlin
Druck: Laub GmbH & Co., Elztal
Printed in Germany
ISBN 3-933336-02-3

Inhalt

Orte

B

Bahrenbusch 114, 163
Bautzen 248
Bedburg/Erft 29
Bergisch Gladbach 65
Berlin 308
Berlin-Charlottenburg 190, 207
Berlin-Friedenau 96
Berlin-Friedrichshain 83
Berlin-Hermsdorf 54
Berlin-Moabit 54
Berlin-Neukölln 184
Bocka 176
Böhmisch Leipa 254
Boisheim 13
Breslau 220
Bütow 220

C

Česká Lipa 254
Chojna 184
Cunnersdorf 202

D

Dębno 184
Doksy 202
Dresden 47
Duisburg 142

E

Eichental 34

F

Fastrau 274
Fell 274
Friedrichshafen/Bodensee 41

G

Glatz 103
Gorzów 26

H

Halle/Saale 300
Hamburg 264
Hannover 126
Helmarshausen 71
Heppingen/Ahr 148
Hermsdorf/Kynast 285
Herne 65
Herrenberg 77, 195
Herzberg/Elster 176
Hirschberg 202
Hohensalza 212
Homburg 110

I

Ilmenau 129
Inowrocław 212

K

Kłodzko 103
Köln 51, 142, 241
Königsberg 184
Kruszwica 212

L

Landsberg 26
Legnica 23
Lenzienen 26
Liegnitz 23
Lojewo 212
Lokstedt 152

Vorbemerkungen des Herausgebers

Viele Beiträge dieses Buches waren von den Verfassern ursprünglich für die eigenen Kinder oder Enkel geschrieben, einige sollten nur bewahren, was sonst verlorengehen würde, wenige sind extra für dieses Buch aufgeschrieben worden. Alle aber rufen in uns die Zeit wach, in der diese Kinder aufwuchsen.

Kindheits-Erinnerungen sind nahezu immer auch Erinnerungen an Paradiese, denn wann sonst kann der Mensch träumen, spielen, seine Neugierde ausleben, seinen Gefühlen folgen? Wenn in den Beiträgen dieses Buches dennoch von Hunger, von Arbeitslosigkeit, von Not und von Verzweiflung der Eltern die Rede ist, dann verdeutlicht das nur um so mehr, wie hart diese Zeit zu vielen Menschen war.

Nur, weil noch relativ viele Menschen auf dem Land lebten oder direkten Kontakt dorthin hatten, kam es nach dem Ende des Ersten Weltkrieges nicht zu einer Hunger-Katastrophe fürchterlichen Ausmaßes in Deutschland. Denn das ausgepumpte, unterlegene Land mußte wertvolle Gebiete abtreten und Reparationen leisten. Die Inflation vernichtete die Geldvermögen seiner Bürger.

Die Erinnerungen in diesem Buch führen uns von der Zeit vor dem Ersten Weltkriegs durch die zwanziger Jahre bis zur Machtergreifung Hitlers 1933. Sie bringen uns Details über Leben und Alltag nahe, und sie bieten einen Erkenntnis-Ansatz zum auch weiterhin rätselhaften Teil unserer Geschichte. Aus der kindlichen Perspektive der Erinnerungen drängen sich Erklärungen für die verhängnisvolle Entwicklung hin zur Diktatur des Nationalsozialismus und zum Zweiten Weltkrieg auf.

Die Verfasser dieses Buches sind heute mehr als 75 Jahre alt. Der älteste von ihnen, 1896 geboren, ist 1992 im Alter von 94 Jahren verstorben. Mit seinem Text, den er seiner Tochter hinterlassen hatte, gehen wir zur Einstimmung bis an die Jahrhundertwende zurück ins ländliche Niederrhein-Gebiet.

Dieses Buch ist kein Geschichtsbuch. Es ergänzt vielmehr die Geschichtsschreibung, erzählt vom Alltag und verdeutlicht, wie sich die „große Geschichte" auf das Leben der Menschen auswirkte.

Häufig sind die Erinnerungen durch historische Tatsachen ergänzt und von später Gehörtem beeinflußt. Manche Betrachtung oder Wertung hat hier ihre Ursache und ist nur so zu verstehen. Aber gerade aus dieser späteren Auffüllung, oft genug vom erwachsenen Erzähler selbst unbemerkt vollzogen, erzielen viele Beiträge ihren Lesereiz.

Begeben Sie sich auch mit diesem Band der Reihe ZEIT-GUT auf eine Reise in die Vergangenheit.

Jürgen Kleindienst
Juni 1998

Johannes Heinrich Pötter

Auf dem Pötterhof

Meine Eltern waren sehr fleißig und äußerst sparsam. Vater besorgte nicht nur die kleine Landwirtschaft, sondern fuhr 40 Jahre lang mit einem Pferdefahrzeug, einer langen Karre, die Milch von den anliegenden Höfen nach Dülken zur Molkerei.

Vater war ernst und wortkarg. Aber wenn ich in den Ferien um vier Uhr morgens mit ihm aufstand und mitfuhr, war er aufgeräumt und glücklich. Die schweren Kannen bereiteten ihm keine Schwierigkeiten. Mit einem Schwung waren sie auf dem Wagen.

Auf der Rückfahrt hielt das Pferd schon von selbst an der Gastwirtschaft, wo Vater beim Wirt Nehlen Bertram für zehn Pfennige einen Schnaps trank. Zu Neujahr schenkte der Wirt ihm einen neuen Geldbeutel, den er zur Aufbewahrung und zum Auszahlen des Milchgeldes gut gebrauchen konnte. Der Geldbeutel war eine getrocknete Schweinsblase. Später nahm Vater ein Leinensäckchen für das Geld.

Vater war hochgewachsen und stark. Einen Zweizentnersack zu schultern schien für ihn eine Kleinigkeit. Er war streng. Er summte wohl bei guter Laune vor sich hin, aber nie hörte ich, daß er sang.

Meine Mutter reichte meinem Vater nur bis zur Schulter. Sie war unermüdlich und sehr fortschrittlich. Alle Erneuerungen gingen von ihr aus. Sie verstand es, ihre Ideen auch durchzusetzen. Mein Vater dachte dann, die Welt ginge unter. Mutters Frohsinn, ihre Sorge um unsere Weiterbildung, ihr ausgesprochener Schönheitssinn – all das formte uns und glich die Strenge und den Ernst Vaters aus. Während Vater nur mal einen Blick in die Zeitung warf, las sie gerne Liebesromane. Sie konnte es kaum abwarten, bis sich die beiden Romanhelden „kriegten". Mutter sang gern und regte uns Kinder immer wieder zum Singen an.

So geschickt, wie Mutter es verstand, ihren alten Hut auf neu zu machen, so bemühte sie sich um unsere Kleidung. Wir waren zwar einfach, aber gut gekleidet. Wir unterschieden Kleidung für Sonntage, für die Schule und für zu Hause.

Daheim trugen wir Holzschuhe. Gerne wären wir damit auch einmal zur Schule gegangen, wie andere Kinder es taten. Aber das ließ Mutter nicht zu. Sie legte großen Wert darauf, daß unsere Haare ordentlich geschnitten waren. Ebenso bedacht war sie auf unsere Haltung. Mit Vaters Stock im Rücken mußte ich Übungen machen. Ging ich später allein aus dem Haus, folgte Mutter mir bis zum Tor und rief: „Gerade halten!"

Ich nannte meine Schwestern „Kenger" (Kinder), denn ich fühlte mich groß. Anna, Lenchen und ich waren jeweils nur ein Jahr auseinander. Ich war der Hüter meiner Schwestern. Links und rechts führte ich sie am Händchen und ging mit ihnen zu Omama, die nur 100 Meter weiter wohnte. Vor Autos brauchten wir nicht gewarnt zu werden. Höchstens ein durchgegangenes Pferd hätte uns gefährlich werden können. Wenn wir Pech hatten, empfing uns Onkel Josef am Hoftor. Er drehte uns dann wortlos herum, und wir kamen wieder zu Hause an.

Ich kann wohl sagen, daß ich der Liebling meiner Oma war. Ich wußte genau, wann sie Brot buk. Dann stellte ich mich ein. Das Brot wurde in einer Vertiefung im Boden gebacken. Für mich fiel dann immer ein Stück ab.

Draußen hatten wir einen Pött (Brunnen). Der Wassereimer hing an einer Kette, die über eine Rolle lief. Auch unser Nachbar Bischofs holte hier das Wasser, er brachte eine Tin (Tonne) mit, die wohl an die sechs Eimer faßte. Zwei kräftige Männer trugen sie mit Hilfe von Rundhölzern zurück.

Als ich noch so klein war, daß ich mich nur an der Wand bewegen konnte, hatte ich mich bis zum Brunnen gewagt und war dabei, ihn zu umrunden. Da er baufällig war, hatten sich Steine gelöst. Ein Loch war entstanden. Im letzten Moment konnte mich meine Mutter fassen.

Zwischen Nachbar Bischofs und uns gab es einen Verbindungsweg, der durch den Garten führte. Sein Haus war noch aus Holz und Lehm gebaut. Bischofs hatten eine Schankwirtschaft. Hauptsächlich aber waren sie Schuster. Der Vater und zwei Söhne saßen auf Schusterhockern. Was dort herumlag, konnte ich zum Spielen gut gebrauchen. Zum Beispiel das Holz, auf dem die Messer geschärft wurden.

An bestimmten Tagen kam der Müllerknecht mit dem Pferdewagen, um den Bauern das Mehl zu bringen. Er kehrte bei Bischofs ein und aß sein Butterbrot. Die Pferde hatten Schellen am Geschirr, die man schon von weitem hörte. Ich sagte dann: „Do kömpe Rad!" Meine Mutter mußte mir dann ein Butterbrot in Papier einwickeln, und ich ging hinüber, um mit „Rad" mein Brot zu essen.

Als ich drei Jahre alt war, geschah folgendes: Wir hatten mehrere Schweine geschlachtet und verkauft. Auf dem aufgeräumten und gesäuberten Küchentisch wurde das Geld gezählt, Hartgeld in Gold und Silber. Mutter strich die Münzen in die Schürze und brachte sie ins Schlafzimmer. Alles ereignete sich in meinem Beisein. Später ging ich hin, füllte meine Taschen mit Goldstücken und zog damit zu Nachbar Bischofs. Dort leerte ich auf dem Fußboden meine Taschen und spielte mit den Goldstücken. Was dann geschah, brauche ich wohl nicht zu erwähnen.

Bei Bischofs kehrten die Jäger ein, häufig auch der Jagdhüter. Hasen, Kaninchen, Fasane, Rebhühner waren mir ver-

traut. Mein Vater zeigte mir, wo ich die Nester mit Fasanen-
eiern finden konnte.

Eine ganz große Sache waren die jährlichen Treibjagden.
Einmal war ein angeschossener Hase in einer Furche verschwunden. Ich wurde zu unserem Feld geschickt, sollte dort
einen Kohlkopf herausziehen und unauffällig durch die Furche wieder zurückkommen. Der Plan bestand darin, den Kohl
vor dem Hasen fallenzulassen und den Hasen so zu fangen.
Leider konnte er noch laufen.

Mit der Natur war ich von klein auf verbunden. In den
Geschäften gab es keine Süßigkeiten, aber Birnen, Äpfel, Nüsse und rohe Möhren.

Unser Hof war von mächtigen Eichen umgeben. Stürmte
es im Herbst, hörten wir ein gewaltiges Rauschen. Auch Blitz
und Donner erlebten wir viel stärker als in der Stadt. Als ich
während eines Gewitters nicht artig war, sagte Mutter:
„Reuch, Herrgöttsche kifft!" In dem Augenblick gab es einen Donnerschlag, der mich erstarren ließ.

Später, als wir älter waren, tummelten wir uns in den nahen Wäldern, waren hinter Eichhörnchen und Kaninchen
her. Der Wechsel der Jahreszeiten bestimmte unseren Le-
bensrhythmus. Hafer-, Roggen-, Weizen- und Gerstenfelder
säumten unseren Schulweg.

Bereits vor der Einschulung konnte ich dank Mutters Hilfe meinen Namen schreiben. In deutscher Schrift. Ich war
in der Schule der einzige meines Jahrgangs. Morgens hatte
ich Begleitung, aber um 10 Uhr mußte ich mutterseelenal-
lein den Heimweg antreten. Ich schlenderte den Weg dahin,
ließ die Halme durch meine Finger gleiten, als da plötzlich
ein Mann im Korn lag: Der Schrecken der Kinder, der Slo-
wake mit den Mausefallen! So schnell ich konnte, rannte ich
davon. Einmal war ich übermütig und rief laut in den nahe-
gelegenen Wald: „Du, Kerl mit dem Messer, komm heraus!"
Und siehe da, es bewegte sich tatsächlich etwas, ein Mann
duckte sich, lief dann weiter. Ich floh in das nächste Korn-

feld, fand in einer ganz anderen Richtung wieder hinaus. –
Es war übrigens ein Knecht gewesen, der sich mit mir einen
Scherz erlaubt und meinen Mut auf die Probe gestellt hatte.

Im ersten Schuljahr hatte ich es gut. Eine junge Lehrerin
unterrichtete uns. Sie war von auswärts und wohnte in der
Gastwirtschaft. Der Wirt hatte einen Streifen Land. Mein
Schulweg führte an diesem Stückchen Land vorbei, und ich
begegnete ihm dort häufig. „Hast du auch von deiner Lehrerin ein Bildchen bekommen?" fragte er mich jedesmal. Damit spornte er mich zum Lernen an.

Aber, soll ich es sagen, einmal schwänzte ich tatsächlich
im ersten Schuljahr die Schule. Ich war zu spät gekommen.
Das Schultor war nur angelehnt und niemand auf dem Schulhof. Ich berührte kurz die Klinke und kehrte um. Zu Hause
sagte ich: „Das Tor war verschlossen!"

Da ich als Erstkläßler der einzige war, gingen die großen
Jungen manchmal recht derb mit mir um. Sie nannten mich
Putschke. Ich kannte ein seltsames, böses Gedicht, woher
weiß ich nicht mehr, ich verstand es auch in diesem Alter
noch nicht. Die Jungen hielten mich in einer Ecke fest und
zwangen mich, es aufzusagen:

„Putschke, Putschke ging nach Brögge,
nohm sin Wiffke ob de Rögge,
schlug em met ene Kohlstronk,
dat et junket wie ene Honk."

In der Oberklasse unserer zweiklassigen Schule war auch
nachmittags Unterricht. Eines Tages wurde bei unserem
Nachbarn eine Sau geschlachtet, die wohl vier Zentner wog.
Wir Kinder wären gerne dabeigewesen. Zum Glück gab es
auf dem Schulweg etwas Regen. Als wir das Dorf erreichten,
ließen wir uns an einer Dachrinne das Wasser über die Oberschenkel laufen. Ich war der Sprecher und sagte zum Lehrer: „Wir sind ganz naß, dürfen wir nach Hause gehen?"

Der Lehrer befühlte meine Jacke und meinte, es sei doch
nicht so schlimm. Ich entgegnete: „Aber hier!" und klatsch-

te auf meinen Oberschenkel. Wir durften gehen, rannten nach Hause und kamen gerade noch rechtzeitig. Wir eroberten die große Schweinsblase, bliesen sie auf und schlugen mit einer Schaufel darauf. Es gab einen Knall wie bei einem Kanonenschuß.

Schon früh war ich im Kirchenknabenchor. Die Proben waren mittwochs gleich nach dem Unterricht. Ich blieb im Ort und bekam zehn Pfennige für Brötchen, kaufte mir aber Plätzchen. Mit meiner glockenreinen Stimme machte ich bald auf mich aufmerksam. Unser Nachbar, der manchmal in der Stadt die Oper besuchte, sagte zu Vater: „Gottfried, dä Jung muß Opernsänger werden." Da war Vater sehr ärgerlich.

Als Schüler war ich guter Durchschnitt. Wohl eher brav, auch wenn ich schon mal eine Möhre heimlich schälte oder einen Beutel mit Spielsteinen fallen ließ. Unser Hauptlehrer war sehr streng. Kam er mit einem Stoß Hefte, zitterten wir schon. Wehe, wenn das eigene Heft quer obenauf lag!

Mit dem Stock hatte bisher noch kein Schüler Bekanntschaft gemacht. Eines Tages aber war es soweit. Unser guter Hauptlehrer war erkrankt, ein junger Lehrer übernahm den Unterricht. Er konnte sich jedoch nicht durchsetzen. Einige Schüler hatten ihm einen üblen Streich gespielt. Sie hatten ein Seil gespannt, und er war mit seinem Fahrrad darübergestürzt. Ich war zwar daran nicht beteiligt gewesen, bekam aber trotzdem seinen Zorn zu spüren, weil ich mit meiner Banknachbarin Luise Pascher schwatzte. Wir mußten beide nach dem Unterricht dableiben. Ich wurde als erster aufgerufen und stellte mich zwischen Pult und Bank. Der Lehrer konnte mich mit seinem Stock nicht voll treffen. Trotzdem schrie ich bei der kleinsten Berührung markerschütternd. Meine Schwestern, die draußen auf mich warteten, weinten auch.

Ein älterer Junge schenkte mir einen Lederball. Richtiger gesagt, ein paar hängende Lederlappen, die mal zu einem Ball gehört hatten. Für mich ein unermeßlicher Reichtum, denn ich hatte ja meinen Schusterfreund Bischofs. Mit starken Nähten machte er den Ball wie neu, so daß dieser wieder zum Fußballspielen geeignet war.

Nun aber forderte der Junge sein Geschenk zurück. Das erzählte ich meinem Vater und löste damit eine unerwartete Reaktion aus. Vater nahm ein Messer, riß die Nähte wieder entzwei und forderte mich auf, den Ball so zurückzugeben, wie ich ihn bekommen hatte.

In unserem Haus lagen unten die gute Stube und die Küche. Die gute Stube war nur für Feiertage. In der Küche spielte sich alles ab. Ging man von der Küche nach links, war man bei den Schweinen. Ging man nach rechts, war man im Kuhstall. Im hinteren Bereich lagen noch zwei Schlafzimmer, eins für die Eltern und eins für die Mädchen. Oben waren zwei kleine Schlafzimmer. Eins für Martin, den alten Knecht, und in dem anderen schliefen wir Jungen, erst zwei, dann drei in einem Bett. Unser Bett hatte keine Matratze, sondern eine dicke Unterlage aus Stroh. Darüber ein Kaafbett, die Spreu vom Hafer. Vor Ostern wurde das Stroh erneuert, dann brauchten wir fast eine Leiter, um ins Bett zu gelangen.

Über uns war noch ein kleiner Söller. Dort fand ich Reste von Hauswebstühlen, die mir einen ganzen Spielzeugladen ersetzten. Auf dem Söller wurden die Zwiebeln zum Trocknen ausgebreitet. Da es bei uns, wie in jedem Bauernhaus, zahlreiche Ratten gab, hatten sie hier über uns ihren Tummelplatz. Sie huschten über die Zwiebeln. Nie hatten wir Angst vor ihnen. Im Gegenteil, je toller, um so besser.

Das Licht kam aus Petroleumlampen. Im ersten Weltkrieg bezahlten wir Petroleum mit Speck. Bis dahin hatten die Pötterhöfe demzufolge kein elektrisches Licht.

Einfach und bescheiden war unsere Ernährung. Obschon wir selbst Hühner hielten, gab es zum Frühstück kein Ei. Nur Ostern wurden reichlich Eier gegessen, die Mutter in einem Sud aus Zwiebelschalen gefärbt hatte. Dann wurde „getippt".

Sieger war derjenige, dessen Ei am Schluß noch ganz war. Es war fast immer unser Vater.

An anderen Tagen im Jahr gab es „Eieröm". Einige Eier wurden mit Mehl und Wasser in der Pfanne verrührt, ähnlich dem Rührei oder den Kaiserschmarren, nur sparsamer.

Unsere Brote bestrichen wir ganz dünn mit guter Butter, die mein Vater aus der Molkerei holte. Nahmen wir Kinder zu viel davon, sagte Mutter: „Der Ohs (Ochse) stött."

Der eigentliche Aufstrich war das Apfelkraut, wofür eine spezielle Sorte Äpfel, die „Miesöhte" (die Halbsüßen), verwendet wurden. Mein Onkel hatte eine Krautpresse. Dort wurden unsere Äpfel, darunter zehn Prozent saure, gesondert behandelt. Das Kraut erhielt einen herbsüßen Geschmack. Nie mochte ich anderes Apfelkraut! In großen Steinkrügen wurde es auf dem Speicher aufbewahrt, es reichte für zwei Jahre. Mutter holte das Kraut mit dem „Krutdöppe" (Krauttopf).

Unsere Schulbrote waren immer mit Fleisch und Wurst belegt. Mittags gab es meist eine Vorsuppe. Manchmal blieb es nicht bei einem Teller. Wenn wir geschlachtet hatten, aßen wir Kermenad*), Tüüd (Panhas), Rippchen, Leberwurst oder Blutwurst. Das schmeckte! Außerdem gab es noch Bratwürste und Speck, viel Speck! Das meiste am Schwein ist ja der Speck. Wie sehnten wir das nächste Schlachtfest herbei!

Hatten wir Hering, bekamen wir Kinder ein Drittel. Begehrt war immer das Schwänzchen. Abends wurde „Prenk" gereicht, eine Buttermilchsuppe mit Brotbröckchen, gesüßt mit Rübenkraut. Dann noch Salzkartoffeln mit einer Speckoder Zwiebelsoße.

Sonntags kamen Rindfleisch und Rindfleischsuppe mit Zwieback und kaltem Reis auf den Tisch. Im Winter briet Mutter ab und zu einen Hasen, den Vater vom Feld mitbrachte. Einmal schenkte uns ein Jäger einen Hasen. Er blieb zum Abendessen und bediente uns Kinder. Das waren Portionen!

Wenn Kirmes war, wurde ein ganzer Schinken gekocht.

---

*) Lummerstück, das Beste vom Schwein

Die Schwarte ließ sich vom heißen Schinken abheben. Alle vier Jahre wurden Kirmes und Schützenfest gleichzeitig gefeiert. Dann weckten Trommler und Pfeifer uns zum Sonntagsfrühstück.

Es blieb nicht aus, daß wir Kinder von frühester Jugend an mithelfen mußten, besonders ich, das älteste. Schon mit drei oder vier Jahren brachte ich Kaffee zum Feld. Eine große Kanne, ein schwerer Korb. Ich trug Holzschuhe. Einmal soll ich gesagt haben: „Das kann ich nicht, ich falle hin!" Dabei wäre ich so getorkelt, daß meine Mutter schnell Kanne und Korb selbst nahm.

Schlimm war das Kruhen (Jäten der Rüben und Möhren). Dabei mußte man kriechen. Während meine Mutter zwei und drei Reihen schaffte, gelang uns Kindern gerade mal eine. Für jede Reihe bekamen wir einen Pfennig.

Und erst im Beu (Ernte)! Garben binden und aufsetzen, mit der langen Gabel die Garben hochhieven, in der Scheune abladen und weiterreichen. Dabei die Disteln! Beim Dreschen mußte das Pferd angetrieben werden. Auf dem Hof war ein Göpelwerk eingebaut. Viele Zahnräder übertrugen die Kraft auf eine Pleuelstange, die sich drehte und dadurch die Trommel der Dreschmaschine rotieren ließ. Meine Mutter besorgte fachmännisch das Einschießen, ich mußte anreichen. Oh, der Staub dabei! Nachher mußte ich die Wannmühle drehen. Hier wurde Spreu vom Getreide getrennt. Natürlich mußten die Säcke, die zu füllen waren, aufgehalten werden.

Wenn die Scheune leer war, gab es zur Belohnung Speckkuchen. Zuvor kam noch die große Rattenjagd. Vater hob die letzten Garben vorsichtig an. Wir anderen standen mit Knüppeln bereit. Die meisten Ratten knackte unser Hund Zampa, eine gefährlich aussehende Dogge. Aber Zampa war gutmütig, treu und mein liebster Spielkamerad. Er war so groß, daß ich auf ihm reiten konnte. Wenn Zampa am Tor lag, traute sich kein Bettler oder Hausierer zu uns hinein. Später bekam Zampa ein Geschwür am Hals. Er mußte erschossen werden. Der Jäger übernahm die traurige Aufgabe. Mutter hatte uns Kinder an die Hand genommen, war mit uns weit hinaus aufs Feld gegangen. Trotzdem hörten wir den Schuß, wir weinten bitterlich.

Samstags hatte ich die nicht ganz einfache Aufgabe, den Hof zu kehren, der mit Schlacken belegt war. Für diese schwere Tätigkeit bekam ich eine Mark Sonntagsgeld. Meine Geschwister beneideten mich darum.

Ein Familienfoto aus dem Jahre 1916. Da war ich 18. Ich stehe zwischen meinen beiden jüngeren Schwestern. Im Vergleich zu heute sahen wir Jugendlichen ja damals alle erwachsener aus.

Die Jahre vergingen. Der Zeitpunkt kam, da ich aus der Schule entlassen wurde. Wir überlegten, was ich werden sollte. Vater rechnete mit Hilfe auf dem Hof. Mutter jedoch hatte andere Pläne: Der Junge wird Lehrer! Sie setzte sich schließlich durch. Das war für die Pötterhöfe ein ganz großer Entschluß!

[Liegnitz*), Niederschlesien;
1911–1913]

Hans Kilger

Sonntagsausflüge

Im April 1911 wurde mein Vater, Postbeamter in Aachen, nach Liegnitz in Niederschlesien versetzt. Der Umzug von Aachen nach Liegnitz dauerte mit der Eisenbahn und einer Übernachtung in Halle eineinhalb Tage. Während der langen Fahrt zogen Stunde um Stunde endlose Telegrafendrähte vor dem Wagenfenster vorüber.

In Liegnitz holte uns die „Alte Röhrichten" mit einem Leiterwägelchen am Bahnhof ab. Wir mußten die ganze Stadt durchqueren, um zu unserer Wohnung zu gelangen. Von dem, was die „Alte Röhrichten" sprach, verstanden wir kein Wort. Soviel aber sahen wir: Liegnitz war eine schöne Stadt mit viel Grün. Auf der Lindenallee begrüßte uns ein Pirol, heute ein seltener Vogel.

Unser neues Zuhause war eine 5-Zimmer-Wohnung im Dichterviertel, Raupachstraße 33. Meine Schwester Käthe war sechs und ich neun Jahre alt. Wir bekamen jeder ein eigenes Zimmer, das der Größe und Lage wegen aus Gründen der Gerechtigkeit jährlich gewechselt wurde. Die Raupachstraße hatte wenig Verkehr.

Das Lyzeum für Käthe befand sich um die Ecke am Bilseplatz, das Städtische Gymnasium, in das ich aufgenommen wurde, in gleicher Richtung 200 Meter weiter. Parallel zur Raupachstraße, hinter dem nächsten Viertel, war schon die Grenze der damals 65 000 Einwohner zählenden Stadt.

---

*) heute Legnica in Polen

Bisher kannte ich nur die Sütterlinschrift, hier aber schrieben wir in lateinischen Buchstaben. Wegen meiner singenden Aachener Aussprache wurde ich oft von Mitschülern gehänselt. Das ging jedoch vorbei, die Anfangsschwierigkeiten waren bald überwunden. Die Eltern und wir Kinder hatten uns schnell eingelebt. Die Jahre in Liegnitz gehören rückblickend zu den schönsten meines Lebens.

Es war damals unter Postkollegen üblich, daß die Familien sich sonntags besuchten. Man fragte per Telefon an, wann es genehm sei, und vereinbarte den Termin. War der Sonntagvormittag heran, wurde eine schöne, offene Pferdedroschke gemietet. Im Fond nahmen die Eltern Platz, wir Kinder erlebten die Fahrt auf dem Rücksitz. Auf dem Kutschbock saßen der Wagenlenker und ein Diener in Livree. Wir alle waren festlich anzusehen. Am Ziel angekommen, machten die Eltern, durch den Diener angemeldet, ihre Aufwartung, während Käthe und ich im Wagen blieben.

An einem dieser Sonntage galt der letzte Besuch einem kinderlosen, aber sehr kinderlieben Ehepaar. Es bat uns mit herauf. Artig setzten wir uns im Zimmer nebenan an einen Tisch. Bald stand vor uns ein Berg von Erdbeeren mit Schlagsahne. Wir aßen so viel, daß uns schlecht wurde! Die Hausfrau wurde nicht böse, sondern kümmerte sich rührend um uns. Gegen 14 Uhr waren wir wieder zu Hause. Wir hatten unterwegs viel Neues von Liegnitz gesehen.

Mehr und mehr kam in der bürgerlichen Gesellschaft das Radfahren auf. Käthe erhielt ein kleines Kinderfahrrad und lernte das Fahren spielend an einem Vormittag. Den Eltern fiel es etwas schwerer. Der beim Kauf gleichzeitig engagierte Fahrlehrer übte mit ihnen das Auf- und Absteigen, was für die Herren erheblich schwieriger als für die Damen war. Mein eigenes Fahrrad war beinahe schon wieder erneuerungsbedürftig.

Bald waren wir alle soweit, daß wir uns den Sonntagsausflügen der Gesellschaft anschließen konnten. In Familie oder in größeren Gruppen brach man in die schöne Umgebung des flachen Landes auf. Unvergeßlich blieben mir die im Frühling blühenden Obstbäume zu beiden Seiten der Chaussee. Nach 10 bis 15 Kilometern kehrte man in einfachen Gasthäusern ein, aß zu Mittag, trank noch einen Kaffee und machte sich dann auf den Heimweg.

Anderntags mußten die Fahrräder gründlich vom Staub der Landstraßen gereinigt und alle Metallteile poliert werden. Autos gab es erst wenige, doch die Staubwolken, die sie verursachten, waren von weitem schon zu erkennen, so daß man, je nach der Windrichtung, die Straßenseite rechtzeitig wechseln konnte.

Mit elf Jahren trat ich dem Deutschen Pfadfinderbund bei, dem Schüler verschiedener Schulen und auch Lehrlinge angehörten. Die Pfadfinder sollten zu Gemeinschaftsgeist und naturnaher Lebensführung erzogen werden. Hierzu dienten Heimabende, Fahrten und Lager.

Wir trafen uns regelmäßig samstags um 14 Uhr am Arnimdenkmal, um anschließend in kleineren oder größeren Gruppen in die nähere oder weitere Umgebung auszuschwärmen. Die Ziele wurden vorgegeben, wir sollten lernen, uns nach Karte und Kompaß in jedem Gebiet zurechtzufinden. Pastor Wangerow, der Feldmeister, hatte jeweils den Plan entworfen und gab dann den einzelnen Gruppen vor Abmarsch die Aufgabe bekannt.

Während der Ferien konnte man auch an längeren Fahrten teilnehmen. So kam ich einmal mit einer Gruppe über Stettin nach Rügen und umwanderte mit zwei Kameraden die ganze Insel. Wir kochten im Freien, übernachteten in Scheunen oder im mitgebrachten Zelt auf Decken. Luftmatratzen und Schlafsäcke gab es in jenen Jahren ja noch nicht.

Inzwischen war auch eine Mädchengruppe gegründet worden. Dies machte natürlich die volkstümlichen Feste viel interessanter! Mit Begeisterung sangen wir Lieder und sprangen gemeinsam über das Sonnenwendfeuer.

[Gut Lenzienen, Kreis Ortelsburg*), Ostpreußen –
Landsberg**)/Warthe;
1914–1918]

Emmy Brümmer

Brandstiftung

In jenem Hochsommer 1914 schien in meiner Erinnerung
immer die Sonne. Die Wiesen waren wie bunte Blumentep-
piche. Erntewagen schwankten, hochbeladen mit Korn, auf
den Feldwegen von Ostpreußen. In den großen Gärten bogen sich die Bäume unter dem schönsten Obst. Es roch so
herrlich nach Rosen und Veilchen. Und in den Nächten strahlten die Sterne viel größer und heller, als ich sie später jemals
sah.

In einer solchen Nacht erwachten meine Eltern und ich
von einem ungeheuren Prasseln. Beim Öffnen der Fenster-
läden sahen wir eine riesige Feuerwand: Scheunen und Ställe standen in hellen Flammen, in denen Hunderte unserer
Tauben bei ihren Fluchtversuchen abstürzten.

Hilflos standen die männlichen Bewohner des Hofes dem
Flammenmeer gegenüber. Die Frauen waren in den großen
Garten geflüchtet. Nur die Pferde, das Haus aus dem
17. Jahrhundert und eine Spiritusbrennerei, die abseits
stand, konnten gerettet werden.

Am nächsten Tag kam aus der Kreisstadt Ortelsburg die
Polizei. Ihr Auftreten und die Pickelhelme, die die Polizisten
trugen, hinterließen bei mir einen bleibenden Eindruck. Vater sollte wegen „Brandstiftung" verhaftet werden!

Glücklicherweise stellte sich schon recht bald heraus, daß
die von der Ostgrenze zurückweichenden deutschen Solda-

---

*) heute Szczytno in Polen, **) heute Gorzów in Polen

ten eine Reihe von Orten angezündet hatten, um vor den hereinbrechenden Russen eine weite, blanke Verteidigungsfläche zu schaffen.

Vier Wochen später, oder waren es weniger, waren wir mit Leiterwagen, von Pferden gezogen, im langen Treck auf der Flucht. Das Gros der Landbevölkerung gab bald auf und versteckte sich in den großen, dichten Wäldern. Das mitgenommene Vieh trieb herrenlos durch die Gegend.

Meinen Eltern und mir gelang es, einen letzten Zug, er bestand aus sogenannten Viehwagen, zu erreichen. Wieder ein unvergeßlicher Eindruck ...

Vor Entsetzen, Furcht und Verwirrung hatte jeder das gegriffen, was gerade in der Nähe war, eine Ziege, ein Huhn oder sogar ein Ofenrohr. Meine Eltern hatten einen großen, weidengeflochtenen Reisekorb gerettet, gefüllt mit Wäsche und Kleidungsstücken. Eine Umhängetasche enthielt echte Goldstücke. Wo mögen sie geblieben sein?

Hinter der Weichsel wurde der Zug so nach und nach leerer. Wir landeten schließlich in Landsberg an der Warthe. Dort entstand zwischen der Familie, bei der wir untergekommen waren, und ihren Nachkommen eine langjährige Freundschaft (bis zur nächsten Flucht 1945).

Im Frühjahr 1915 kehrten wir in die zerstörte Heimat zurück. In unserem Haus lagen Hausrat, Bilder und Möbel zu Bergen aufgetürmt, alles mit Petroleum übergossen. Wahrscheinlich hatte den feindlichen Truppen die Zeit nicht mehr gereicht, um alles zu zerstören.

Die Menschen waren fest entschlossen, alles aufzuräumen, das Land zu bebauen. Wieder kann ich mich an viel Sonnenschein, das Spiel mit Katzen und Hunden, an die Pferde auf der Weide erinnern.

1916 besuchte Kaiser Wilhelm II. unsere Kreisstadt, um die Kriegsschäden zu besichtigen. Bei herrlichem Wetter saßen wir Kinder weißgekleidet stundenlang an der Straße, um das märchenhafte Ereignis ja nicht zu versäumen.

In Erwartung des Besuches von Kaiser Wilhelm II. im Jahre 1916 in der zerstörten ostpreußischen Stadt Ortelsburg. Damals genügten noch sechs Polizisten, um für Ordnung und Sicherheit zu sorgen.

Zu dieser Zeit arbeiteten auf unseren Feldern gefangene zaristische Offiziere. 1918 verschwanden sie spurlos. Leider erfuhren wir nie, ob sie sich retten konnten oder der russischen Revolution zum Opfer fielen.

Es war eine ereignisreiche Kindheit, immer in dem unerschütterlichen Glauben, niemals die geliebte Heimat verlieren zu können – eine trügerische Gewißheit, wie sich später herausstellen sollte.

Richard Nettersheim

Der kleine Vaterlandsverteidiger

Die folgende Begebenheit führt zurück an den Anfang des
Kriegsjahres 1916. Mutter hielt trotz der steten Sorge um
unseren an der Westfront eingesetzten Vater fest und treu
zum Kaiserhaus, wie viele andere deutsche Frauen zu dieser
Zeit. Über Vereine, durch Literatur, Bilder, Karten, Feier-
lichkeiten mannigfaltiger Art war die Bevölkerung auf den
Kaiser eingeschworen worden.

Auch der Schulunterricht wurde weitgehend darauf abge-
stimmt. Bereits im ersten Schuljahr lernten die Kinder – so
später auch ich – als erstes Lied:

> *„Der Kaiser ist ein lieber Mann,*
> *er wohnet in Berlin.*
> *Und wär' es nicht so weit von hier,*
> *so ging ich heut noch hin."*

Dieses Lied wurde auf die Melodie „Üb immer Treu und Red-
lichkeit!" gesungen. An Kaisers Geburtstag, am 27. Januar,
hatten selbstverständlich alle Schüler unterrichtsfrei.

Wie es damals Sitte war, zogen die kleinen Kinder an diesem Feiertag ihre Mini-Uniformen an, die sie zu Weihnachten geschenkt bekommen hatten. Zu Hause oder auf der Straße spielten sie dann Soldat. Auch ich, damals viereinhalb
Jahre alt, besaß eine solche Uniform.

Um unserem Vater eine Freude zu bereiten, beauftragte Mutter Peter, ihren ältesten Sohn, mit mir, dem kleinen feldgrauen Soldaten, zum Fotografen zu gehen. Das Foto wollte sie dann Vater schicken.

An einem sehr kalten Januartag zog mein Bruder mit mir los. Bis zum Fotografen mußten wir eine Viertelstunde laufen. Ein eisiger Wind fegte durch die trockenen, staubigen Straßen und trieb einem unablässig die Tränen in die Augen. Peter trug zu seinem warmen Wintermantel noch einen Wollschal um den Hals, eine Mütze schützte seine Ohren, Handschuhe wärmten seine Hände.

Ich weiß nicht, warum Mutter, die sonst so fürsorglich darauf bedacht war, uns warm anzuziehen, dies bei mir heute außer acht gelassen hatte. Vielleicht war sie zu sehr im Laden beschäftigt oder hatte gerade etwas anderes Wichtiges zu tun. Vielleicht auch verließ sie sich auf den großen Bruder, daß er schon aufpassen würde.

Das war aber nicht der Fall. Mir selbst, dem Gala-Soldaten mit Pickelhaube und Schleppsäbel, war es ebenfalls nicht eingefallen, mich wärmer anzuziehen. Vielleicht war ich auch recht stolz, mich auf der Straße in Uniform zeigen zu können. Das Versäumnis merkte ich zwar sehr bald, aber zum Umkehren war es bereits zu spät. Peter ließ sich nicht darauf ein, vielmehr meinte er, einem Soldaten dürfe die Kälte nichts ausmachen. Das müsse ich doch einsehen.

Ich sah das ganz und gar nicht ein, denn ich fror erbärmlich. Ergeben tippelte ich neben meinem Bruder her, die froststarre Linke am Griff des Schleppsäbels. Die rechte Hand stahl sich in die Hosentasche.

Aber Peter hatte mein unsoldatisches Verhalten schnell bemerkt und fuhr mich barsch an: „Nimmst du wohl die Hand aus der Tasche! Schämst du dich nicht? Ein Soldat und die Hand in der Hosentasche! Unmöglich!"

Er sah sich scheu nach allen Seiten um, ob jemand mein unwürdiges Benehmen bemerkt hatte. Aber warum sollte ich mich schämen? Ich begriff das nicht. Es war doch ein Spiel!

Kriegspielen war 1916 noch große Mode bei uns Kindern. Die Spielwaren-Industrie ging gern darauf ein, stellte Gipssoldaten, Zinnsoldaten, Klein-Kriegsmaterial in Hülle und Fülle her, selbstverständlich auch Uniformen für den jungen Heldennachwuchs.

An Handschuhe hätte ich zumindest denken sollen! Meine Finger waren längst wieder zu Eisgriffeln geworden. Gesicht und Ohren schmerzten vom scharfen Biß der Kälte. Unauffällig versuchte ich, ein wenig hinter Peter zurückzubleiben, um dann genau so unauffällig beide Hände in die warmen Hosentaschen zu stecken. Das gelang mir sogar für eine wundervolle kurze Weile.

Da verriet mich der baumelnde Schleppsäbel, der mit dem unteren Ende auf den Bürgersteig klirrte. Peter fuhr erschrocken herum. Natürlich bemerkte er sofort meine nachlässige, um nicht zu sagen unvorschriftsmäßige Haltung.

„Hände raus! Das nächste Mal haue ich drauf!"

Für eine kurze Zeit hielt ich tapfer durch. Als ich aber meinte, es vor Kälte nicht mehr aushalten zu können, versuchte ich den gleichen Kniff von vorhin noch einmal.

Aber Peter hatte wie ein Luchs aufgepaßt und schlug mir auf die Hände. Sie steckten zwar noch in den Hosentaschen, und die Schläge taten deshalb nicht weh, aber für mich war das Maß voll. Ich wollte nicht mehr tapfer und auch kein Soldat mehr sein. Ich heulte einfach drauf los.

„Du lieber Himmel", klagte Peter, „auch das noch! Ein Soldat, der weint! Willst du wohl aufhören! Wir sind ja gleich da."

So kam ich mit blaugefrorenem Gesicht und verweinten Augen beim Fotografen an, fürwahr kein dankbares Fotoobjekt für ihn! Nun begannen die Ohren und Hände von neuem zu brennen, sie schmerzten entsetzlich, es fehlte nicht viel, und ich hätte wieder losgeheult.

*Am 27. Januar, zu Kaisers Geburtstag, trugen wir Kinder
Mini-Gala-Uniformen mit Pickelhaube und Schleppsäbel.
Mit diesem Foto wollte Mutter meinem an der Westfront
kämpfenden Vater eine Freude bereiten. Ich war viereinhalb Jahre alt und weiß noch genau, wie es entstand.*

Der Fotograf wartete geduldig, bis ich „aufgetaut" war und
mein blaues Gesicht seine natürliche Farbe zurückerhalten
hatte.

Er stellte mich in Positur. Neben mir ein hochbeiniges Gestell, auf dem die weiße Gipsbüste Kaiser Wilhelms II. thronte. Ich durfte anbiedernd und vertrauensvoll mit meiner rechten Hand zur oberen Plattform des Gestells hinauflangen, ganz nahe an den Landesvater. Meine Linke hielt wieder den Griff des Schleppsäbels umfaßt.

Still stehen! Nicht wackeln!

Diese Prozeduren brauchten damals ihre Zeit. Der Fotograf machte mich mit wichtiger, geheimnisvoller Miene darauf aufmerksam, genau auf den Fotoapparat zu achten. Wenn er den Deckel von der Linse nähme, flöge ein Vogel aus der Kamera.

Ich paßte genau auf, den Vogel jedoch sah ich nicht. So ein Schwindler! Er behauptete dreist, er habe den Vogel gesehen. Ich hätte nur nicht richtig hingeguckt.

Wie unschwer aus meinem traurigen Antlitz und den verweinten Augen zu erkennen ist, stellt das Foto alles andere als das Idealbild eines frohgemuten, wackeren Vaterlandsverteidigers dar.

Ein Abzug kam in mein Fotoalbum. Spaßeshalber schrieb ich später darunter: „Lieb Vaterland magst ruhig sein", entnommen dem besonders bei Feiern gesungenen Lied „Es braust ein Ruf wie Donnerhall, wie Schwertgeklirr und Wogenprall".

[Eichental*) nahe Saporoshje, Ukraine;
1917]

Irma Schmidtgall

Die Banden

Ein kleines evangelisches Dorf in der Gemarkung Saporoshje, nahe des Dnjepr. Seit Generationen lebte die Familie meines Vaters hier. Katharina die Große hatte einst die Deutschen zur Bestellung der fruchtbaren Felder in die Ukraine
und an die Wolga geholt. Unter den Bewohnern unseres Dorfes waren lediglich ein oder zwei russische Familien.

   Im Laufe der Zeit hatten meine Vorfahren es zu einem
bescheidenen Wohlstand gebracht. Es gab ein Winterhaus,
ein Sommerhaus, gekocht wurde in einer Küche außerhalb.
Dazu Scheune, ein Hof, Garten und Äcker.

   Mein Vater hatte, wie fast alle jungen Männer im Dorf,
gleich nach Ausbruch des Ersten Weltkrieges die russische
Staatsbürgerschaft angenommen, um nicht auf seiten der
Deutschen gegen das eigene Land – Rußland – kämpfen zu
müssen. Denn für uns war nicht das ferne Deutschland die
Heimat, sondern das kleine ukrainische Dorf, das fruchtba-
re Land entlang des Dnjepr, die Ukraine. Und für diese Heimat waren die Männer bereit zu kämpfen.

   Schon zu Beginn des Ersten Weltkrieges fiel mein Vater
an der türkischen Front. Ich war damals fünf Jahre alt. Meine Mutter zog daraufhin mit meinen beiden jüngeren Schwestern und mir in das Haus, in dem die Familie meines Vaters
lebte. Doch zwischen Mutter und meinen Großeltern gab es
Spannungen, die immer größer wurden, so daß Mutter ir-

---

*) heute Sorodschne in der Ukraine

gendwann beschloß, bei ihrer Familie zu leben. Sie nahm
meine beiden kleinen Schwestern mit, ich blieb bei meinen
Großeltern. Schon als Kind mußte ich tüchtig zupacken. Mein
Großvater konnte nicht mehr so schwer arbeiten, mein Vater war im Krieg gefallen, der jüngere Bruder meines Vaters
war zur Ausbildung in Moskau. Großmutter, meine drei noch
unverheirateten Tanten und ich arbeiteten schon in aller
Frühe auf dem Feld, zusammen mit den beiden Knechten,
die während der Erntezeit bei uns auf dem Hof wohnten.

Die Schule spielte nur eine untergeordnete Rolle, während
der Erntezeit überhaupt keine. Vom Morgengrauen bis spät
in die Nacht hinein mußte ich arbeiten. Die Frucht einzu-
bringen war wichtiger, als lesen und schreiben zu können.

Im Herbst 1917, ich bin noch keine acht Jahre alt, sind die
Wirren des Krieges, der immer noch andauert, auch in unserem friedlichen, etwas verschlafenen Dorf zu spüren. Jeden
Tag ziehen aufs neue zerlumpte Horden ehemaliger Soldaten durch unseren Ort. Niemand weiß, woher sie kommen
und wohin sie gehen.
Anfangs haben wir Mitleid mit den ausgehungerten Gestalten. Wir versorgen sie mit Milch, Brot und Fleisch. Wir suchen in den Kleidertruhen nach brauchbaren Mänteln für
die frierenden Männer. Wir holen die Schuhe, die wir eigentlich für die Gartenarbeit haben, und geben sie demjenigen,
der schon fast auf seinen Fußsohlen läuft, weil die Sohlen
seiner Soldatenstiefel ganz abgenutzt sind. Wir lassen sie in
den Scheunen im warmen Stroh schlafen, bringen ihnen Wasser und Seife zum Waschen und Rasieren.

Doch unsere Gutmütigkeit wird ausgenutzt. Täglich werden die Gruppen größer und die Soldaten unverschämter.
Wir können ihnen nicht mehr so viel geben, wir brauchen
die Nahrungsmittel selbst. Wenn wir uns weigern, nehmen
sie es sich trotzdem. Die Familien im Dorf verstecken ihre
jungen Mädchen, ihre Pferde, Kühe und Ziegen.

Nur vereinzelt dringen Nachrichten vom Kriegsgeschehen
zu uns, meist sind sie sehr verworren und widersprüchlich.
Wir können uns kein rechtes Bild vom politischen Geschehen in der Hauptstadt machen. Das wenige, das wir im Laufe der Monate erfahren haben, ist, daß der Zar bereits im
Februar abgedankt hat, Kerenski mit der Provisorischen Regierung die Macht ausübt und ein Bürgerkrieg entfacht ist.
Doch Moskau ist weit weg von Eichental, Petrograd noch
ferner.

Einige Männer unseres Dorfes sind von der Front heim-
gekehrt. Auch sie haben ihre Stellungen verlassen, sind De-
serteure. Aber keiner im Dorf verliert ein Wort darüber. Das
Leben normalisiert sich langsam. Die ehemaligen Soldaten
arbeiten wieder mit ihren Familien auf den Feldern. Die Sorgen der Bauern gelten ausschließlich der Ernte. Alles andere ist Nebensache.

Mein Onkel hat inzwischen seine Studien in Moskau ab-
gebrochen. Er bringt beunruhigende Neuigkeiten mit ins
Dorf: Rote Garden, Sozialistische Regierung, Bolschewiken.
Worte, die niemand von uns zuvor gehört hat. Der Onkel
erklärt sie. Geduldig und aufmerksam hören die Bauern ihm
zu. Dann erfahren sie Unglaubliches: In vielen Dörfern sind
deutsche Bauern von marodierenden bewaffneten Gruppen,
die sich Bolschewiken nennen, mit der Begründung verschleppt worden, sie seien Deutsche und somit Feinde des
Russischen Reiches.

Wir alle sind empört. Das stimmt doch gar nicht! Fast alle
Deutschen in den umliegenden Dörfern haben die russische
Staatsbürgerschaft angenommen. Doch das hat die Banden,
wie wir hören, nicht davon abgehalten, den Bauern auch noch
ihr Vieh wegzunehmen.

Das Dorf ist plötzlich aufgerüttelt. Der Eichentaler Rat
tagt. Es wird vermutet, die Banden seien in erster Linie hinter dem Vieh her und hätten die Bauern „nur" zur Abschrek-
kung verschleppt. Wir sind sehr besorgt! Moskau, Petrograd

und die Politik sind zwar weit weg, dennoch rückt das schreckliche Geschehen bedrohlich näher.

Mein Onkel holt mit uns die Ernte ein. Ein Paar kräftige Männerarme mehr, das hilft ungemein. Noch immer ziehen plündernde Horden durch die Gegend. Meine Großeltern haben die Nahrungsmittelvorräte gut versteckt, tief unten im Keller. In der Scheune sind das Silber und das Geld vergraben. Die Bauern im Dorf helfen einander. Das Vieh wird zusammengetrieben und auf einer gemeinsamen Weide, weit weg vom Dorf, abwechselnd gehütet.

Der Rat beschließt, eine Bürgerwehr zu organisieren. Bewaffnete Posten bewachen schließlich Dorfein- und Dorfausgang. Es stellt sich heraus, daß Eichental richtig gehandelt hat. Die vagabundierenden Soldaten wagen nicht die Konfrontation mit den Bauern, die, mit Sensen und Dreschflegeln bewaffnet, bereit sind, alles zu riskieren, um ihre Höfe und das Dorf zu schützen. Sie machen einen Umweg um Eichental. Wir haben – vorerst – Ruhe vor ihnen.

Langsam bessert sich die Stimmung im Dorf. Dieses Mal haben wir noch Glück gehabt.

Doch die Ruhe täuscht. Eines Morgens kommen zwei Männer aus dem Nachbardorf mit dem Gespann vorgefahren. Die Pferde schwitzen, haben Schaum vorm Maul, so heftig sind sie angetrieben worden.

„Die roten Banden kommen, sie kommen immer näher! Sie gehen in jedes Dorf und töten alle Deutschen. Als Vergeltung für den Krieg, wie sie sagen. Sie lassen niemanden am Leben, weder Männer, noch Frauen, noch Kinder. Beeilt euch, bringt euch in Sicherheit!"

Eiligst tritt der Rat zusammen. Diesmal nehmen auch die Frauen, Alten und Kinder daran teil. Zu wichtig sind die Entscheidungen, die gefällt werden müssen. Soll man glauben, was die beiden Männer aus dem Nachbardorf gesagt haben? Werden wirklich alle Deutschen getötet? Die Meinungen im Rat gehen auseinander, auch innerhalb der Familien.

„Vielleicht ist das nur eine Finte, um uns aus dem Dorf wegzulocken?"

„Da stecken die Russen aus dem Nachbardorf dahinter. Die wollen uns weghaben und dann in unsere schönen Häuser ziehen und unsere fruchtbaren Felder bestellen."

„Aber bedenkt doch, wenn es stimmt, werden wir vielleicht alle umgebracht."

„Die roten Banden wollen nur unsere Ernte stehlen."

„Die Bauern aus den Nachbardörfern haben sie doch auch verschleppt."

„Verschleppen ist etwas anderes als umbringen. Vielleicht sollten wir weggehen von hier."

Wie soll man sich bloß entscheiden?

Nach langer Beratungszeit entschließen sich die meisten Familien, das Dorf für eine Zeitlang zu verlassen. Sie denken, bei Verwandten in anderen Dörfern oder in der nächsten Stadt unterzukommen. Drei oder vier Familien gehen nicht fort. Sie wollen in Eichental bleiben.

Mein Großvater als Familienoberhaupt beschließt, zu Verwandten, etwa hundert Kilometer von unserem Dorf entfernt, zu fahren: „Das ist weit weg von hier. Da kommen die Banden bestimmt nicht hin."

Es bleibt uns nicht mehr viel Zeit. Das Silber ist vergraben, der Großteil der Vorräte auch. Nur die Ernte nicht. Die läßt sich nicht verstecken. Und auch nicht mitnehmen.

„Wenn wir nichts von unserer Ernte haben können, sollen die Banden auch nichts davon haben!"

Mein Onkel versucht, Großvater zu beschwichtigen: „Was hast Du vor, Vater? Willst Du etwa das Getreide anzünden? Wenn die Flammen nun auf das Haus und die Scheune übergreifen, ist alles verloren! Sei doch nicht so dumm, Vater! Wir haben dann gar nichts mehr, wenn wir eines Tages zurückkommen. Außerdem haben wir nicht mehr so viel Zeit. Wir müssen uns mächtig sputen, wenn wir noch alles packen wollen, was wir für die Flucht brauchen."

Großvater schäumt vor Wut. Er hat seinen Stolz. Schließlich gibt er seinem Sohn doch recht. Die Frauen verstauen inzwischen Kleidungstücke, Nahrungsmittel, etwas Geld und die Federbetten. Wer weiß, wo wir die nächsten Nächte schlafen werden?

Mit Tränen in den Augen verschließt Großmutter Schränke und Truhen und hängt die Schlüssel an ihren Gürtel. Mein Onkel verbirgt den Eingang zu dem geheimen Versteck im Keller, indem er eine schwere Truhe vor die Tür stellt. Zusammen mit Großvater nagelt er Bretter vor die Fenster, und, als wir alle draußen stehen, auch vor die Haustür. Wir können uns der Tränen nicht erwehren, selbst mein sonst so beherrschter Onkel wischt sich verstohlen über die Augen. Die Scheune bleibt wie immer offen.

Wir besteigen das Gespann. Großmutter, die drei Tanten und ich müssen inmitten der Kisten und Koffer Platz nehmen. Die Tanten und ich, wir haben jede einen Käfig mit einem Huhn darin auf dem Schoß. Jetzt setzen sich Großvater und der Onkel auf den Kutschbock: „Hü!"

Ganz langsam fahren wir los. Zwei Pferde ziehen, ein drittes läuft nebenher. Die zwei besten Milchkühe von unserer Weide sind hinten am Wagen angebunden.

Wir schauen zurück auf unser Haus, auf den Hof und den Garten, in dem die Herbstblumen blühen, auf die abgeernteten Felder. Es ist ein schöner, milder Herbsttag. Es ist der bisher schlimmste Tag in meinem jungen Leben. Nicht einmal der Tod meines Vaters hat mich so geängstigt. Ganz fest drücke ich die Hand meiner Großmutter, das gibt mir Trost. Ich vertraue auf die Kraft meines Onkels und auf die Autorität meines Großvaters, daß wir eines Tages in unsere Heimat zurückkehren werden...

Ich erinnere mich noch genau an alle Einzelheiten, als wäre es erst gestern geschehen. Natürlich haben wir später oft über diese Ereignisse gesprochen.

Wir waren bei Verwandten in einiger Entfernung von Eichental untergekommen. Dort blieben wir etwa zwei Wochen. Als wir hörten, daß sich die Lage beruhigt hatte, die Banden die Deutschen nicht getötet, sondern „nur" nach Sibirien verschleppt hätten, beschlossen wir zurückzukehren.

Die Ankunft daheim war bitter. Unser Haus stand zwar noch, doch die Türen waren aufgebrochen, die Schränke und Truhen leer. Alles Wertvolle war verschwunden. Die Scheune war abgebrannt. Und mit ihr die ganze Frucht des Jahres. Das vergrabene Silber in der Scheune hatten sie nicht gefunden, ebenfalls nicht den geheimen Eingang zum Keller, in dem unsere Lebensmittelvorräte lagerten. So brauchten wir wenigstens keinen Hunger zu leiden, wie manche Familien, die nicht so viel Glück gehabt hatten wie wir. Diejenigen, die Eichental nicht verlassen hatten, sahen wir nie wieder. Sie blieben wie vom Erdboden verschwunden.

Nicht jede Familie kehrte zurück. Einige Häuser und Höfe standen jetzt leer. Im Laufe der Revolutionswirren zogen dann immer wieder neue Familien ein, deutsche und russische. Das Leben ging weiter.

1929 wurde mein Onkel verschleppt. Nach Sibirien. Zehn lange Jahre war er weg. Als gealterter Mann kam er aus dem Arbeitslager zurück. Wir hatten wiederum nur kurze Zeit Ruhe. 1941 waren wir abermals gezwungen zu fliehen.

Ich hatte inzwischen zwei kleine Kinder, denen ich Schutz und Trost geben mußte, obwohl ich auf meinem langen Weg nach Westen selbst Zuspruch gebraucht hätte. Gut, daß meine Großeltern dies nicht mehr miterleben mußten. Es hätte ihnen das Herz gebrochen, ihre Heimat am Dnjepr für immer verlassen zu müssen. Die Flucht 1941 war endgültig, auch wenn ich es anfangs nicht wahrhaben wollte.

(Aufgezeichnet von der Enkelin von Irma Schmidtgall, Dagmar Töffke-Müller, Gernsheim, Hessen.)

[Ravensburg – Stetten am kalten Markt, Baden-
Württemberg – Ulm – Friedrichshafen/Bodensee;
1917–1928]

Ludwig Eberbach

„*Der Zeppelin kommt!*"

Es war Krieg. Fliegeralarm! An den Fenstern hatten wir dun-
kelgrüne Verdunkelungsrollos mit aufgedruckten Waldland-
schaften. Ich hörte das drohende Motorengebrumm, wurde
gepackt und kam hinunter in das tiefe Kellergewölbe mit
den mächtigen Mauern. Auch meine älteren Geschwister*)
hatten große Angst. Ein Kerzenleuchter gab ein spärliches
Licht, um die steile Treppe hinunterzusteigen.
Das Motorengebrumm stammte, wie ich später erfuhr, tatsächlich von feindlichen Fliegern, die damals die Zeppelin-
werft im nahen Friedrichshafen angriffen.
   An einem Nikolausabend, es muß 1917 gewesen sein, hatte ich auch Angst, weil die Treppe herauf ein mächtiges Ge-
polter losging. Meine vier älteren Geschwister wußten schon,
was jetzt passieren würde, denn sie waren in anderen Jahren schon mehrfach in der Stadt einem St. Nikolaus begegnet. Da kam also ein echter Bischof St. Nikolaus mit seinem
Knecht Ruprecht, der einen Sack und die Rute trug. Wir Kinder verkrochen uns dann meistens unter dem Sofa.
   Aber an diesem Abend hatte ich keine große Angst, denn
ich hatte einen starken Beschützer. Unser geliebter Geselle
Josef aus der Werkstatt war als Soldat auf Heimaturlaub,

---

*) Wir sind die fünf Geschwister auf dem Titelbild. Der Kleinste bin ich.
Im Alter von drei Jahren bekam ich meinen ersten Bubenanzug.

und der hatte ein großes Gewehr, das ich als kleiner Knirps noch gar nicht „lupfen", also hochheben konnte. Josef war unser Held und Beschützer, wenn es auf der Straße mit anderen Kindern mal Streit gab. Zwischen Josefs Knie geklemmt, konnte mich der Knecht Ruprecht nicht in den Sack stecken.

Meine Geschwister mußten etwas aufsagen, und nach einigen strengen Ermahnungen des Bischofs hat der Knecht Ruprecht dann doch noch ein paar Hände voll Nüsse und gedörrten Birnen und Zwetschgen sowie ein paar Äpfel auf den Stubenboden geleert, die wir aufsammeln durften, nachdem die beiden Gestalten die Treppe hinabgepoltert waren.

Ich ging in das „Kinderschüle", wie damals der Kindergarten genannt wurde. Ich ging aber nicht gern. Auf dem Weg dorthin begegnete mir immer an derselben Ecke ein sehr großer Hund, vor dem ich mich arg fürchtete, aber es gab keinen Umweg.

Die schon recht alte Kinderschwester war sehr streng. Wenn ein Kind böse war, nahm die Schwester es in das Kämmerle, ein kleiner Nebenraum, in dem Spielsachen und andere Dinge aufbewahrt wurden. Hier gab es dann Schläge, oder man wurde einfach dort eingesperrt. In der Vesperpause schälte sich die Schwester meistens einen Apfel. Wer nun besonders brav war, durfte sich als Belohnung ein Stück von der langen Apfelschale abholen – ich auch.

Eines Tages kam Musik die Marktstraße herauf und dahinter marschierten viele Soldaten, die aus dem Krieg zurückkehrten. Die Kinder rannten natürlich mit. So auch meine beiden älteren Schwestern. Mich nahmen sie in die Mitte, und so ging es neben den Soldaten zum Tor hinaus.

Es war kurz vor 14 Uhr, höchste Zeit für die Schule!

Da war keine Zeit mehr, mich zu Hause abzuliefern, ich mußte mit den anderen zur Schule rennen. So saß ich als kleiner Bub zwischen den großen Mädchen brav auf der Schulbank und durfte mich nicht mucksen, denn der Lehrer hatte einen langen Stock, mit dem er manchmal „Tatzen" austeilte. Dabei mußten die Mädchen eine oder beide Hände ausstrecken und bekamen Stockschläge auf die Fingerspitzen. Das tat recht weh. Wenn sie „zuckten", dauerte es eben länger. Da flossen manche stillen Tränen, denn lautes Heulen war verboten.

Als ich im zweiten Schuljahr war, kam ich zusammen mit meiner vier Jahre älteren Schwester zur Kinder-Erholung auf den „Heuberg" bei Stetten am kalten Markt.*) Ich hatte die englische Krankheit, Rachitis, wohl eine Folge der Unterernährung nach dem Ersten Weltkrieg. Zusammen mit etwa 15 kleinen Buben und einer „Tante" war ich in einem großen Schlafsaal des Gebäudes Nr. 16 einquartiert. Meine Schwester war in einem anderen Haus untergebracht, und wir sahen uns nur selten. Unsere „Tante" war sehr streng. Wenn es zur Mittagsruhe nicht still wurde, mußten sich alle Kinder in einer Linie aufstellen. Zur „Beruhigung" bekamen alle der Reihe nach eine Ohrfeige.

In den Schulferien war ich einige Male bei Verwandten in Ulm. Vom Wohnzimmerfenster aus war das Münster ganz nah zu sehen. Manchmal beobachtete ich, wie die Morgennebel am Turm auf- und abstiegen. Je nach der Richtung der Nebelschwaden konnte man das Wetter vorhersagen.

Selbstverständlich bestieg ich – und zwar ganz allein – den Münsterturm. In der Turmstube besuchte ich den Glöckner und sah ihm zu, wie er, nur mit der Kraft seiner Arme, die mächtige Glocke in Bewegung setzte. Von hier oben konnte man weit über die Dächer der Stadt blicken, die Menschen unten schienen so klein wie Ameisen zu sein.

In Ulm erlebte ich auch meine erste Autofahrt. Mein Vet-

---

*) Das war und ist bis heute ein bekannter Truppenübungsplatz auf der schwäbischen Alb, etwa 900 m hoch. Für die kleine Reichswehr wurden die Gebäude und der Platz in dieser Zeit nicht benötigt. Als ich meinen Wehrdienst ableistete, kam ich 1938 dorthin.

Der Zeppelin über seiner Heimatstadt Friedrichshafen. Mit einem primitiven Fotoapparat habe ich später selbst Bilder vom Zeppelin gemacht.

ter, der viel älter war als ich, und zwei Söhne in meinem Alter hatte, besaß einen Opel. Bei schönem Wetter konnte man das Verdeck ganz öffnen und wie bei einer Kutsche hinten zusammenklappen. Sonntags durfte ich mit über Land fahren. 40 km/h fuhr das Auto, mächtige Staubwolken zog der Fahrtwind hinter uns her. Aus Spaß nahm mein Vetter auch mal beide Hände vom Lenkrad und winkte den Mädchen zu, seine Frau schrie vor Angst laut auf. In einem Gartenlokal gab es dann ein ordentliches Vesper.

Wie alle Jungen war ich begeistert von der neuen Technik. In der Oberrealschule kam es öfters vor, daß der Unterricht oder sogar eine Klassenarbeit plötzlich unterbrochen wurde. Man hörte ein starkes Motorengebrumm, und da schrie schon einer in der Klasse: „Der Zeppelin kommt!"

Alle Schüler stürzten an die Fenster, ohne auf den Protest des Lehrers zu achten.

Das war eine große Ausnahme. Nie sonst wagte es ein Schüler, sich ohne Erlaubnis des Lehrers von seinem Platz zu bewegen. Ruhestörer in der Klasse wurden streng bestraft und es war selbstverständlich, daß der Stock eine wichtige Rolle spielte. Dabei mußte sich der betreffende Schüler über die erste Bank legen, und der dort Sitzende mußte ihm die Hose stramm ziehen, damit der Lehrer zuhauen konnte.

Bei der Rückgabe von Klassenarbeiten oder Aufsätzen gab es für jeden Leichtsinnsfehler oder auch für echte Fehler solche Stockhiebe. Mancher Schüler hatte deshalb vorsorglich ein kleines Kissen in den Hosenboden gestopft. Wenn der Lehrer das merkte, nützte es nichts – wenn er es nicht merkte, hatte der Bube Glück gehabt!

Ab und zu wurde der Stock von den Buben eingekerbt, damit beim Schlagen immer wieder ein Stück wegflog. Es gab freilich Lehrer, die es im Zorn übertrieben. – Und wenn mein Vater in der Wohnstube auf den Schrank hinauflangte, um das „Meer-Röhrle" herunterzuholen, konnte ich, wenn möglich, nur Reißaus nehmen!

Aber zurück zum Thema:

Es war für uns Jungen immer ein Ereignis besonderer Art, den Zeppelin, diese stolze, silberglänzende Zigarre, langsam in niedriger Höhe vorbeifahren zu sehen. Friedrichshafen war ja nicht sehr weit, und bei fast allen Reisen kam er hier vorbei. An Nachmittagen bin ich öfters mit ein paar Kameraden per Fahrrad – für die Strecke benötigten wir eine gute Stunde – zur Luftschiffwerft gefahren, um den Aufstieg oder die Landung aus der Nähe zu erleben. Ich war stolz, den Freunden erklären zu können, daß mein Vater den Grafen Zeppelin persönlich gekannt hatte. Als Kupferschmiedemeister hatte mein Vater für die ersten Zeppeline die nötigen Kupferrohrleitungen geliefert.

1928 war ich Zeuge, als der Ozeanflieger Hermann Köhl in seiner Heimatstadt Neu-Ulm mit großen militärischen Ehren empfangen wurde. Er und zwei andere Flieger hatten gemeinsam als erste mit einem kleinen Flugzeug den Nordatlantik in Ost-West-Richtung überquert. Köhl war im Ersten Weltkrieg Jagdflieger gewesen. Die Reichswehr war mit ihrem schneidigen Musikzug zur Parade aufmarschiert. In einem großen Kasernenhof fand in Gegenwart einer großen, begeisterten Zuschauermenge ein Sonderappell statt. Auch ich wurde von der Bewunderung für die Fliegerei angesteckt.

Jedoch hatte die Sache für mich ein Nachspiel: Nach den Ferien mußte (oder wollte?) ich in einer Deutschstunde als Übung eine kurze Rede halten. Ich tat so, als sei ich der Bürgermeister von Neu-Ulm und empfinge gerade den Ozeanflieger. Ausnahmsweise wurde ich für die Ansprache von meinem Lehrer sehr gelobt, sie sei patriotisch gewesen, das hatte dem ehemaligen Frontoffizier gut gefallen. Dieser Studienrat hatte damals den rechten Arm verloren, konnte aber mit dem linken Arm für jeden Fehler bei Klassenarbeiten sehr kräftige Stockhiebe austeilen.

Nun bekam ich die Aufgabe gestellt, einen Vortrag über die Entwicklung der Luftschiffahrt zu halten. Die Ausarbeitung kostete meine Mutter und mich sehr viel Mühe.

Leider versagte ich in dieser Angelegenheit völlig. Beim ersten Termin konnte ich vor lauter Bauchweh nicht zur Schule gehen. Eines Tages mußte ich schließlich doch nach vorne und den Vortrag halten - ganz ohne Notizzettel! Ich blieb stecken, hatte nicht alle wichtigen Daten im Kopf, und meine schriftliche Vorbereitung durfte ich nicht benutzen. Ich erhielt eine schlechte Note, die mir sehr schadete.

(Weitere Erinnerungen dieses Autors finden Sie im Band „Kindheit 1914–1933, Teil 2" der Reihe **ZEITGUT***.)*

[Dresden;
1915–1924]

Hildegard Kilger

Mutter's „Großkampftage"

Eine Haushaltführung war in größeren Wohnungen ohne Hilfen ganz einfach unmöglich.

Das Einkaufen in den „Tante Emma-Läden" war zwar gemütlich und nicht sehr zeitraubend, aber eine größere Auswahl an frischem Obst und Gemüse fand man in der Markthalle in der Stadt. Das Kochen an sich, das Putzen von Gemüse – man denke nur an Spinat, sein Passieren und Drehen durch den Wolf, wobei die ganze Küche bespritzt wurde, – waren wesentlich zeitaufwendiger als heute bei der Verwendung von Tiefkühlkost!

Meine Mutter nahm gern 17-18jährige Mädchen, die nach der achtjährigen Volksschule schon einmal in Stellung gewesen waren. Sie wohnten in der Mädchenkammer neben der Küche und nahmen am normalen Familienleben teil. Meine Mutter lernte sie an und meist blieben unsere Lotte oder Grete bis zu ihrer Verheiratung bei uns. Als ich, ein Einzelkind, noch klein war, spielten sie nachmittags oft mit mir.

Nur das jährliche „Großreinemachen" stellte den Haushalt auf den Kopf. Das Parkett mußte einmal im Jahr gescheuert und gespänt werden, was heißt: mit einem Kissen unter den Knien das Holz in Faserrichtung, Strich um Strich, mit Stahlwolle abreiben, gut abkehren, mit Bohnerwachs einreiben und nach einiger Zeit mit einem schweren Blocker glänzend polieren. Man kannte noch kein versiegeltes Holz.

Auch das Fensterputzen war ein ziemlich zeitaufwendiges Unterfangen. Die Wohnungen hatten fast überall Doppelfenster, die ziemlich hoch waren, entsprechend der damals üblichen Zimmerhöhe von immerhin 3,50 bis 4,20 m. Sie hatten auch Oberlichte. Die Stores mußten nach dem Waschen gespannt werden, die Rahmen dazu wurden irgendwoher geliehen.

Gewaschen wurde im Waschhaus, das sich im Keller befand, aber nur von außen über eine Treppe begehbar war. Im Winter war das recht unangenehm, denn man mußte immer durch die Kälte. Der Waschkessel wurde mit Holz und Briketts gefeuert, die Asche sorgsam entfernt und in die „Aschegrube" geschüttet. Das war ein im Hof ins Erdreich gegrabenes großes Viereck, in das aller Unrat hineinkam, und, wenn vollgefüllt, von einer Firma ausgeschaufelt und abgeholt wurde. Natürlich nistete sich dort gern Ungeziefer ein, und man hatte beim Hochheben des Eisendeckels immer Angst, daß eine Ratte herauslief.

Für die normale Wäsche zog man zum Trocknen im Hof oder Garten die Wäscheleine. Um die Wäsche nicht klatschnaß aufhängen zu müssen, benutzten manche Hausfrauen eine aus zwei Gummiwalzen bestehende Winde. Während man die nassen Stücke zwischen die Walzen steckte, mußte man mit der Hand die Kurbel drehen. Auf diese Weise wurde ein großer Teil des Wassers herausgepreßt.

Die getrocknete Wäsche wurde dann auf dem Küchentisch zusammengelegt, und die Hausfrau und das Dienstmädchen begaben sich zur Mangel. Dieses Gerät hatte drei dicke Holzwalzen, um die man die einzelnen Wäschestücke mittels Mangeltuch, meist naturfarbenes Leinen, schön glatt aufrollte. Die Walzen ließ man dann mit einer ebenfalls handgedrehten Kurbel durch die schweren Blöcke laufen. So eine Wäschemangel war immerhin im Ganzen sechs Meter lang. Eine Glättung brauchte mindestens fünf bis sechs Durchläufe!

„BURNUS ist kein
Kriegsprodukt, spart
Heizung, Arbeit und
Geld, ist ohne Seifen-
karte erhältlich,
schont das Gewebe" –
pries ein Seifenpulver-
Hersteller aus Darm-
stadt an, um sich von
den Notprodukten der
Kriegszeit abzuheben.
Es gab immer wieder
zahlreiche Neuent-
wicklungen, die den
harten Waschtag
erleichtern sollten.

Große Wäsche war je nach Familiengröße jeweils aller sechs
bis acht Wochen. Die Gardinenwäsche und die Pflege der Vi-
tragen (undurchsichtige Vorhänge als Sonnenschutz) wurde
allerdings auf einmal jährlich beschränkt, und zwar meistens
vor Ostern. An diesen „Großkampftagen", wie mein Vater
sie nannte, war es immer besser, der Hausfrau aus dem Weg
zu gehen und den dabei stets fälligen Eintopf als besonders
gelungen zu bezeichnen!

Ein ganzer Tag wurde noch für das Plätten der „Feinwä-
sche" angesetzt. Dazu gehörten vor allem die Leibchen für
mich und die aus zig Nähten zusammengesetzten Untertaillen auf Figur für die Mama, Unterröcke, mit Spitzen besetz-
te Nachthemden, Taschentücher und hauptsächlich Leinen-
unterröcke. Das alles waren Wäschestücke, die nach dem
Waschen etwas Appretur erhielten. Dazu wurde praktischer-
weise das Kartoffelmehl verwendet, das bei der Zubereitung
von Kartoffelklößen ohnehin anfiel.

Zum Bügeln gab es zwei Möglichkeiten: Im Winter hatte man den Küchenherd, in dessen Glut zwei Stahlbolzen gelegt wurden. Sobald einer davon rot glühte, wurde er mittels eines Feuerhakens in die eiserne Plätte bugsiert. Das war ein oval geformtes, hohles Eisen mit einem Holzgriff und einem kippbaren Schieber, der durch Drehen sofort die Öffnung verschloß. Merkte man, daß die Plätte nicht mehr einwandfrei glättete, wechselte man den Stahlbolzen aus.

Im Sommer nutzte man ein anderes Bügeleisen. Es war ebenfalls oval und hatte an der Spitze zwei Luftlöcher. Hinten war es aber offen, um es hochkant auf die Gasflamme eines speziellen Brenners setzen zu können, der nur eine hohe Flamme erzeugte. Man probierte den Wärmegrad mit angefeuchtetem Finger auf der unteren Seite des Bügeleisens aus: Wenn es zischte, war es heiß genug. Bei beiden Methoden war es jedoch ratsam, auf einem Stück Stoff zu probieren, ob das Eisen auch nicht sengte. Größere Haushalte hatten für diese anstrengende Arbeit eine Bügelfrau, die dann freilich auch die Herrenoberhemden sowie die steif gestärkten Chemisetts und Manschetten bügelte.

Meine Mutter atmete auf, als ein elektrischer Staubsauger und später das elektrische Bügeleisen auf den Markt kamen.

Maria Truhe

Lachen verboten

Eine Begebenheit aus den frühen Kinderjahren ist mir noch deutlich in Erinnerung. Bei Kriegsende im November 1918, ich war drei Jahre und zehn Monate alt, müssen zwei Fragen mich wohl sehr beschäftigt und zu folgendem kindlichen Tun veranlaßt haben: „Ist es wahr, was die Erwachsenen sich da erzählen?" „Was passiert, wenn ich es trotzdem tue?"

Aus den nach Kriegsende aufgeregten Gesprächen der Leute hatte ich aufgeschnappt, daß fremde Soldaten, das Wort Engländer war mir mit Sicherheit kein Begriff, in unsere Stadt kommen würden. Wenn man ihnen begegnete, dürfe man nicht lachen, sonst würden sie einen mitnehmen.

Wir wohnten in Köln-Melaten in der Aachener Straße, gegenüber dem Melatener Friedhof. Dem Gebaren der Erwachsenen konnte ich entnehmen, daß die fremden Soldaten im Anmarsch waren.

Jetzt wollte ich es wissen! Ich schlich mich auf die Straße, stellte mich an den Straßenrand. Schon sah ich den befürchteten Trupp näherkommen – folgerichtig von Westen, wie ich heute weiß. Was mir zunächst auffiel, waren die mir fremden flachen Helme. Einheitlich in dunkle, graugrüne Uniformen gekleidet, kamen die Soldaten in strammen Schritten anmarschiert. Ich tat, was ich eigentlich nicht tun durfte: Ich lachte! Breit verzog ich den Mund. Abwartend schaute ich den Soldaten in der ersten Reihe in die Gesichter...

Nichts geschah! Mir fiel jedoch auf, daß sie furchtbar ernst blickten. Bei den nächsten Reihen versuchte ich es noch einmal. War es Herausforderung oder einfach kindliche Neugier? Es passierte wieder nichts! Was die Erwachsenen gesagt hatten, stimmte also nicht.

Im Hungerjahr 1917 schickte meine Mutter Vater dieses Foto an die Front. Die Schleife in meinen Haaren war damals große Mode.

Als knapp Vierjährige konnte ich natürlich den Grund einer wahrscheinlich behördlich angeordneten Verhaltensregel, die das Lachen verbot, nicht verstehen. Viel später, nach Ende des Zweiten Weltkrieges, fiel mir diese Begebenheit wieder ein. Ich verglich beide Situationen: 1918 war der Krieg verloren, Feinde besetzten das Land. 1945 war der Krieg auch verloren, aber die Besetzer wurden als Befreier erwartet.

Mein Vater war im März 1915 eingezogen worden. Ich war gerade zwei Monate alt. Aus späteren Erzählungen weiß ich, daß die Soldaten des Ersten Weltkrieges erst nach zwei Jahren Frontaufenthalt Heimaturlaub erhielten. So soll ich bei seinem Urlaub im Jahre 1917 gesagt haben: „Mama, schick den fremden Mann wieder weg!" Ich befürchtete wohl, bei Mama nicht mehr die Nummer eins zu sein.

Als mein Vater im Jahre 1919 aus amerikanischer Gefangenschaft entlassen wurde, prangte ein Schild über der Haustür: „Herzlich willkommen" stand auf weißem Grund im grün-roten Kranz. Das Schild wurde lange aufbewahrt.

Die Heimkehr meines Vaters war für mich mit einem lukullischen Genuß verbunden. Aus seinem Gepäck holte er etwas hervor, das ich nicht kannte, einen breiten grauen, fast harten Streifen. Ich sollte ihn probieren. Im Mund bald weich geworden, schmeckte er zu meiner Überraschung wie ein Bonbon. Er wurde auch nicht weniger. Das unbekannte Etwas war ein Kaugummi.

Nie mehr durfte ich in meinen Kinderjahren diesen Genuß erfahren. Lange konnte ich nicht verstehen, daß es diese Köstlichkeit nur in Amerika gab. Zu meiner Mutter sagte ich nun nicht mehr: „Schick den fremden Mann wieder weg!"

[Berlin-Moabit – Berlin-Hermsdorf;
1918–1923 / 1950]

Ursula Wiehr

Märkischer Sand

1918 erwarb der Vater, aus dem verlorenen Krieg heimge-
kehrt, Grund und Boden, mehr abenteuerlich als erfolgver-
sprechend. Mit zwei dürren Kiefern drauf, sollte uns das
Stück Eigenland am äußersten Rand von Groß-Berlin für
das Kriegsessen entschädigen und Zusätzliches bringen.
„Stacheldraht" (Dörrgemüse), „Kälberzähne" (dicke Graupen) und „Mehlpampe" hatten wir über.
  Es war ein weiter Weg für meinen zehnjährigen Bruder
und mich Achtjährige, auf alten Rädern mit Kriegsbereifung
aus Pappscheibchen von Alt-Moabit über Feldsteinpflaste-
rung im Wedding zum Ende von Hermsdorf zu rumpeln. Dort
hatte bereits ein Fabrikant von Fischkonserven kühn eine
turmstolze Villa gebaut, die als „Heringsburg" bespöttelt
wurde. Vor der Burg lag zwar idyllisch ein Teich, hinter ihr
aber nur sandiges Land mit einem schmalen Streifchen, das
Wald ahnen ließ. Und dahinter weites, leeres Wiesenland.
  Mein Vater erlaubte sich, hinter die „Heringsburg" ein
bescheidenes, aber reizendes Holzhäuschen hinsetzen zu lassen, samt Pumpe. Unter dem Giebel, über der Veranda lud
freundlich ein weißes Schild ein: „Freudig trete herein und
froh entferne dich wieder – Gehst du als Wandrer vorbei,
segne die Pfade dir Gott."
  Vor unserem Häuschen ließen wir die zwei Kiefern Wäch-
ter sein. Doch dahinter Sand, Sand...!

Was konnte darin gedeihen? – Großmutter, die uns nach dem sehr frühen Tod unserer Mutter betreute, wußte schon immer Rat: Ziegenmist! Ihn lieferte uns unser Portier, der am Hinterhaus Ziegen hielt, gegen geistiges Aufpäppeln seines Sohnes Fritz durch meinen Vater, der Pädagoge war.

Dieser Ziegenmist, in einen alten, großen Reisekorbkoffer verpackt, wurde die Schmach meiner Kleinmädchentage: Ich mußte ihn mit dem von unserer Tante ausgeliehenen „Dienstmädchen" transportieren. Per Elektrische und Vorstadtbahn. Mit Umsteigen!

Gesundbrunnen wurde Tatort: Der schwere Korb knallte zu Boden: Aus einem Riß quoll Mist samt Würmern!

Ich will nicht wiederholen, was Berliner Bengel hinter uns herjohlten ... Ich heulte, und heulend gingen wir noch den Weg vom Bahnhof Hermsdorf weit hinunter bis zu unserem Landparadies.

Ein Drahtzaun schützte schon, was uns so teuer war. Gebuddelt und „rajolt" hatten wir auch. Nun hieß es, den Mist sorgfältig zu verteilen und zu pflanzen.

Wir alle schwitzten (was die Mücken sehr freute), ruhten mit Stullenverzehr (immer noch mit Rübenmarmelade drauf, die das Brot matschig machte,) und schufteten weiter.

Die Erfolge schließlich waren prima „Nierenkartoffeln", eine Delikatesse, und – Kohl. Diesen allerdings betrachteten auch viele Raupen als Delikatesse.

Doch wir alle lernten. Dazu verhalf uns Vaters „Kollege Seeger", Naturkundelehrer. Mit seiner Hilfe wuchsen Büsche mit süßen Beeren und Erdbeeren.

Wir Kinder hatten sogar unser eigenes Stückchen Erde. Mein Bruder allerdings saß lieber auf der Schaukel und sah meinen Gartenbaukünsten zu. Aus gesammelten Zweigen umschloß ich unser Sandstück mit einem Jägerzaun. Ich kuhlte eine Grube aus, und mein Bruder folgte meiner Einladung in meine „Stube", wenn er seine Gartenfrüchte verschlungen hatte, ich aber noch welche besaß.

Ein Hochtag im Garten war der, als wir unsere Linde pflanzten: Da trat erneut Vaters Kollege Seeger mit seinen Kenntnissen als Naturkundler auf den Plan. Er schickte uns Kinder auf die Hermsdorfer Straßen zum Pferdeäpfelsammeln.

Vater hob Sand aus, Kollege Seeger hielt stramm wie ein Wachsoldat das Lindenstämmchen ins Pflanzloch, und wir Kindern durften die Pferdeäpfel um die Baumwurzeln legen. Vater schaufelte das Baumloch zu, wir setzten den Pumpenschwengel in Bewegung, und Kollege Seeger begoß unsre „Sieglinde". Und wir – es war inzwischen dämmrig geworden – begossen diesen Pflanzakt mit Waldmeisterbowle auf unserer Veranda.

Unser Landparadies in Hermsdorf bei Berlin: rechts unser „Väterchen", daneben mein Bruder Hans-Jürgen, dahinter die beiden Kiefern, links, neben Oma, stehe ich. Unter dem Giebel des Daches ist das Schild zu erkennen: „Freudig trete herein..."

Kollege Seeger hatte uns ein Windlicht mitgebracht, das er „sine umbra" nannte, und sagte feierlich: „So möge euer Gartenleben hier sein: Ohne Schatten!"

Vierzig Jahre später kam ich besuchsweise nach Berlin. Die braunen Jahre, Eheleben in Potsdam, fünf Jahre im Osten und Flucht von dort vor den Russen in eisiger Kälte mit drei Kleinkindern und zwei alten Leutchen lagen hinter mir, Dorfleben und endlich dann ein festes Heim. Einer war verlorengegangen, mein Bruder, der in Rußland fiel.

Ich stieg im Bahnhof Bellevue aus und ging über die Treppenbrücke zur Calvinstraße hinunter. Unser erstes Haus, mit Schußlöchern, sah mich grau und kalt an: Hatte ich hier wirklich als Kind aus dem Erkerfenster auf die Spree und die „Äppelkähne" geschaut?

Nur die Möwen saßen noch wie eine Perlenschnur auf dem Flußgeländer.

Zaghaft schritt ich an der Eckkneipe „Tante Lieschen" vorbei, an der mein Vater einst an Wahltagen mit umgehängtem Zettelkasten stand. Aus dem Türfenster des „Kolonialladens" am Gegenübereck blickte eine weißsträhnige, uralte Frau. Es war Frau Schilling, der ich einstmals hochgereckt den Einkaufszettel hinreichte und einen durchsichtigen, grünen Bonbon in Blattform geschenkt bekam.

Auf der anderen Straßenseite war eine breite Häuserlükke. Mit bangem Herzen strich ich zum Ende der Straße hin: Nummer 24 war abgetragen! Bis auf das Mosaik im Torweg mit dem schwarzen Stern darin.

Mir war zumute, als hätte ich meine Mädchenjahre dort nie gelebt. Hatte dort wirklich mein Vater zuletzt alleine gewohnt, bis eine Bombe das Haus traf, mein Vater überlebte, und zu uns in den hohen Osten floh, von wo er mit uns dann vor den Russen erneut fliehen mußte?

Weg von diesem Ort, wo nicht einmal mehr die Kulisse einstiger Jugendspiele stand...

Mit der Stadtbahn fuhr ich nach Hermsdorf hinaus, ging den unveränderten Weg bis an den Rand des Villenortes, wo die weiten Wiesen sich ausbreiten.

Die „Heringsburg" stand noch. Und unser Holzhäuschen auch! Angekokelt, mit zerborstenen Fenstern, offenen Türen.

„Sieglinde" war ein mächtiger Baum geworden. Aber sonst – verwüstetes Sandland. Das Schild unter dem Hausgiebel, leicht angeschwärzt, sagt noch immer: „... Gehst du als Wandrer vorbei, segne die Pfade dir Gott."

Frieda Stübing

Zum Hasenbraten eingeladen

Ich wurde am Mobilmachungstag, am 3. August 1914, in einem Dorf im Harz mit 1100 Einwohnern geboren. Man nannte es „Marktflecken", da es im Gegensatz zu anderen Dörfern ein Gericht, einen Bahnhof, ein Krankenhaus, eine Omnibuslinie und drei gutgehende Gasthäuser hatte.

Als fünftes Kind eines Holzhändlers bekam ich den Namen Frieda, in dem Glauben und auch in der Hoffnung, daß bald wieder Frieden einkehren werde. Vater und zwei seiner Brüder waren Eigentümer einer Holzhandlung. Sie lieferten Langholz an den Kupfer- und Schieferbergbau zum Abstützen der Stollen und Schächte. Mit zwölf Pferden, also sechs Gespannen, fuhren sie das Holz zum Bahnhof, es wurde nach Mansfeld und Eisleben transportiert.

Ich kann wohl sagen, daß es unserer Familie recht gut ging. Wir wohnten im eigenen Zweifamilienhaus, das mein Vater von seinen Eltern zur Hochzeit als Geschenk bekommen hatte. Jedes Kind, das das Licht der Welt erblickte, bekam ein Sparbuch mit 3000 Reichsmark. Zu zweit teilten wir Geschwister uns ein Zimmer, und jeder hatte sein eigenes Bett.

Meine Erinnerung reicht bis in die Zeit von 1918. Viele junge Frauen trugen Trauer. Ihre Männer waren den „Heldentod" gestorben. So kam auch meine Lieblingstante des öfteren zu uns und weinte sich bei meiner Mutter aus. Mutter war eine sehr verständnisvolle und liebevolle Frau. Sie hatte Zeit für jeden, der ihren Rat und ihre Hilfe brauchte, obwohl sie inzwischen das sechste Kind geboren hatte. Ich liebte sie abgöttisch.

Der älteste Bruder war schon konfirmiert und hatte eine Lehre als Werkzeugschlosser angefangen. Er mußte jeden Morgen um 6 Uhr mit der Kleinbahn nach Mansfeld fahren. Er hörte von großen Unruhen, das Wort Inflation war in aller Munde. Die Arbeitslosenzahl war auf 357 000 gestiegen, und das Geld wurde knapp. Statt der unsicheren Papiermarkwährung wurden in manchen Städten bereits Naturalien als Zahlungsmittel angenommen, zum Beispiel für eine Kilowattstunde Strom zehn Eier oder drei Pfund Weizenmehl oder ein Viertelzentner Kartoffeln.

Wie überall im Land, kam es auch in Sachsen zu Aufständen und Putschen, hauptsächlich im Industriegebiet von Mansfeld und Merseburg. Die Eisenbahner streikten, der Bruder konnte nicht an seine Arbeitsstelle fahren.

Wir waren gottlob Selbstversorger, denn die Grundnahrungsmittel wie Fleisch, Milch, Mehl, Butter und Kartoffeln

Inflationsgeld aus dem Jahr 1923.

erzeugten wir in eigener Wirtschaft. Ich kann mich noch gut an meinen neunten Geburtstag erinnern. Mit einem 20 000-Markschein ging ich einkaufen, bekam dafür ein Pfund Kakao für 14 000 RM, ein Pfund Zucker für 1600 RM und zwei grüne Heringe für 2500 RM.

Täglich wurden zwei Millionen neue Banknoten gedruckt. Ich hatte Spaß an diesen großen bunten Scheinen.

Die Firmen gingen dazu über, die Beschäftigten täglich auszuzahlen. Die Ehefrauen warteten vor den Werktoren auf das Geld, um sofort einkaufen zu können, da die Preise stündlich stiegen. In den Städten war der Hunger groß.

Wir auf dem Lande spürten wenig davon, aber wenn wir Geschwister mit Butterbroten zum Spielen auf die Straße liefen, drehten wir die bestrichene Seite nach unten, damit die ärmeren Straßenkinder die Butter nicht sehen sollten.

Des öfteren überließ ich mein Brot dem gleichaltrigen Nachbarskind. Es hatte noch fünf Geschwister, und alle hatten Hunger. Sie wohnten zur Miete in einem kleinen Häuschen ohne Garten und Stallungen. Im Hof hatten sie ein paar Kästen mit Stallhasen zu stehen. Oft half ich beim Grünfuttersuchen, denn die Tiere mußten dreimal täglich gefüttert werden. An Bachufern und Wiesenrainen wuchs Bärenklau, den die Hasen besonders mögen. Und wenn dann einer schlachtreif war, wurde ich manchmal zum Hasenbraten eingeladen.

Die älteren Brüder des Mädchens nannten mich „Fritz", und sie freuten sich immer ganz besonders, wenn ich mit am Tisch saß. Mir machte der Spitzname nichts aus, ich war nun einmal verhältnismäßig groß und dürr für mein Alter. Allerdings war mir auch kein Zaun oder Baum zu hoch. Deshalb durfte ich manchmal sonntags vormittags mit ihnen im Wald „Räuber und Gendarm" spielen.

An jenem Sonntag sind wir eine Gruppe von 14 „Mann", also sieben Gendarmen und sieben Räuber, darunter zwei Nachbarbuben und mein zwei Jahre älterer Bruder. Am Waldeingang treffen wir den örtlichen Förster. Er ist mit seinem Hund auf dem Heimweg und bittet uns, nicht zu laut zu sein, damit das Wild nicht unnötig gestört wird.

Ich werde den Gendarmen zugeteilt, die Räuber strömen aus und verstecken sich. Nach fünf Minuten fangen wir an, die Räuber zu hetzen. Da fällt plötzlich ein Schuß. Der För-

Großes Saubachtal (Silberborn) bei Wippra, Südharz. In diesem Wald fand die unheimliche Begegnung statt.

ster kann es nicht gewesen sein, der ist inzwischen zu Hause – also ein Wilddieb im Revier!

Entsetzen in den Augen der Jungen, einige wollen umkehren, aber das Spiel hat doch gerade erst begonnen.

Ein Signal, Pfeifen auf zwei Fingern, heißt Treffpunkt an einer Bank am Ende des Waldstücks. Ich durchkämme das nächste Dickicht und komme mit meiner schlanken Figur gut voran. Plötzlich nehme ich Geräusche wahr, drücke mich auf den Erdboden und kann vor Aufregung kaum atmen. Ich rieche Blut.

Oh weh, nicht weit vor mir erkenne ich einen kräftigen Mann! Er dreht mir den Rücken zu und hat ein Wildbret vor sich zu liegen. Mit Reisig deckt er es zu. In der Nacht, bei Dunkelheit, wird er es abtransportieren.

Ich darf mich nicht bewegen, denn er entsichert seine Flinte und schiebt sie unter den Reisighaufen. Dann dreht er sich um, um das Dickicht zu verlassen und steht wie gebannt vor mir. Es ist unser Nachbar!!

„Fritz, du hier?" Er will noch etwas sagen, aber er verschließt schnell den Mund mit zwei Fingern, was so viel bedeutet wie: Du mußt schweigen und darfst mich nicht verraten. Er kriecht vorsichtig an mir vorbei. Ich bin nicht mächtig aufzustehen, denn zwei seiner Buben sind unter uns. Hoffentlich begegnet er ihnen nicht!

Meine Gedanken wirbeln durcheinander. Warum tut er das? Bei Entdeckung drohen ihm hohe Strafen ... Vielleicht war er es sogar, der im vergangenen Jahr den jungen Forsteleven erschossen hat? ...

Nein, das darf ich nicht denken! Der Hunger seiner Familie wird ihn zum Wildern getrieben haben. Jetzt weiß ich auch, wieso es so oft, auch mitten in der Woche, nach gutem gebratenem Fleisch gerochen hat. Sicher war es nicht immer Hasenfleisch, was ich mitessen durfte!

Ich laufe zur verabredeten Bank, habe keinen Mut, noch einen Räuber zu fangen. Ich stelle mich humpelnd, als hätte ich mir meinen Fuß vertreten, werde sogar vom kräftigsten Jungen nach Hause getragen.

Ich habe versucht, dem Nachbarn aus dem Weg zu gehen, aber wenn wir uns unverhofft trafen, hielt er zwei Finger vor den Mund, und ich nickte ihm dann zu.

Der Hunger nahm kein Ende. Die Städter kamen nachts zu uns ins Dorf und stahlen die Kartoffeln vom Feld. Dem Nachbarn verschwanden zwei Hasen aus dem Stall.

Wir hörten das erste Mal den Namen Adolf Hitler. Am 10. April 1923 hielt er eine Rede in München, in der er zur

Wirtschaftspolitik sprach. Haß spielte darin die Hauptrolle.

Ich hörte, wie die ältesten Brüder sich mit Freunden unterhielten. Sie waren sehr besorgt, fragten sich, was aus unserer Republik werden sollte.

Nicht lange danach stöberte ich in unserem Sekretär und fand in einem Fach mein Sparbuch. Ein großer Stempel bedeckte die zweite Seite: Zur Aufwertung angemeldet!

Ich war so stolz auf meinen Besitz gewesen, und nun war ich tief enttäuscht. Wer in diesem Staat hatte die Berechtigung, sich an meinem Eigentum zu vergreifen? Ich zweifelte das erste Mal in meinem jungen Leben an Gott und der Welt.

[Herne; Westfalen–Refrath, Bergisch Gladbach;
1920–1926]

Cäcilie Kraus-Kolter

Mein kleiner Bruder Josef

Oft hast du mich gefragt, heute will ich dir erzählen, wie es damals war: Wir wohnten in einem großen Neunfamilienhaus, gebaut in der Gründerzeit. Es stand an der Hauptstraße von Herne nach Wanne-Eickel, durch die auch die Straßenbahn fuhr. Das Wohnzimmer lag an der Straßenseite mit Blick auf die vorüberfahrenden Straßenbahnen, Kohlenkutschen und auf die Bäckerei Zipfel.

Von meinem Kinderzimmer aus blickte ich über Gärten und Felder hinweg auf fünf Bauerngehöfte. Vor diesen Feldern verlief unsere „Alte Bahne", eine stillgelegte Bahnstrecke, damals schon ohne Gleise, die einmal für den Holztransport von Zeche zu Zeche benötigt worden war. Auf dieser „Alten Bahne" spielten wir Kinder gern. Wir konnten an beiden Seiten Rutschpartien machen und uns hinunterrollen lassen.

Vor der „Alten Bahne", links neben dem kleinen Kornfeld, lag eine wundervolle Feuchtwiese, auf der wir Kinder zum Muttertag schöne Blumensträuße pflückten. Wir beobachteten Schmetterlinge, Käfer und Frösche. Es war eine schöne Zeit. Nur wußten wir nicht, daß diese Wiese einem der Bauern gehörte. Einmal überraschte er uns und kam sogar mit einem großen Knüppel daher, um uns zu verjagen.

Ich war fast fünf Jahre alt, da kamst du, mein kleiner Bruder, am 22. September 1920 auf die Welt. Früher war es üblich, daß das erste Kind, wenn es soweit war, zu Verwandten geschickt wurde, denn der Geburtsvorgang war für ein Kind natürlich tabu. Die Hebamme kam ins Haus, und als hilfreiche Fee erwies sich eine Schwester oder Cousine der Mutter.

Also schickte mich Vater für sechs Wochen zu unserem Großonkel nach Refrath aufs Land. In der Nähe wohnten auch Großvater und Großmutter, die ich oft besuchen durfte.

War das für mich als Stadtkind herrlich, als Großvater mich mit in den Königsforst nahm und mir die Tiere des Waldes zeigte! Angst hatte ich nur vor den Tauben des Großonkels. Wenn das Fenster in meinem Zimmer abends noch geöffnet war, kamen sie zu mir aufs Bett geflogen. Ich schrie dann, so laut ich konnte. Alles, was flatterte, wie Nachtschmetterlinge, die abends um die Lampen flogen, jagte mir Angst ein, so daß ich mein Gesicht in Tante Billas Schoß verbarg und mich richtiggehend schüttelte.

In Refrath lernte ich den Dialekt der bergischen Landbevölkerung sprechen. Ein Kind kann das viel schneller als ein Erwachsener. Es spricht einfach alles nach. Vater staunte nicht schlecht, als er mich eines Tages hier abholte und ich mit ihm in seiner „Muttersprache", dem Refrather Platt, redete. Zu Hause, in Herne, führten mich unsere Eltern den anderen Hausbewohnern vor. Besonders die alte Frau Schmitz, die über uns wohnte, lachte herzhaft über mein Platt. Ich muß wohl mächtig stolz auf meine erste „Fremdsprache" gewesen sein.

Hurra – ein Junge! Nun warst du also da, mein kleiner Bruder. Noch etwas schrumpelig im Gesicht, aber doch ein niedliches Baby. Die Zeit verging. Bald konntest du laufen und fallen und deinen rechten Arm brechen, und das ein paarmal hintereinander. Du warst einfach zu wild, und ich konnte mit dir nichts anfangen! Wenn meine Freundinnen und ich nach der Schule heimgingen, passierte es schon mal, daß wir unserer Hebamme begegneten. Wir bestürmten sie, mir noch ein Schwesterchen zu bringen. Sie beruhigte uns immer mit den Worten: „Ja, wenn mal wieder eines da ist." Neue Hoffnung stieg in uns auf, aber das Schwesterchen blieb aus.

Kamen meine Schulfreundinnen zu uns nach Hause, benahmst du dich sehr albern. Du wolltest dich bemerkbar machen, zogst Fratzen und ahmtest Erwachsene nach, um uns zum Lachen zu bringen, – oder wolltest du uns nur stören? Du machtest die verrücktesten Dinge. Da du keinen Jungen zum Spielen hattest, wolltest du natürlich mit uns zusammen sein. Du nahmst uns die Puppen weg, nur um uns zu ärgern und zu zeigen, daß du auch noch da warst.

Mit fünf Jahren spieltest du gerne mit Streichhölzern. Für welches Kind ist Feuer nicht faszinierend? Einmal hattest du ein Feuerchen unter meinem Bett entzündet. Unsere Mutter war entsetzt, als sie aus der Küche kam, und es im Flur nach Rauch roch. Der Geruch kam aus dem Schlafzimmer. Zum Glück war das Bett hochbeinig und aus Metall, so daß nichts passiert war. Ein anderes Mal legtest du unter dem Wohnzimmersofa Feuer. Unsere Mutter konnte es noch rechtzeitig löschen, so daß Schlimmeres verhindert werden konnte.

Ferien in Ankum bei Osnabrück. Rechts, neben mir, steht mein kleiner Bruder Josef, daneben die Söhne des Gastwirtes.

Weihnachten 1926: Du warst jetzt sechs Jahre alt, als du ein kleines Gewehr mit Gummistöpseln geschenkt bekamst, mit dem man auf eine Schießscheibe zielen konnte. Aber – oh weh! Es wurde zu unserem Entsetzen anderweitig benutzt. Im Wohnzimmer hing eine schöne gläserne Lampe mit grünen und weißen Perlenschnüren ringsum. Diese mußten es dir angetan haben. Gedacht – gezielt! Und peng! Alle Perlenschnüre lösten sich auf, die schöne Lampe ging entzwei und fiel zu Boden. Ich hätte nicht „du" sein mögen!

An diesem Weihnachtstag gab es was hintendrauf. Das Gewehr verschwand vorläufig aus deinem Blickfeld. Erst im Sommer durftest du wieder damit spielen, aber nur draußen und unter Aufsicht. Mutter und ich gingen mit dir, damit du keinen Unfug machtest. Du durftest lediglich auf alte Mauern oder Zäune schießen.

Fast jedes Wochenende zogen Musikkapellen durch unsere Straße. Nach dem ersten Weltkrieg wurde das Vereinsleben wieder großgeschrieben. Viele Vereine wurden gegründet. Fast alle hatten eine Musikkapelle, die bei jeder Gelegenheit, wie kirchlichen Festen, städtischen Feiern oder Jubiläen, aufspielte. Es gab den Schützenverein, den Turnverein, den Kriegerverein, die Feuerwehr und vor allem den Bergwerksverein. Fast jede Zeche hatte eine eigene Kapelle, Zeche „Julia", Zeche „Shamrock", Zeche „Friedrich der Große", „Mont Cenis" und und wie sie alle hießen. Es gab immer etwas zu feiern.

Eines Tages warst du verschwunden. Mutter meinte, du könntest einer Musikkapelle hinterhergelaufen sein. Also nahm sie mich an die Hand. Nach einer halben Stunde vergeblichen Suchens marschierten wir nach Wanne, da wir dich bei einer Kapelle vermuteten, die etwa eine halbe Stunde zuvor durch unsere Straße gezogen war. Wir haben dich dort auch nicht gefunden. Soweit, wie wir jetzt gegangen waren, konntest du mit deinen kleinen Beinchen nicht gelaufen sein!

Also eilten wir zurück, an einem Bahndamm vorbei – und siehe da, der kleine Josef saß allein an „Koops Teich" und fing

Frösche und Kaulquappen! Mutter atmete auf. Ich schimpfte mit dir, denn bei dieser Hitze war es für mich nicht gerade schön, stundenlang über asphaltierte Straßen und Bürgersteige zu laufen, um dich zu suchen.

Vor 1925 gab es kaum Autos auf den Straßen. Man sah nur Pferdewagen, mit denen Holz oder Kohlen befördert wurden. Das waren die Kohlenkutschen.

Jede Woche kam der sogenannte „Klüngelkerl" flötespielend oder mit einer kleinen Glocke laut bimmelnd vorbei, um Eisen, Knochen und Lumpen zu sammeln. Lumpen und Eisen wurden auf einer Waage gewogen, und wir Kinder bekamen ein paar Pfennige. Dafür durften wir uns dann beim Bäcker Zipfel Bonbons holen. Für zwei Pfennige gab es einen Nappablock oder eine Schokoladenmaus, süß gefüllt, mit einem Wollfaden als Schwänzchen, für zehn Pfennige eine Tüte Bonbons.

Wollten unsere Eltern sonntags mit uns Kindern spazierengehen, mußte Mutter immer zuerst mich hübsch anziehen, erst dann kamst du an die Reihe. Andernfalls wärst du in dieser Zeit längst wieder schmutzig gewesen. Immer diese Aufregung!

Du hecktest noch viele Streiche aus. Eines Tages kam dir die Idee, einen der Ascheneimer, die am Straßenrand standen, umzustoßen und den Inhalt auf die Gleise rollen zu lassen. Du hocktest dich am Straßenrand hin, um zu beobachten, wie die nächste Straßenbahn über Asche, Dosen und Flaschen fahren würde. Der Fahrer der herannahenden Bahn bemerkte das Malheur aber rechtzeitig, stieg aus und ging auf dich zu. Du flohest in Biesewinkels Haus. Aber der Fahrer entdeckte dich. Als Belohnung versohlte er dir das Hinterteil.

Eines Abends sagtest du zu unserer Mutter: „Würdest du mir bitte morgen früh ein kleines Kissen in die Hose stecken?"

Mutter, nichts Gutes ahnend, ging natürlich mit dir zur Schule. Fräulein Sanftenschneider, deine Lehrerin, war sehr friedfertig, wie schon der Name verriet, aber auch streng. Du warst bei ihr gut aufgehoben. Was, wenn sie nicht so eine gute Pädagogin gewesen wäre? Du bekamst natürlich keine Stockschlä-

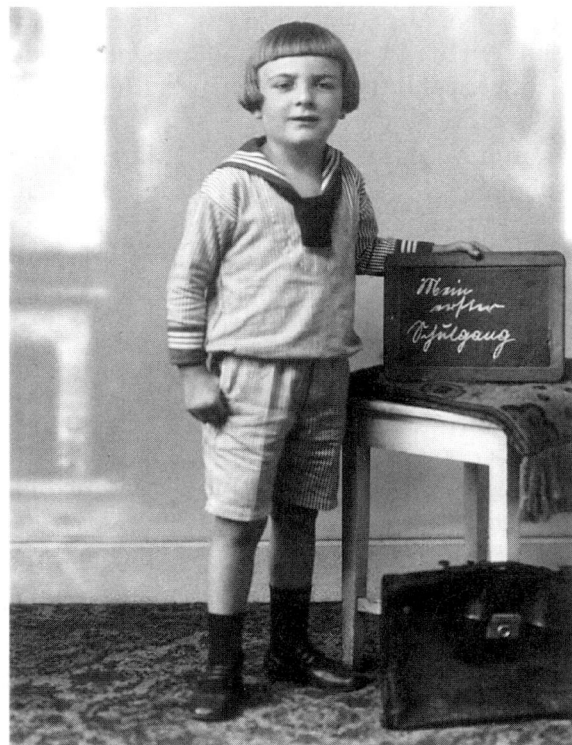

*1927:
Josefs erster
Schultag.
Die erste Klas-
senlehrerin,
Fräulein
Sanftenschneider,
wußte, wie sie
mit so einem
Wildfang umzu-
gehen hatte.*

ge auf dein Hinterteil, wie es damals noch üblich war, sondern eine Strafarbeit, und du mußtest versprechen, dich zu bessern.

Mit acht oder neun Jahren wurdest du langsam vernünftiger. Du setztest dich sogar mit einem Buch in der Hand im Hof an das Kindertischchen, während meine Freundin und ich Handarbeiten machten.

Ja, mein lieber Josef, du bist als Kind wirklich nicht einfach gewesen. Es hat noch sehr viel Zeit gebraucht, bis du schließlich erwachsen geworden bist.

(Auszug aus dem Buch „Schmetterlinge und Bomber", erschienen im Verlag Andrea Schmitz, Overath 1997)

[Helmarshausen, Nordhessen;
um 1920]

Ernst Bunzenthal

Wenig Zeit für Zärtlichkeit

Es ist schon eine Gnade, auf über acht Jahrzehnte zurück-
blicken zu können. Überhaupt, wenn der Geist noch wach
genug ist, die Erinnerungen der Kindheit neu erleben und
empfinden zu lssen.

Bereits meine Geburt begann mit Schwierigkeiten, mußte
doch Mutter das erste Mal ein Krankenhaus aufsuchen und
daheim drei Kinder im Alter von zweieinhalb bis acht Jahren zurücklassen. Man schrieb das Jahr 1916, und Vater war
im Krieg. So war die Sorge der Ärzte in erster Linie, den
Kindern daheim die Mutter zu erhalten. Sie hat wohl einen
gehörigen Schreck bekommen, als sie mich das erste Mal zu
sehen bekam. Ich war zu schwach, um an ihrer Brust zu
trinken. Doch ich überlebte und bin heute der letzte unserer
großen Familie.

Schon früh wurden wir Kinder, je nach Alter, zur Arbeit
eingesetzt. Bereits mit vier Jahren mußte ich unsere zwei
Ziegen an Weg- und Waldrändern hüten. Im Beisein anderer
Dorfkinder war dies Anlaß für mancherlei Spiel. So hatten
wir einmal darüber unsere Ziegen ganz vergessen. All unser
Suchen war umsonst. An die Folgen denkend, schlichen wir
heim. Dort war die Freude groß, unsere Ziegen hatten, als
sie satt waren, den Weg in ihren Stall allein gefunden! Aber
bald trat ein Jüngerer an meine Stelle, denn wir Älteren durften mit dem Zulassungsschein für kinderreiche Familien

1917: Ein Foto ohne das übliche Lächeln. Zu diesem Zweck mit bester Kleidung. Meine Mutter hat es unserem Vater „ins Feld" nach Frankreich geschickt. Auf ihrem Schoß sitze ich, daneben stehen meine Geschwister, jeweils im Abstand von zwei Jahren.

Leseholz im Wald sammeln. Dabei blieb es jedoch nicht immer, denn der Wagen mußte voll werden, wurde das ganze Jahr doch der wesentliche Bedarf zum Heizen und Kochen aus dem Wald geholt. Briketts waren nur Zugabe. Das Holz wurde per Handsäge zersägt und anschließend gestapelt.

Vater hatte für diese häuslichen Verrichtungen keine Zeit, denn er hatte als Steinbrucharbeiter einen schweren Beruf. Bis die groben Felsstücke zu Mauer- und Pflastersteinen hergerichtet waren, bedurfte es einer harten, ungesunden Arbeit. Diese Tätigkeit brachte Vater mit 52 Jahren eine Steinstaublunge ein und ließ ihn zum Frührentner werden. Das wurde für Mutter zu einem großen Problem. Die vier Kinder, zwei Geschwister waren damals schon gestorben, immer satt zu bekommen war schwer, denn es gab ja kein Kindergeld. So kochte sie häufig Eintöpfe (Erbsen, Bohnen, Linsen), die sie mit ausgelassenem Schweinespeck schmackhaft herrichtete. Die Grieben waren der Fleischersatz. Nur den Karottentopf mochten wir nicht, doch mit einem Stück gewässertem Salzhering konnte man auch ihn essen.

An dieser Stelle ist es notwendig, auf die damalige Situation meines Geburtsortes und seiner Umgebung einzugehen. Helmarshausen in Nordhessen war eine Landgemeinde ohne Industrie. Außer einigen Zigarrenmachern gab es nur Bauern und einfache Arbeiter, die, wenn sie Glück hatten, im drei Kilometer entfernten Karlshafen Arbeit fanden. Da nur wenige ein Fahrrad besaßen, mußten sie bei Wind und Wetter über den Berg laufen – auf der einen Seite den Krukenberg rauf und auf der anderen den Königsberg runter. Das muß abends nach der Arbeit sehr mühsam gewesen sein.

Es war nur gut, daß mein ältester Bruder mit 15 Jahren dort Arbeit gefunden hatte, so konnte er mit seinen 25 bis 27 Reichsmark pro Woche einen guten Teil zum Haushalt beitragen. Auch Anna, die älteste der Geschwister, mußte schon mit 17 Jahren zu Bauern oder Bessergestellten in Dienst, wo sie monatlich 35 RM verdiente. Diese benötigte sie zwar für sich selbst, und war so für Mutter keine finanzielle Hilfe, aber auch kein „unnötiger Esser".

Um überhaupt genug zum Leben zu haben, waren ein großer Garten und ein gepachteter Acker für uns wohl das wichtigste. Der Garten brachte Gemüse und Obst sowie das Heu für die Ziegen. Der Acker, weit außerhalb des Ortes gelegen, war je zur Hälfte mit Kartoffeln und Roggen bestellt. Von den Kartoffeln bekam das Schwein die Hälfte, um richtig fett zu werden. Da wir kaum Mehlspeisen kannten, war auch für uns die Kartoffel der Hauptbestandteil jeder Mahlzeit. Aus dem Roggen entstanden die großen Achtpfünderbrote, die Mutter für ihre vielen, ständig hungrigen Kinder benötigte. Zwar war der Acker lebenswichtig, doch er nahm uns fast das ganze Jahr über in die Pflicht. Er mußte gepflügt werden und Mist, unser einziger Dünger, mußte eingebracht werden. Der Bauer, der das für uns erledigte, wollte kein Geld, sondern unsere Arbeitskraft dafür. So mußten wir immer auf Abruf bereit sein, um bei der Ernte und bei anderen Tätigkeiten zu helfen.

Hinzu kam, daß es zu bestimmten Zeiten im Jahr auf dem Rittergut des Grafen von Lindesuden immer Arbeit für uns gab. Wir Kinder im Alter zwischen sieben und zehn Jahren mußten oft große Flächen mit Rüben verziehen und vom Unkraut befreien. Gleich nach der Schule wurden wir mit Planwagen abgeholt. Vor Beginn der Arbeit gab es einen gehörigen Teller Eintopf, danach ging es für vier Stunden in die Felder. Mit 60 Pfennigen pro Tag wurden wir entlohnt, und Mutter sagte oft: „Das reicht schon wieder für den Bäcker, und Schuhe spart ihr auch."

Meist war für einen von uns die Schule schon um 11 Uhr aus, dann wurde schnell gegessen, und fort ging es mit anderen Kindern über den Berg, um unserem Bruder das Essen zu bringen. Heute noch muß ich an einen lustigen Vorfall denken: Auf dem Rückweg schauten wir nach, ob noch ein Rest im Topf war. Einmal holte ein Junge neben mir nach langem Kauen ein Stück Stoff aus dem Mund. Ganz erstaunt rief er: „Oh, du lieber Gott, meine Mutter hat Lumpen gekocht!" Eine Erklärung gab es aber bald: Mit diesem Stück Stoff hatte die Mutter ein Loch im Topf zugestopft.

Fast alles drehte sich ums Essen. Für ein gutes Vesper

waren wir bereit, den Bauern beim Dreschen oder im Feld zu helfen. Auch alten Menschen halfen wir gern und waren glücklich, wenn es dafür einen Fünfer oder Zehner gab. Mit dem so gesparten Geld war man oft vor die Wahl gestellt, über den Berg ins Kino zu gehen oder ein Stück Wurst zu kaufen, das dann heimlich ohne Brot verzehrt wurde. Ich kann mich nicht erinnern, jemals Geld für Schokolade oder ähnliches ausgegeben zu haben. Zeit zum Spielen hatten wir nur abends, wenn die Schulaufgaben gemacht waren.

Im Sommer und Herbst gab es auf unserem Acker besonders viel zu tun. Die Kartoffeln mußten gehackt und gehäufelt werden. Da der Weg weit war, brachte uns Mutter das Essen aufs Feld, oft den Jüngsten noch im Kinderwagen vor sich herschiebend. Bei der Kartoffelernte ging der Vater mit der Gabel vor, hob die Kartoffeln aus der Erde, und wir mußten sie auflesen. Mit dem Kartoffelkraut wurde ein Feuer unterhalten, in dem wir ein paar Kartoffeln zum Essen garten. Das Korn wurde vom Vater mit der Hand gemäht, dann in Garben gebunden und vom Bauern heimgefahren. Wenn das Korn gedroschen, das Obst geerntet und die Kartoffeln eingekellert waren, begann für uns Kinder die schönere Zeit.

Zu unserem großen Vergnügen fand alljährlich das Schützenfest statt. Da hatte selbst Vater die Spendierhosen an und gab uns je nach Alter 1,50 bis 2,50 RM. Das reichte bei zwei Festtagen nicht weit. Deshalb ließen wir uns als Bremser einstellen. Das Karussell wurde noch von einem Pferd gezogen. Wenn das Schlußzeichen ertönte, mußte sich der Bremser auf einen Bremsklotz stellen, damit das Karussell zum Stillstand kam. So verdienten wir uns freie Fahrt.

Wenn im Herbst die Wiesen am Fluß Diemel überflutet wurden, entstand bei Frost eine herrliche Eisfläche, auf der wir mit unseren genagelten Schuhen lange Schlitterbahnen anlegen konnten. Doch Vater sah das nicht gern, da die Schuhe darunter litten. Sie waren ein wichtiger Kostenfaktor und deshalb immer unter seiner Kontrolle. Unsere Schuhe waren dicht mit dazu passenden Nägeln besohlt, Absatz und Spitze gesondert. So hatten sie eine lange Lebensdauer. Allerdings besaß immer der älteste Bruder die neuen Schuhe, die mit jedem Nachfolger abgenutzter wurden.

Zu den schönsten Erinnerungen gehört das Schlachtfest 14 Tage vor Weihnachten. Wenn das oftmals drei Zentner schwere Schwein sauber geputzt und ausgenommen an der Leiter hing, waren alle sparsamen Fleisch- und Wurstmonate vergessen, und die beiden großen Speckseiten ließen gute Eintöpfe erahnen. Die Flumen wurden unter Zusatz von Margarine und Zwiebeln ausgelassen und ergaben den Brotaufstrich für das ganze Jahr.

Der Höhe- und Schlußpunkt des Jahres war Weihnachten. Am Tag davor wurden wir alle in die Badewanne gesteckt und auf „Hochglanz" gebracht. An Heiligabend mußten wir alle in die Kirche, sicher auch, damit die Eltern Zeit hatten, den Baum zu schmücken. Wir wurden dann von Mutter schon an der Tür empfangen, und da half kein Bitten, es ging sofort ins Bett. In dieser Nacht wurde wenig geschlafen, waren wir doch zu aufgeregt und warteten ungeduldig auf ein Zeichen von ihr, daß wir kommen durften.

Diese Weihnachten zählen heute zu meinen schönsten Erinnerungen. Ich frage mich oft, weshalb? An den Geschenken kann es nicht gelegen haben, waren sie doch meist praktischer Natur wie neue Schuhe, eine Hose oder Mutters selbstgestrickte Strümpfe. Dazu bekamen wir Äpfel, Nüsse und jeder eine Tafel Schokolade. Oft lag auch ein Spiel unter dem Baum. – Heute weiß ich, daß es etwas war, was wir das ganze Jahr über sehr vermissen mußten. Es war die Liebe der Eltern und ihre Zärtlichkeit, die in diesem harten Leben sonst zu kurz kamen. An Weihnachten konnte selbst Vater Gefühle zeigen, wenn er voller Stolz auf seine große Familie schaute.

(Weitere Erinnerungen dieses Autors finden Sie im Band „Jugend 1933 – 1939" der Reihe ZEITGUT.)

[Öschelbronn bei Herrenberg, Baden-Württemberg;
Anfang der 20er Jahre]

Lore Schwarzkopf

Politisch–Nachbarliches

Schon recht früh wurde ich mit der Politik konfrontiert, natürlich ohne eine Ahnung zu haben, was da vor sich ging. Nach dem Kriegsende 1918 war ein politisches Durcheinander in Deutschland, die Kommunisten waren sehr aktiv und wollten ihr Weltreich von Rußland her auf Deutschland ausdehnen.

Besonders im Ruhrgebiet brodelte es, und dort, in Dortmund, waren zwei junge Öschelbronner zur kommunistischen Schulung. Einer davon war unser Nachbar, der Ipser Robert. Weiter zurück als bis zu meinem vierten Lebensjahr kann ich mich ja nicht erinnern, und da war der Ipser Robert wieder in Öschelbronn. Er propagierte zusammen mit seinem Freund Jakob aktiv für die kommunistische Partei. Ipsers waren unsere unmittelbaren Nachbarn, und Robert war mein erklärter Freund.

Wir hatten ein gutes Verhältnis zu allen Ipsers, die damals wohl so zwischen 22 und 32 Jahre alt waren. Die Älteste, Katherle, mochte ich auch sehr, sie hatte ein lediges Kind, den Karle, ein paar Jahre jünger als ich. Karle fiel durch eine Pagenfrisur auf – für's Dorf etwas ganz Ungewöhnliches, alle Buben hatten sonst einen Kurzhaarschnitt. Diese Pagenfrisur fiel erst, als Karle in die Schule kam. Es war wohl der Einfluß von Robert auf die Frisur gewesen, eine Art politisches Bekenntnis: Mal was anderes.

Die zweite Tochter, Mariele, konnte ich nicht gut leiden, ich weiß nicht warum – eine kindliche Antipathie.

Da war noch Gottlieb, der seinen rechten Arm im Krieg verloren hatte, und dem ich auch sehr gewogen war. Ich sah ihm gern im Stall bei seiner Arbeit mit den zwei Kühen zu. Statt der Hand hatte er an einem künstlichen Arm einen Haken, was mich sehr faszinierte, so konnte er eine Mistgabel fassen. Später, als ich längst groß war, hat er mir einmal erzählt, er habe mich immer vom Mittagsschlaf aus dem Bettle holen müssen, wenn meine Mutter mit Tante Schäberles auf dem Feld war, da half sie in Stoßzeiten immer.

Das Fachwerkhaus war unser bäuerliches Wohnhaus in Öschelbronn. Ipsers, unsere Nachbarn, wohnten in dem kleinen Haus rechts.

Politisch war Öschelbronn eigentlich in zwei Teile geteilt: Die Bauern und die Arbeiter, denn eine erhebliche Anzahl schaffte bei Bosch in Stuttgart oder sonst in einer Fabrik. Allerdings hatten ausnahmslos fast alle auch ein paar Äk-

kerle und zwei Kühe und ihr eigenes Haus oder Häusle. Auch
als die Arbeitslosenzeit begann, hatte keiner Not, denn das
tägliche Brot brachte die kleine Landwirtschaft, und das Ar-
beitslosengeld hielt sie über Wasser.

Und die Agitation lief dank Robert und seinem Freund.
Ein Gesinnungsgenosse war aus dem Landesgefängnis in Ulm
ausgebrochen, wo er aus politischen Gründen einsaß, und
hatte bei Robert Zuflucht gefunden. Er hielt sich den ganzen Tag über im Hause auf, und die Nachbarn rätselten darüber. Nur abends sah ihn meine Mutter manchmal das Haus
verlassen, wohl zu einem Spaziergang an der Luft.

Kurz und gut: Eines Tages fuhr eine Anzahl gepanzerter
Lastwagen voller Reichswehrsoldaten in Öschelbronn vor
und suchte nach dem entsprungenen Häftling – im richtigen
Haus: bei Robert. Meine Mutter sah ihn vom Gangfenster
aus zum Kammerfenster des Nachbarhauses heraussteigen
und in Richtung Wald davonlaufen, aber er kam nicht weit –
das Dorf war von Reichswehr umstellt. Er wurde gefaßt und
zusammen mit meinem Freund Robert zwischen den Soldaten abtransportiert.

Ach, da gab es bittere Tränen, mein guter Robert konnte
doch unmöglich etwas Böses getan haben! Wie lange er damals fort war und ob er überhaupt verurteilt wurde, weiß
ich nicht mehr. Aber seine Gesinnungsfreunde, eine große
Gruppe aus Stuttgart, veranstalteten einen großen Auf-
marsch in Öschelbronn. Ich habe noch gut im Gedächtnis,
wie sie mit ihren roten Fahnen und die Weiber mit roten
Kopftüchern durch's Dorf zogen und ihre Parolen schrien,
unter anderem auch: „Nieder mit dem Paragraphen 218!",
doch das war damals für mich noch ein böhmisches Dorf. –
So etwas in einem ruhigen, ordentlichen, fleißigen Dorf!

[Weida – Schüptitz, Thüringen;
1920/21]

Paul F. Wagner

Vater und ich betteln

Der Krieg ist eine böse Zeit und ihm folgen böse Zeiten. Die Leute hatten Geld, konnten sich dafür aber so gut wie nichts kaufen. Es gab nichts oder nicht viel. Man konnte sich für das Geld, das man für seine Arbeit bekam, nicht sattessen. Es mangelte an Brot, Mehl, Eiern, Kartoffeln, Fleisch oder Butter. Aber die Bauern wollten kein Geld, sie wollten Kleider, Silber, Gold, Schmuck, Teppiche.

Wir aßen Brot mit Kürbismus, damit es nicht so trocken war, und Kartoffeln mit Kürbismus, weil wir außer Salz nichts dazu hatten. Kürbismus am Morgen, Kürbismus am Mittag und womöglich am Abend. Ich konnte Kürbismus nicht mehr sehen und riechen; es widerte mich an.

Eines Morgens kam ein Wagen vom Kleindraxdorfer Rittergut mit Zuckerrüben und fuhr durch die Gabelsberger Straße zum Bahnhof. Er hatte hoch geladen. In der löchrigen Straße fielen ein paar Rüben herab; wir Kinder balgten uns darum. Ich hatte eine erwischt und eine zweite am Bahnhof, wo sie die Rüben verluden, und wir zwischen den Wagen herumkrochen. Die Mutter schnitt die Rüben in Scheiben und kochte sie aus. Der Saft wurde eingedickt, und das gab süßen Sirup, eine Abwechslung zum Kürbismus.

Außer Zuckerrüben gab es die gelbrötlichen Kohlrüben. Manche Leute nannten sie Steckrüben. Sie mußten helfen, die Kartoffeln zu strecken. Zubereitet wurden sie als Ein-

topf mit ein paar Kartoffeln, etwas Rindfleisch und Küm-
mel. Vor dem Essen kam noch ein Schuß Essig dazu. Für
viele Leute waren Kohlrüben das, was für mich das Kürbismus war. Ich habe den Kohlrübeneintopf noch gern gegessen; der Onkel Alfred freilich meinte, Kohlrüben seien gut
für Karnickel, aber nicht für Menschen.

Die Eltern und der Großvater besaßen noch etwas Leder,
Oberleder und Sohlen. Zwei Sommer lang bin ich mit dem
Vater, am Anfang auch mit dem Großvater, zu Bauern gegangen. Wir bettelten. Bettelten für Geld und gute Worte
um ein Stück Brot, ein Ei, etwas Mehl, ein paar Kartoffeln.
Dazu boten sich Vater oder Großvater an, Schuhe und Stiefel zu besohlen oder ein Paar neue Schuhe zu machen.

Wir waren nicht die einzigen, die derart über Land zogen.
Es gab in Weida viele Gerber und Schuhmacher, die Leder
hatten und es anboten wie wir. In Orte nahe der Stadt, wie
Gräfenbrück oder Steinsdorf, brauchte man nicht zu gehen,
die waren überlaufen. Eine Stunde weit oder weiter nach
Staitz, Schüptitz oder Rohna mußte man schon auf sich nehmen, wollte man nicht mit leeren Händen heimkommen.

Ich sehe mich mit dem Vater vor Bauernhöfen stehen, im
Hauseingang oder in der Küche, Geld in der Hand und ein
Paar Sohlen. Ich höre ihn versprechen, ein Paar Schuhe oder
mehrere bis zum nächsten Sonnabend zu besohlen und wie-
derzubringen, wenn wir gegen Bezahlung etwas Mehl, ein
paar Eier, Kartoffeln, etwas Butter oder ein Stück Speck bekommen könnten.

Es ist meinen Vater schwer angekommen, sehr schwer. Er
war schüchtern, und es lag ihm nicht, sich auf diese Art anzubieten. Wären nicht ich und der kleine Bruder gewesen,
ich glaube, Vater hätte es eher auf sich genommen, zu ver-
hungern, als solche Gänge zu machen.

Aber die Mutter schickte ihn. Die Sohlen könne man nicht
essen, sagte sie, und die Bauern kämen nicht, man müsse zu
ihnen gehen. Andere Männer gingen auch.

Und so zogen Vater und ich von Dorf zu Dorf, von Hof zu
Hof, ein junger Mann Anfang der dreißig, an der Hand einen
sechs- oder siebenjährigen Jungen.

Ich muß es wiederholen: wir bettelten. Wir bettelten, um
für Geld und das Versprechen einer Arbeit ein paar Kartoffeln oder sonstige Lebensmittel zu bekommen. Das Elend
und die Widerwärtigkeit, die Vater bei dieser Bettelei empfunden hat, haben sich körperlich spürbar auf mich übertra-
gen. Dabei bin ich ihm auf diesen schrecklichen und demüti-
genden Wegen vielleicht der einzige Trost gewesen.

Es gab Bauern, die grob waren und uns wie lästiges Ge-
schmeiß fortjagten, oder die uns sagten, sie hätten selber
nichts. Einmal erhielten wir am Mittag einen Teller voll Kar-
toffelsuppe mit ausgelassenem Speck, ein andermal bekam
ich von einer Frau ein Butterbrot und an anderer Stelle einen Apfel. Aber im allgemeinen waren wir nicht erfolgreich.
Vaters Auftreten war linkisch und unsicher, und er ließ sich
durch ein barsches oder ablehnendes Wort schnell in Verlegenheit bringen oder abschrecken. In dem Augenblick hatte
er verloren und gab auf.

Eines Nachmittags hatten wir alles in allem nur ein paar
Kartoffeln in unserem Rucksack. Auf dem Weg von Schüptitz heimzu setzten wir uns an einer Böschung nieder, uns
war hundeelend zumute. Der Vater schwieg; er schimpfte
nicht und barmte nicht. Ich spürte, daß er am liebsten nicht
nach Hause gegangen wäre, um nicht die Vorwürfe der Mutter hören zu müssen. Die Sonne schien, wir waren voller
Staub und müde, vor Hunger müde; wir fühlten uns von Gott
und der Welt verlassen, und vor uns lag eine grenzenlose,
unabsehbare Trostlosigkeit.

Wir schwiegen und dösten vor uns hin. Der Vater schien
zu schlafen. Ich hörte den langgezogenen klagenden Schrei
eines Bussards, der über uns seine Kreise zog. Auch der Vater mußte ihn gehört haben. Rasch stand er auf, nahm mich
bei der Hand und sagte: „Komm!" Da gingen wir heim.

[Berlin-Friedrichshain;
1921–1925]

Liselotte Haak

Ich kaufe ein bei Zickelbein

Ich war erst dreieinhalb Jahre alt, da schickte mich meine Mama schon zum „Einholen"*). Mein Bruder war noch ein Säugling, denn meine ersten Einkäufe waren Babyflaschen und Schnuller, bei uns Nuckel genannt. Die Drogerie zog mich magisch an. Sie befand sich in einem Eckhaus und hatte zwei Eingangstüren dicht nebeneinander, eine in der Cothenius- und eine in der Thorner Straße. Natürlich machte ich mir die Freude, durch beide Türen mehrmals ein- und auszugehen, denn jede Ladenklingel ertönte auf ihre eigene Weise.

Das Einholen von Lebensmitteln war auch für so kleine Kinder wie mich unkompliziert. Der Bäcker war nur zwei Häuser entfernt auf unserer Straßenseite, der Milchmann „über'n Damm". Am häufigsten aber schickte mich meine Mama zu „Zickelbein", einer Kolonialwarenhandlung in unserem Haus, deren Besitzer tatsächlich so hieß.

Ich winkte stolz ab, wenn mir Mama einen Zettel mitgeben wollte. Das konnte ich alles im Gedächtnis behalten, und zwar mit folgendem Trick: Während ich die Treppen hinunterging, sang ich laut vor mich hin: „Eier – Butter – Salz – ‚Kakau' und Leberwurst", bis ich mit meinem Vers vor dem Ladentisch stand. Die Kaufmannsfrau amüsierte sich jedesmal darüber. Mit fünf Jahren behielt ich schon sechs Dinge

---

*) In Berlin geht man nicht einkaufen, sondern einholen, und wenn man die Straße überquert, geht man über'n Damm.

im Kopf, auch ohne meinen Singsang. Eines Tages zerbrachen mir auf der Treppe vier Eier in der Tüte, weil der Junge unter uns mit Wolfsgeheul aus seiner Wohnungstür auf mich zugestürzt kam, um mich zu erschrecken.

Als Erich, mein Bruder, zwei Jahre alt war, mußte ich ihn immer zum Einholen mitnehmen. Im Bäckerladen hat er mich einmal ziemlich blamiert. Ich hatte ihn mit einem halben frischen Brot im Arm vor dem Ladentisch abgesetzt, während ich längere Zeit auf Wechselgeld warten mußte. Mit seinen kleinen Fingern höhlte er inzwischen unbemerkt das Brot aus und aß die weiche Krume. Ich fing an zu weinen, denn Mutter konnte ja nun keine Scheiben mehr abschneiden. Die nette Bäckersfrau gab mir jedoch Ersatz.

Ein andermal, beim Kaufmann Zickelbein, erschreckte er mich gehörig. Während ich der Verkäuferin meine Wünsche vortrug, erklomm Klein-Erich das offene Sauerkrautfaß, das vorn im Laden stand. Nun hing er mit dem Oberkörper völlig drin und schaffte es dabei sogar, sich mit einer Hand Sauerkohl in den Mund zu stopfen. Ich konnte ihn gerade noch am „Schlafittchen" packen und zurückziehen. Die gute Frau Zickelbein, die mit meinen Eltern befreundet war, konnte sich kaum halten vor Lachen und spendierte uns zwei Sahnebonbons.

Merkwürdigerweise holte ich nie beim Schlächter ein, obwohl der Laden ebenfalls in der Cotheniusstraße lag. Der Tresen war wohl zu hoch. Ich erinnere mich aber an eine Berliner Sitte: Sobald geschlachtet war und frische, warme Grütz- und Leberwürste samt Brühe verkauft wurden, stellten die Fleischer einen Küchenstuhl, mit einer weißen Schlachterschürze behängt, außen vor das Schaufenster.

Eine andere Originalität war der Milchwagen von „Bimmel-Bolle". In allen Stadtteilen Berlins waren kleine, weiße Pferdekastenwagen der Meierei Bolle*) unterwegs, aus denen Milch gezapft wurde. Wenn deren Glocke ertönte, strömten die Hausfrauen mit ihren Kannen herbei und ließen sich

---

*) Nach 100jährigem Bestehen existierte die Firma Bolle leider seit 1996 nicht mehr.

Milch einfüllen. Der Zapfhahn wurde von einem der beiden blauweiß gekleideten Lehrlinge in Gang gesetzt. Der zweite kassierte und schwang die große Glocke. Wenn der Wagen weiterfuhr, sprangen die Jungen mit unglaublichem Geschick auf ihre luftigen Sitze rechts und links außen am Wagen. Ich bewunderte sie. Die Schulkinder riefen ihnen nach:

„Bolle, bimbim,
die Milch ist zu dünn,
die Buttermilch zu dick,
Bolle ist verrückt!"

Wir selbst kauften frühmorgens im Milchgeschäft ein.

Ein anderer Ruf, der auf den Straßen erscholl, ging von den Betreibern der Kuhställe aus: „Brennholz für Kartoffelschalen!" Die nach Berlin gezogenen „Schweizer" hielten in den großen Ostberliner Hinterhöfen meist etwa zwölf Kühe und lieferten die Milch an die Milchgeschäfte. Die Kartoffelschalen wurden als zusätzliches Futter für die Kühe gesammelt. Für einen Obstkorb voller Schälabfälle bekam man die gleiche Menge Kleinholz, das man zum Anheizen der Küchenherde und der großen Berliner Kachelöfen benötigte.

Ich wundere mich noch heute, daß Mama uns so früh allein auf die Straße schickte. Sie war im Gegensatz zur Großmutter weder ängstlich noch pessimistisch.

Als ich einmal ohne den Bruder beim Bäcker Kuchen geholt hatte, wurde mir, der Fünfjährigen, übel mitgespielt. Ich folgte mit mehreren großen Schulmädchen einem Leierkastenmann, der von Hof zu Hof zog. Es machte mir Spaß, die eingewickelten Geldstücke einzusammeln, die die Anwohner als Lohn für die Musik aus den Fenstern warfen. Das Geld kam in seinen Hut. Anschließend nahmen mich die Zwölfjährigen bei der Hand und zogen mich trotz meines Sträubens in den menschenleeren Friedrichshain. An einer Bank banden sie mich mit Schnüren fest. Natürlich schrie ich vor Angst, zumal mich Wehrlose mehrere Wespen umschwirrten. Die Kinder waren lachend weggelaufen. Nach

endlosen Minuten befreite mich ein Spaziergänger und brachte mich nach Hause.

Irgendwann, zu Beginn der 20er Jahre, ging meine Mama
dann selbst einkaufen. Das war wegen der Inflation, als mit
Millionen nur so um sich geworfen wurde. Es muß aber nur
eine kurze Zeit gewesen sein. Die wertlosen Geldscheine bekam ich zum Spielen. Ich ließ sie, zu Fliegern gefaltet, aus
dem Küchenfenster segeln.

Pintschstraße 10

Bei jedem Schuljahrsbeginn war es im Lyzeum üblich, daß
der Klassenlehrer unsere Anschriften erfragte, um sie ins
Klassenbuch einzutragen. Und jedesmal war es mir peinlich
zu sagen: „Pintschstraße zehn." Da dachte doch jeder gleich
an kleine Pinscher! Ich wohnte also in der Straße der kleinen Leute, der Unbedeutenden, ja, der Armseligen. – Und es
war tatsächlich so: Unser ganzes Viertel des Stadtteils Friedrichshain beherbergte Arbeiter, kleine Handwerker und An-
gestellte. – Ach, hätte ich damals gewußt, daß Dr. Pintsch
ein berühmter Arzt Friedrichs des Großen war! Auch die
Nachbarstraßen waren nach bekannten Ärzten benannt. Die
Pintschstraße lag zwischen der Kochhann- und der Straß-
mannstraße, in unmittelbarer Nähe befanden sich die Vir-
chow-, Langenbeck- und Cotheniusstraße, die Hufeland- und
die Esmarchstraße.

Ich wohnte gern in der kleinen Straße. Vom sechsten bis
13. Lebensjahr war sie mein liebster Spielplatz. Hier fuhr
ich meine Puppen spazieren, anfangs elf Häuser lang hin,
auf der anderen Seite elf Häuser wieder zurück. Später durfte
ich dann „karreerum" laufen, das hieß, um den ganzen Block
herum, die Petersburger Straße eingeschlossen. Hier fuhren
Straßenbahnen mitten durch eine grüne „Promenade". Aber
hier über'n Damm zu gehen hatten die Großeltern dem kleinen Schulkind verboten. Gefahrlos war hingegen das Spielen in der Nähe des Hauses. Ältere Berlinerinnen erinnern

sich sicher noch an die sogenannte Ballschule: „Klatsche, klatsche, beide, (mit den Handflächen) buffe, buffe, beide...“ (mit den Fäusten) oder an „Rotes Radieschen, eisernes Füßchen, knie zum Gebet – einmal gedreht!“

Die breiten Steinplatten des Trottoirs eigneten sich hervorragend zum Hopsespiel „Himmel und Hölle“. Mit einem Kettchen auf dem Fußrücken galt es, springend die Kreidestriche zu überwinden. Den Höhepunkt des Spiels bildete das „Blindgehen“ von Feld zu Feld, mit zum Himmel gewandtem Gesicht und geschlossenen Augen. Die umstehenden Mitspieler begleiteten jeden Schritt mit dem Sprechchor: „Berr-lin, Berr-lin ...“ (Betonung auf der ersten Silbe). Wehe, wenn man auf einen Strich trat, dann schrie alles laut und schadenfroh: „Stet-tin!“ Man schied als Verlierer aus, der Nächste war dran. Wenn man beim Schummeln ertappt wurde, hieß es: „Auweia, das gildet nicht!“ Mit Freuden erinnere ich mich auch der Gemeinschaftsspiele: Uhrenverkauf, Vogelverkauf, Figurenwerfen, „Herr Fischer, wie tief ist das Wasser?“ und „Wie weit willst du reisen?“

Am liebsten jedoch waren mir die Singspiele. Wir sangen: „Ziege durch, Ziege durch, durch die goldne Brücke“ (natürlich mußte es „ziehe durch“ heißen!) mit dem „Engelwiegen“ zum Schluß. Hatte man das Pech, auf der „Teufelsseite“ zu stehen, so wurde man ein Stück übers Pflaster geschleudert: „Wir rütteln und schütteln den Teufel zum Tore hinaus, und wenn er nicht will, dann schmeißen wir 'n raus!“

Gern spielten wir auch in zwei langen Reihen: „Morgen woll'n wir heiraten – juhuhu, morgen woll'n wir heiraten – ixe-axe-uh!“ Dramatisch wurde es im Spiel vom „kleinen Mann und der großen Frau“. Ich riß mich stets darum, das böse, prügelnde Eheweib zu spielen, aber auch die Rolle des schüchternen Mannes, der im Küchenschrank saß und alle Teller ausleckte, hatte seine Reize.

Die Häuser der Pintschstraße ähnelten einander alle. Sie waren zu Ende des 19. Jahrhunderts gebaut worden, vierstöckig und mit Balkon. In den Blumenkästen blühten wohlgepflegte Petunien und Geranien, seltener Männertreu und Kapuzinerkresse. Ging man spätabends an den Häusern entlang, so tropfte einem das Gießwasser auf den Kopf.*)

Läden gab es in der Pintschstraße nur wenige, zwei davon in unserem Haus: Das Zigarrengeschäft von Schröders und die Kneipe, die dem „späten" Fräulein „Mieze" gehörte. Bei Schröders pflegte meine Großmutter des öfteren zu telefonieren, denn öffentliche Fernsprecher auf den Straßen gab es damals noch nicht. Die „Kneipenmieze" machte das Lokal erst nachmittags auf, mit Ausnahme der Tage, an denen Bier geliefert wurde. Ich hatte immer gerade Schulschluß, wenn der schwere Rollwagen mit den Bierfässern vor unserem Haus stand. Ich liebte die riesigen Kaltblutpferde und fütterte sie mit meinen Schulbrotresten, indem ich mich hoch auf die Zehenspitzen reckte. Zu gern hätte ich auch ihre Nüstern gestreichelt, aber ich reichte nicht hinauf.

Mit der „Kneipenmieze" mußte ich mich gut stellen. Es kam öfter vor, daß ich von einem Besuch bei meiner Freundin Annemarie zu spät heimkam und die Haustür schon zugeschlossen war. Dann gab es nur den Weg durch die Kneipe. Mit großer Überwindung und klopfendem Herzen betrat ich das Lokal. Verzweifelt versuchte ich, durch Bier und Tabaksdunst die hochgetürmte Frisur der Wirtin zu erspähen. Sie saß nämlich meistens zwischen ihren Kunden. Meine bescheidene Bitte, ob ich mal „durchgehen" dürfe, wurde zwar gewährt, aber die Säufer versuchten immer, sich mir zu nähern. So schnell ich konnte, schlüpfte ich ins Treppenhaus. Mein Herz klopfte wie wild, und ich mußte mich erst einmal an dem wunderschön geschnitzten Hundekopf auf dem Endpfosten des Treppengeländers festhalten. Dieser Hundekopf stoppte auch jedesmal die rasende Geländerfahrt meiner Freundin Annemarie, die stets wie ein Junge vom vierten Stockwerk aus das Treppengeländer hinunterrutschte!

Unserem Haus gegenüber lag ein „Lumpengeschäft". Der

---

*) Diese Tatsache ist sogar in dem Berliner Schlager vom „Leierkastenmann" verewigt!

Besitzer, ein gewisser Krause, zog oft mit seinem Handwagen durch die Straßen Berlins, bimmelte mit einer Glocke
und rief: „Lumpen – Knochen – Papier – auch Alteisen!" –
Ältere Berliner werden diesen Singsang des Gewerbes noch
im Ohr haben. Seine Ausbeute wurde dann im Laden sor-
tiert und gestapelt. Manchmal zog mich meine Großmutter
ins Geschäft zum „Wiegen". Für'n Groschen stellten wir uns
auf die abgeschabte grüne Holzwaage, und Lumpenkrause
ermittelte unser Gewicht. Einmal wog ich 20 Kilo und meine Großmutter 65, an diesen Tag erinnere ich mich genau.

Ebenfalls gegenüber, Pintschstraße 12, hatte Lehmann sein
Milchgeschäft mit der schwarzweißen Kuh im Schaufenster,
einer Pappkuh, versteht sich. Wir waren aber dort nicht
Kunden, sondern holten unsere Milch im Kuhstall gleich nebenan. Ich zog sehr gern ganz früh morgens mit der blauen
Milchkanne los. Oft hatte ich dann das Glück, die „Milch-
frau" Luise noch im Stall beim Melken anzutreffen. Manchmal purzelten da auch junge Kätzchen herum, die man streicheln und auf den Arm nehmen durfte – ein Erlebnis für das
Großstadtkind!

Am Ende der Pintschstraße befand sich eine „Warmbade-
anstalt", eine wichtige städtische Institution. Alle Häuser
waren ja ohne Bad und Dusche gebaut, und wer sich nicht in
einer Zinkbadewanne zu Hause reinigen wollte, der ging
dorthin. Mein Großvater machte oft Gebrauch davon. Ich
sehe ihn noch mit seiner alten Aktentasche fortgehen, in der
sich das Waschzeug, Kamm und Geldbörse befanden. Anschließend kam er immer rosig und wohlgelaunt zurück.

Am liebsten hatte ich den Schusterladen nebenan, natürlich nur, weil dort „Nelly", eine fette, alte Mischlingshündin
beheimatet war. Schuster Knopke selbst flößte mir ein leichtes Grauen ein. Der große, ungeschlachtene Mann mit den
schwarzen Pranken war taubstumm. Er stieß heisere, bel-
lende Laute aus, die ich nicht zu deuten wußte. Als Dolmetscherin fungierte seine blasse, schmächtige Frau mit ent-

setzlich näselnder Stimme. Aber die schwarze Nelly und ich, wir liebten uns. Mir zuliebe führte Frau Knopke den sanften Hund als geifernde Bestie vor. Sie stampfte auf den Boden und rief: „Nelly, fang die Ratte!" Dann geriet das Tier außer sich und knurrte und bellte wie toll. Meine Großmutter war entsetzt, daß ich von jedem Besuch bei Nelly ein paar Flöhe mit nach Hause brachte.

Am 18. April 1945 brannte die ganze Pintschstraße mitsamt der Umgebung durch Phosphorbomben aus. Nur die Außenmauern blieben stehen. Mein rothaariger Puppenjunge Wälty, meine Affen und Teddys, alle Kinderzeichnungen und die erste Fibel – alles war ein Raub der Flammen geworden. In den 50er Jahren standen die Ruinen noch und starrten mich aus schwarzen Fensterhöhlen an. Ein wehmütiges Wiedersehen feierte ich im Flur des Hauses mit dem geschnitzten Hundekopf. Auch das Sternmuster im gefliesten Hausflur war noch erhalten. Später hat man dann die Mauern gesprengt und an ihre Stelle neue Wohnblocks aufgebaut, aber alle in der Querrichtung. Heute erinnert nichts mehr an mein Kinderparadies.

Isabell, die Sommerfreundin

An einem heißen Sommernachmittag kam ich nach langer Masernkrankheit wieder zum Spielen auf die Straße. Wie ein freigelassener Vogel fühlte ich mich, als die schwere Haustür hinter mir zuschlug. Ich war sieben und ein kleines, stämmiges Mädchen mit kastanienbraunen Zöpfen. Die Pintschstraße lag wie ausgestorben da, nur hoch oben, bei den Balkons im vierten Stock, schossen Schwalben mit schrillem Geschrei hin und her. Sie schienen mir zuzurufen: „Freu dich – freu dich – Sommerzeit – Ferienzeit!"

Ich hielt Ausschau nach der dicken Nelly. Sie pflegte auf der obersten Holzstufe des kleinen Treppchens vor der Ladentür zu liegen und sich zu sonnen. So auch heute. Ich blieb wie angewurzelt stehen: Neben Nelly saß ein hellblondes Mädchen, schön wie eine Prinzessin! Sie trug ein weißes Kleid mit hellblauen Schleifen, dazu weiße Söckchen und Lackschuhe. Das Haar fiel ihr in Locken auf die Schultern. Ich starrte und staunte. Die Schöne ging einer sehr prosaischen Beschäftigung nach: Sie wischte dem alten Hund mit Hilfe seiner langen Schlappohren den „Schlaf" aus den Augen.

„Komm her", rief sie mir zu, „du kannst Nelly bürsten!"

In Null-Komma-Nichts hatte ich das Treppchen erklommen und ließ mich auf der anderen Seite des Hundes nieder. Mit einer unsagbar schmutzigen Haarbürste striegelte ich ihn, während das Mädchen munter drauflosplauderte: „Ich heiße Isabell, ich komme aus Hamburg und soll hier Ferien machen. Frau Knopke ist meine Tante. Ich geh' in die dritte Klasse, und du?" Wir schwatzten und lachten miteinander. Nelly hatte sich längst aus dem Staube gemacht.

„Komm, wir holen uns Kirschen!" forderte mich die neue Freundin auf. Hand in Hand trabten wir zum Gemüsehändler Gribitter. „Na sowas", schmunzelte der, „da kommen ja Schneeweißchen und Rosenrot!"

„Und Sie sind der olle Bär!" meinte Isabell schlagfertig. Der Ladenbesitzer lachte und füllte uns eine Tüte mit dunkelroten Kirschen. Als Isabell ihre perlenbesetzte Geldbörse zückte, winkte er ab: „Laß dein Geld stecken, min Deern!" Fröhlich kehrten wir auf unseren Platz zurück. Isabell schmückte sich mit Zwillingskirschen und hängte auch mir welche über die Ohren. Dann übten wir uns im Kirschkern-Weitspucken. Natürlich wurde die Freundin Siegerin, denn sie hatte das im Gegensatz zu mir schon oft probiert. Gegen Abend trennten wir uns mit einem „Tschüß, bis morgen!"

Meiner Großmutter schwärmte ich viel vom schönen Aussehen des fremden Mädchens vor, doch die dämpfte meine Freude mit den Worten: „'ne Hamburgerin mit Lackschuhen am Wochentag? Die kommt wohl von der Reeperbahn?"

Ich hatte keine Ahnung, was sie damit meinte. Am nächsten Tag führte ich der neuen Freundin meinen Puppenwagen vor. Der sah wirklich gut aus. Das einfache Korbgeflecht hatte mein Großvater weiß angestrichen. Kissen und Gardinen waren aus feinster Spitze, die Decke aus rosa Seide, alles ein Meisterstück der nähenden Großmutter. Isabell staunte. Allerdings fand sie meinen Liebling, einen abgeschabten Affen im weißflauschigen Tragecape häßlich, aber den Puppenjungen Wälty mit dem echten roten Haar nannte sie „apart". Dieses Wort hörte ich zum ersten Mal. Sie durfte den Wagen schieben, und singend stolzierten wir „karreerum". Wir sangen dazu den Schlager:

„Ich hab' mein Herz in Heidelberg verloren ...",

und Isabell brachte mir den Schluß bei:

„Und als wir Abschied nahmen vor den Toren,
beim letzten Kuß,
da hab ich klar erkannt,
daß ich mein Herz in Heidelberg verloren.
Mein Herz, das schlägt am Neckarstrand."

Alle Leute blickten uns lächelnd nach. Später richteten wir vor dem Laden unsere „Wohnung" ein. Mit Schusterkreide wurden die Umrisse von Stube und Küche aufs Pflaster gemalt, und wer zu uns wollte, mußte mit „Klingeling" auf die imaginäre Klingel drücken. Natürlich war Isabell die Mutter und ich das Kind. Sie war begeistert von meinem Babygeplapper, das ich sehr echt nachahmen konnte.

Es folgte ein herrlicher Ferientag nach dem anderen. Mit Isabell zu spielen machte viel Spaß, ganz gleich, ob es sich um Kreisspiele, „Ballschule" oder „Himmel und Hölle" handelte. Wir überboten uns an Ideen und zankten uns nie.

Auch ein darstellendes Spiel brachte mir die Freundin bei. Sie sang: „Bin die feine Limburge-Limburgerin. Hab'ein feines Hütchen auf mit so vielen Federn drauf ..." Ich spielte mit Wonne die schlampige Kuhmagd, schlurfte mit heruntergelassenen Strümpfen daher und sang mit rauher Stimme: „Bin die olle Bramstedte-Bramstedterin. Hab 'n paar

Klompen an mit so viel Kuhschiet dran ..." Natürlich wechselten wir auch die Rollen, aber je trampeliger ich die Kuhmagd spielte, um so mehr mußten wir lachen.

Ich durfte Isabell auch mit nach Hause bringen. Dann war der Balkon unser Spielplatz. Hier machten wir Puppenwäsche oder ließen Seifenblasen fliegen. Meine Großmutter murrte zwar über das „Rumgeplansche", aber sie spendierte uns doch eine Handvoll Seifenflocken.

Die Sommerferien neigten sich dem Ende zu. In unserem dunklen Wohnungsflur übten wir „Abschiednehmen vor den Toren". Isabell, mit Großvaters Stock und Hut, war der scheidende Liebhaber, der mich drückte und küßte. Aber da fuhr meine Großmutter dazwischen: „Hier wird nix mit Liebe gespielt! Macht, daß ihr an die frische Luft kommt und laßt diese Firlefanzereien!" Kichernd polterten wir die vier Treppen hinunter. Mit bunter Kreide malten wir schöne Damen aufs Pflaster, die in Stöckelschuhen und Handtäschchen schwingend daherwanderten – St. Pauli ließ grüßen!

Vier Wochen waren wie im Fluge vergangen. Eines Tages war meine Sommerfreundin sang- und klanglos verschwunden. Traurig saß ich auf der Schustertreppe, die schwarze Nelly im Arm. Selbst die Tante, Frau Knopke, hörte nichts mehr von Isabell. Nun nahm der Schulalltag wieder seinen Lauf. Meine Schulfreundinnen Frieda und Trude hörten zwar meinen Erzählungen von Isabell, der Schönen mit den hellblauen Augen, zu, aber es interessierte sie nicht sonderlich. Allmählich verblaßte das Bild eines fröhlichen Sommers, aber vergessen habe ich Isabell nie.

Stempelgeld und „Heimweh-Würste"

Ich war sieben, als ich an einem schönen Herbsttag zusammen mit meiner Großmutter „Stempelgeld" holen ging. Die Ausgabestelle war sehr weit von unserem Stadtviertel entfernt, und wir machten uns zu Fuß auf den Weg, denn für die Straßenbahn hatten wir kein Geld mehr.

An der Pfingstkirche vorbei ging es über den Baltenplatz, von mir stets Balkenplatz genannt, bis zur Warschauer Brükke. Zum erstenmal erblickte ich die Spree. Ich war begeistert und steckte meinen Kopf durch die runden Löcher des steinernen Brückengeländers. Gerade dampfte ein Kohlenschlepper mit rauchendem Schornstein vorbei. Seine Bugwellen schäumten und rauschten und brachten viele kleine, am Ufer vertäute Boote ins Schaukeln. Fast wurde mir schwindelig. Meine ängstliche Großmutter veranlaßte mich zum Weitergehen, indem sie sagte: „Komm bloß, sonst holt dich der Nöck!" Von diesem Wassergeist hatte ich schon in der Schule gehört.

Nach einem weiteren halbstündigen Fußmarsch war das Ziel erreicht: eine riesige, weißgeklinkerte Schule. Vor dem Eingang wartete eine Menschenmenge in Viererreihen. Meist waren es Männer in schäbiger Kleidung und mit sorgenvollen Gesichtern. Mich bedrückte die Stimmung der Hoffnungslosigkeit und Verzweiflung der Wartenden wie eine dunkle Wolke.

Großmutter und ich hatten uns in die Schlange eingereiht. Plötzlich wurde ihr schlecht, denn wir hatten ja beide noch nichts gegessen. Einer der Arbeitslosen reichte ihr eine Schmalzstulle, und sie erholte sich wieder. Ich hatte schon voller Bangen überlegt, wie ich wohl ohne sie nach Hause kommen würde. Endlich waren wir an der Kasse. Beschwingt machten wir uns mit dem Stempelgeld in der Tasche auf den Heimweg. Großmutter wollte noch eine Jugendfreundin aufsuchen, die in der Greifswalder Straße einen Grünkramhandel betrieb.

Das Geschäft befand sich im Keller des Hauses. Ausgetretene Holzstufen führten in ein ziemlich dunkles, dumpfes Gelaß. Frau Röhl, die dicke Besitzerin, thronte unbeweglich hinter dem Tresen wie eine Spinne im Netz. Umso beweglicher war ihre Zunge. Sie überschüttete meine Großmutter förmlich mit Neuigkeiten aus der gemeinsamen Heimatstadt

Luckau (Niederlausitz). Während des Geplauders ging ich neugierig im Laden umher und besah mir alles: die uralte Waage mit den schwarzen Gewichten, die bauchigen Steinkrüge und die Säcke mit Kartoffeln und Zwiebeln. Seitlich vom Ladentisch standen zwei Holzbottiche mit Spreewälder Gurken und „Sauerkohl", wie der Berliner sagt. Staubige Holzregale beherbergten viele Packungen Kathreiners' Malzkaffee, Margarine „Schwan im Blauband" und ein kleines Holzschränkchen mit Eiern. Höchst interessant, weil noch nie gesehen, fand ich die mit glänzend blauem Papier umhüllten Zuckerhüte. Über allem schwebte der Kellergeruch, angereichert mit einem Duft von Zimt und Nelken.

Doch dann geschah etwas für mich Erschreckendes: Meine Großmutter, die auf einem Stuhl neben dem Tresen saß, zog aus der schäbigen Einkaufstasche ein Taschentuch und fuhr sich damit über die Augen. Sie weinte! Ausgerechnet sie, meine immer muntere „Mutti", die meine Kindertränen nicht ausstehen konnte! Als ich sie später nach dem Grund ihrer Traurigkeit fragte, sagte sie kurz angebunden: „Ich hab' Heimweh."

Bevor wir aufbrachen, kauften wir der Frau Röhl noch ein paar Luckauer Grützwürste ab. Sie wog reichlich und sagte: „Hier, Ottilie, ich lege noch ein paar geplatzte gratis dazu." Nirgends sonst gab es diese schmackhaften Spezialitäten aus Luckau. Kaum auf der Straße angelangt, zog mich Großmutter in eine Toreinfahrt, und wir verzehrten jeder eine köstliche Grützwurst aus der Hand. Die anderen waren zum Heißmachen für Zuhause bestimmt. Frohgelaunt und gestärkt ging es dann in Richtung Pintschstraße.

Wir haben später noch oft Grützwürste gegessen. Sie waren billig und machten satt. Ich nannte sie im Stillen immer „Heimweh-Würste". Jedesmal sah ich den Kellerladen mit der geschwätzigen Alten vor mir, die mit den Worten „Warum biste auch vor 13 Jahren fortgegangen aus ‚Lucke' ..." meine Großmutter zum Weinen gebracht hatte.

Renate Michel

Berliner Pflanzen

Es gibt einen alten Berliner Gassenhauer, der heißt: „Denkste denn, denkste denn, du Berliner Pflanze, denkste denn, ick liebe dir, weil ick mit dir tanze!" Ick bin ooch eene, eine Berliner Pflanze. Meine frühesten Kindheitserinnerungen führen allerdings nach Mecklenburg, wohin meine Mutter mit uns vier Kindern gegen Ende des Ersten Weltkrieges ausgewichen war. Beide Elternteile stammten von dort.

Wir waren in einer alten Mühle untergebracht. Wenn ich abends ins Bett sollte, pflegte ich auszureißen, rannte querfeldein, und unser armes Kindermädchen, das ein Hüftleiden hatte, lief verzweifelt hinterher. Mein anderthalb Jahre älterer Bruder lästerte: „Humpelfrieda, Humpelfrieda!"

Gleich nach dem Ersten Weltkrieg beginnen meine eigentlichen Berliner Jahre. Wir wohnten am Dürerplatz in Friedenau, damals noch ein Vorort Berlins. Manche Vororte unterschieden sich mit ihren mehrgeschossigen Mietshäusern kaum noch von der Großstadt, oder sie waren selbst schon Großstadt geworden. In Friedenau gab es neben den mehrstöckigen Mietshäusern, die sogar Vorgärten hatten, auch schmalere Straßen mit wunderschönen Villen in den Gärten.

Unsere riesige Wohnung hatte einen Balkon zur Straße und einen nach hinten zum Hof, in dem hohe Bäume standen. Der Hofbalkon war so groß, daß wir dort Murmeln spielen und unsere Kreisel tanzen lassen konnten. Meine drei Brüder und ich hatten in der Wohnung herrlich Platz zum Toben und Versteckspielen in Schränken, Ecken, hinter Türen. Unsere prächtige Mutter war oft mit Suchen dran, und ich weiß noch, daß sie uns solange Witze erzählte, bis wir uns durch unser Gelächter verrieten.

Die Mieter unter uns hatten wohl einiges auszuhalten. Es klingelte auch fast jeden Abend, und eine der beiden alten Damen aus der unteren Etage stand an der Tür. Sie brachte die Glühstrümpfchen, die durch die Erschütterungen entzweigegangen waren, mit dem Vorwurf: „Das haben die Kinder wieder mal geschafft!"

Wir hatten damals in unserem Haus noch kein elektrisches Licht, sondern nur Gasglühlichter, auch Glühstrümpfchen genannt. Je nach Gaszufuhr leuchtete das mit Chemikalien getränkte Gewebe heller oder schwächer. Die Glühstrümpfchen in der Wohnung unter uns gingen sicher nie an Altersschwäche kaputt.

In den Zimmern unserer Wohnung standen große Kachelöfen. Sie hatten in halber Höhe alle eine „Röhre", in der während der kalten Jahreszeit Äpfel brieten. Auf einem der Balkone war eine große Nische eingebaut, in der die Briketts lagerten. Übrigens hatten die Häuser auch alle sehr große Kellerräume. In unserer Küche stand ein fest eingemauerter Kohleherd mit sehr großer Kochfläche. Zum Braten mußte in dem seitlich hochgebauten Bratofen extra Feuer angemacht werden. So brauchte sich die Hausfrau zur Kontrolle des Bratens nicht zu bücken. Unter der Feuerstelle des Bratofens war genügend Platz, um dort Holz und Kohlen zu stapeln. Bald besaßen wir auch einen Gaskocher.

Da noch keine Autos fuhren, konnten wir auf den Straßen Rollschuhlaufen, Fangen oder „Zeck" – wie wir es auch nannten – und Trudelreifen spielen.

Im Winter fuhren mit lautem Geklingel Pferdewagen durch die Straßen. Wir gaben dann Kartoffelschalen und andere

Küchenabfälle ab und bekamen dafür gebündeltes Anfeuerholz. Im Frühling fuhren die gleichen bäuerlichen Wagen wieder klingelnd vorbei. Lauthals wurde „Blumentopferde!" für
die Balkonkästen angeboten. Wir Kinder machten daraus
„Blumento – Pferde" und tanzten nebenher.

Während der Inflationszeit warteten wir vier Kinder mit
der Mutter an der Haustür auf Vater. Auch den Beamten, er
war Studienrat, wurde alle paar Tage Gehalt ausgezahlt. Wir
bekamen jeder einen Zettel und einige Scheine in die Hand
gedrückt und sausten fix zum Einkaufen, denn das Geld
machte ja jede Nacht eine „Abmagerungskur", wenngleich
die Zahlen darauf immer höher wurden und über unser Vorstellungsvermögen hinausgingen. Das war schon eine schlimme Zeit.

Zu meinen schönsten Kindheitserinnerungen gehört das
Leben und Treiben in unserem Schrebergarten. Um Berlin
gab es viele solcher Gartenanlagen, angefügt an die Außenbezirke der Stadt oder zwischen den Vororten gelegen.

Unser Schrebergarten befand sich im Schöneberger Süden. Der Gartenverein hieß „Kolonie Burenland". Zwischen
dem Südrand der Kolonie und dem Villenvorort Südende lag
eine große Sanddüne. Dahin wanderten wir Kinder oft und
suchten Feuersteine. Damit veranstalteten wir dann zu Hause unter der Bettdecke das reinste Feuerwerk. Nicht nur die
Blitze hatten es uns angetan, sondern auch der Geruch, der
entstand, wenn wir die Steine aneinanderrieben. Unsere
arme Mutter befürchtete immer, wir könnten dabei einmal
das Haus in Brand stecken.

Mutter, auf dem Lande aufgewachsen, liebte Pflanzen über
alles. In unserem 300 Quadratmeter großen Schrebergarten
konnte sie ihre Kenntnisse darüber in die Praxis umsetzen.

In der Mitte des Gartens stand eine kleine Holzlaube, auf
der an einer Stange eine Fahne flatterte. Das angebaute Klohäuschen beklebten wir Kinder innen mit Sprüchen. Zur Laube gehörte eine schattige Sitzecke, die völlig mit wildem Wein

überwachsen war. Von da aus ging ein Weg bis zum Zaun, flankiert von Stachelbeersträuchern.

Meine Brüder sorgten dafür, daß dieser Weg immer schön glatt war, denn sie benutzten ihn als Weitsprungbahn, mit einem Markierungsbrett für den Absprung und einer immer frischgegrabenen Sprunggrube. Große Meisterschaften wurden dort ausgetragen.

Wenn die herrlichen Schattenmorellen reif waren, gab es noch einen anderen Wettbewerb, der bei uns in Sport ausartete: das Weitspucken der Kirschkerne. Mit dem ganzen Körper wurde Schwung geholt, drei Geschwister paßten auf, daß der vierte nicht über die Linie trat. Einer meiner Brüder erreichte elf Meter als absoluten Rekord.

Mit Hilfe eines kleinen Spirituskochers brühte Mutter Kaffee auf. Das Wasser hierzu lieferte die große alte Eisenpumpe. Im Sommer war es harte Arbeit, das Gießwasser zu pumpen, da waren Vaters Kräfte gefragt. Die Pumpe mochte mich nicht, einmal bekam ich tüchtig eins mit dem Schwengel, was mich einen halben Vorderzahn kostete. Zwar wurde eine Jacketkrone darübergesetzt, aber wohl nicht sehr vollendet, denn wer mich ärgern wollte, nannte mich fortan „Blauzahn".

Wir hatten auch einen Rasenplatz, kaum größer als vier mal vier Meter, auf dem wir Kinder uns sonnten. Damit unsere Haut schneller bräunte, rieben wir uns vorher mit Salzwasser ein. Um den kleinen Rasenplatz gab es Spalierobst. Meine Mutter erhielt beim Erntedankfest so manche Prämie für ihr gärtnerische Können.

Die beiden großen Feste in der Laubenkolonie, das Sommerfest und das Erntedankfest, wurden von uns Kindern fast so heiß herbeigesehnt wie Weihnachten und Geburtstag. Für den Umzug zum Sommerfest schmückte jeder Gartenpächter seinen Leiterwagen mit bunten Blumengirlanden, manchmal sogar mit einem hohen Aufbau. Die kleinen Kinder, mit Blumenkränzchen in den Haaren, saßen wie

Prinzessinnen in den Wagen. Die älteren Kinder zogen und schoben. Es kam jedesmal ein langer, bunter Zug zusammen. An der Spitze marschierten die Musikanten. Das war herrlich: wenn wir Kinder mitsangen, mußten sie sich beim Musizieren nach unserem Takt richten. Vor uns hüpfte mit roter Pappnase „Onkel Pelle", der Clown, den wir Kinder toll fanden. Wir strahlten, wenn er zu unserer Gruppe herankam und seine Späßchen trieb. Ein Schutzmann in einer alten Uniform, mit einer Pickelhaube auf dem Kopf und kissendickem Bauch sorgte nicht nur für Ordnung, sondern machte auch manchen Spaß mit.

Und so liefen wir alle fröhlich, die Eltern hinterher, zur kleinen Festwiese. Dort begann bald ein lustiges Treiben: Für die Kinder gab es Sackhüpfen und andere Wettspiele. Ein knarrendes Glücksrad – „dreimal wird gedreht, und dreimal wird gewonnen" – und ein kleines Kettenkarussell mit fliegenden Sitzen luden ein. Erfrischungen wurden natürlich auch verkauft.

Am späten Nachmittag nahmen die Eltern wieder ihre Wagen, deren Blumendekorationen langsam welkten, riefen die Kinder und zogen sich in ihre Gärten zurück, damit sich die lieben Kleinen etwas ausruhen konnten, denn es stand ja noch der Stocklaternenumzug bevor.

Wir kannten damals keine Sommerzeit, es war eine Stunde früher dunkel als heute. Ich kann mich aber nicht erinnern, daß wir Kinder je müde wurden. Der Umzug am Abend verlief ruhiger als der am Nachmittag. Es war richtig feierlich anzusehen, wie wir Kinder als kleine „Glühwürmchen" die Wege der Gartenkolonie entlangzogen. An der Festwiese löste sich der Zug dann auf.

Ähnlich wie das Sommerfest, ging das Erntedankfest vonstatten, nur daß die Girlanden an den Wagen nicht aus Blumen, sondern aus Früchten bestanden und die kleinsten Kinder auf den dicksten Kürbissen saßen.

Als ich etwa zehn Jahre alt war, sah ich einmal, wie eine

Frau am S-Bahnhof Friedenau stand und Blumen verkaufte. „Das kann ich doch auch", dachte ich und hatte die Vision von einem Berg Cremehütchen, die ich mir für das Geld kaufen würde, 125 Gramm für 14 Pfennige bei Milchbolle. Sie waren für uns Kinder ein Hochgenuß.

In unserem Schrebergarten blühten gerade prächtig die gelben Schwertlilien. Heimlich holte ich einen Arm voll und stellte mich geschäftstüchtig dorthin, wo ich die Blumenfrau gesehen hatte. „Schöne Schwertlilien, schöne Schwertlilien!", rief ich. Ich wurde sie tatsächlich los und hatte bald eine Handvoll Münzen. Strahlend tänzelte ich damit nach Hause. Aber es war eine Milchmädchenrechnung gewesen, denn Mutter hatte schon durch eine Bekannte von meiner Vorstellung gehört. Ich erntete keinen Applaus, vielmehr mußte ich versprechen, diesen Auftritt nicht zu wiederholen.

Als wir älter waren, brachten wir Freunde mit in den Garten, saßen mit ihnen auf dem Rasen und philosophierten. Mein jüngster Bruder hatte einen Detektorapparat, an dem er ständig bastelte. Wenn er nach langem Drehen und Wenden der Spulen und vielem Stöpseln wirklich Töne herbeigezaubert hatte, durfte immer ein anderer mithören, indem die eine Muschel des Kopfhörers an dessen Ohr gedreht wurde. Wir waren dankbare Zuhörer. Mein Bruder bastelte gern im Garten an dem Apparat, weil der Empfang dort besser war als zwischen den Mietshäusern. Auch den Anblick des Luftschiffes „Graf Zeppelin" am weiten Berliner Himmel genossen wir vom Garten aus.

Wir wohnten inzwischen ein paar Häuser weiter, in der Cranachstraße. Wir Geschwister liefen sehr gerne, heute würde man „joggen" sagen. Am frühen Morgen ging es los, zuerst die Beckerstraße, dann die Rubensstraße entlang, und schon hatten wir die Häuserfronten hinter uns gelassen. Zügig ging es zwischen dem Lyzeum und der backsteinroten Nathanaelkirche weiter. Rasch hatten wir die Sandwege der

Gartenkolonie erreicht. Unterwegs trafen wir auf andere Jog-
ger. Hin und wieder wurden für mich Gehpausen oder Atem-
übungen eingelegt. Ich gebe zu, daß mir die letzte Wegstrek-
ke oft recht schwerfiel.

Später dann wurden die morgendlichen Laufübungen
durch abendliches Tanzen abgelöst. Wir besuchten Schüler-
und Studentenfeste oder Sommerfeste der Rudervereine, die
oft in einem Saal in Südende stattfanden. Für den Hinweg
benutzten wir ja noch die Straßenbahn. Aber morgens, um
drei Uhr, wenn uns nach zahllosen Tänzen die Füße brann-
ten, liefen wir in Grüppchen oder auch schon zu zweit barfuß durch die Gartenanlage nach Hause.

Die ganze Zeit habe ich mich gefragt, was wohl nach so vielen Jahren aus dem blühenden Paradies meiner Kinder- und
Jugendzeit geworden sein mag. Und zu meiner großen Überraschung habe ich erfahren, daß die Laubenkolonie „Burenland" in Berlin-Schöneberg bis heute fortbesteht.

[Ullersdof, Kreis Glatz*), Niederschlesien;
1921–1925]

Hertha Wittwer

Die einklassige Schule

Mein Vater war als junger Lehrer 1912 in die einklassige
Schule nach Ullersdorf in der Nähe von Glatz berufen worden. Die Grafschaft Glatz war überwiegend katholisch, so
daß mancherorts für die wenigen evangelischen Kinder eine
einklassige Schule eingerichtet wurde. Damals hielt man die
Konfession für entscheidend.

Das Gustav-Adolf-Werk hatte in dem sieben Kilometer langen Bauern- und Industrieort Ullersdorf ein Gebäude errichten lassen, das gleichzeitig eine Lehrerwohnung, ein Klassenzimmer und einen Kirchenraum umfaßte. Die meisten
Dorfhäuser waren weiß gekalkt und hatten rote Ziegelstein-
dächer. Mein Elternhaus aber, in Kreuzform gebaut, bestand
aus roten Ziegelsteinen (Klinkern), sein Dach war mit grau-
blauen Schieferplatten gedeckt. Es gab einen kleinen Turm,
in dem eine Glocke hing. Die Kirche sah man von allen Seiten, denn das Bieletal war an dieser Stelle am breitesten.
Eine stabile Holzbrücke führte über den Fluß und verband
das bäuerliche Dorf mit dem Gelände einer Flachsgarnspin-
nerei und einer Rösterei.

Das Elternhaus, das, wie gesagt, zugleich Kirche und Schule war, stand in einem großen Garten mit vielen Fliederbü-
schen, Kastanienbäumen und einer weitausladenden Linde,
etlichen Obstbäumen, Rasenflächen und Gemüsebeeten. Es
war ein regelrechtes Kinderparadies, in dem sich auch mei-

---

*) heute Kłodzko in Polen

ne katholischen Freundinnen tummelten. Meine Eltern lebten den Kindern die Toleranz vor, indem sie sich mit dem
Rektor der katholischen Schule angefreundet hatten.

Die große, schwere Eichentür war der Eingang für die Kirchenbesucher und für die Schüler. Sie ging nach innen auf
und stand meist von morgens bis mittags offen. An der Tür
des Klassenraumes hing ein Schild: „Schulstube".

*Evangelisches Kirchlein, einklassige Dorfschule und Lehrerwohnung
(etwa 1910) in Ullersdorf, Kreis Glatz. Hier amtierte und wohnte mein
Vater, der junge Lehrer Rudolf Krause, mit seiner Frau und uns vier
Kindern. Im Schulgarten mit der alten Linde hatten wir ein Paradies.*

In den Weihnachtsferien ging mein Vater ins Gemeinde-
büro, um zu erfahren, wieviele evangelische Kinder zu Ostern
schulpflichtig werden würden. In den betreffenden Familien
machte er dann Hausbesuche und prüfte, ob das Kind auch
schulreif sei. Es war oft schwer zu entscheiden, ob man einen einzigen Erstkläßler einschulen sollte. Manchmal war
es besser, ein Jahr zu warten, bis es zwei oder drei Kinder
waren. Es kam auch vor, daß ein Jahrgang gar nicht vertreten war.

Die Schulstube war etwa 24 Quadratmeter groß, hatte drei
Fenster, einen Kachelofen, eine Holzdiele, ein Katheder, das
auf einem Podest stand, eine Tafel, die mittels Holzkeilen in
verschiedene Höhen verstellt werden konnte, und eine einzige Lampe in der Mitte der Decke.

Die Bänke standen in zwei Reihen. Links saßen die „Großen" auf Zweisitzern, rechts die „Kleinen" zu fünft in einer
Bank. Die Pulte waren leicht abgeschrägt, hatten eingelas-
sene Tintenfässer, die immer wieder neu gefüllt werden
mußten, und darunter befanden sich Bretter, auf die wir unsere Schultaschen legten. Wenn wir mit den Knien an diese
Barriere stießen, war es Zeit, eine Bank höher gesetzt zu
werden!

An jedem Wochenende wurden die Bänke beiseite geschoben, und der Fußboden wurde mit Schmierseife geschrubbt.
Die Holzdielen gaben beim Hin- und Hergehen seltsame Geräusche von sich, die mir noch heute in den Ohren klingen.

Als ich 1922 zur Schule kam, saß ich mit drei Jungen auf
der ersten Bank. Wir lernten einzelne Buchstaben, die wir
später zu Silben und Wörtern zusammenziehen mußten. Das
Lesenlernen war schwerer als das Schreibenlernen. Wir besaßen Schiefertafeln und Griffel aus dem gleichen Material,
die sehr leicht zerbrachen. Ein gewisser Druck war jedoch
nötig, um die Schrift lesen zu können. Die Tafel hatte auf
der einen Seite Linien, auf der anderen Kästchen. Am Holzrahmen war ein Loch, durch das eine Schnur gezogen wur-

de, an deren einem Ende der nasse Schwamm, am anderen
der Lappen zum Trocknen hing. Das Reinigen der Tafel war
eine mühsame Angelegenheit! Erst im zweiten Schuljahr bekamen wir Hefte.

Einen festgelegten Stundenplan gab es nicht. Wenn sich
der Lehrer mit den „Kleinen" beschäftigte, bekamen die anderen Jahrgänge schriftliche Aufgaben. Schönschreiben war
ein beliebter Lückenfüller. Wehe, wenn die Buchstaben über
den Zeilenrand gingen!

Rechenaufgaben wurden sowohl schriftlich als auch münd-
lich erledigt. Das kleine Einmaleins übten wir zwei Jahre
lang. Manchmal machte mein Vater ein Wettspiel daraus:
Alle Kinder mußten aufstehen, und wer die richtige Lösung
zuerst wußte, der durfte sich wieder hinsetzen. Aus den vier
Grundrechenarten entstanden lange Kettenaufgaben.

Der Deutschunterricht war sehr vielseitig. Bestimmten
Hauptwörtern mußten wir das richtige Geschlechtswort zu-
ordnen, Texte in die Vergangenheit setzen oder Worte finden, die mit „heit", „keit", „ung" oder „ing" ergänzt werden
konnten.

Stand ein Klassenaufsatz an, so praktizierte mein Vater
folgendes: Er setzte einen Schüler in unser Wohnzimmer,
einen anderen in die Küche oder in das Schlafzimmer. So
hatte jeder die nötige Ruhe zum Nachdenken.

Für Erdkunde wurde eine Landkarte an einem Ständer
hochgezogen. Als ich später in die Höhere Töchterschule der
Kreisstadt Glatz kam, fielen meine Kenntnisse in diesem Fach
besonders auf. Ich kannte die Hauptstädte der wichtigsten
Länder und konnte sie auf Anhieb auf der Karte zeigen. Das
Gesellschaftsspiel „Stadt, Land, Fluß" hatte sicher dazu beigetragen. Die Lehrerinnen staunten über mein Wissen, das
hätten sie einem Kind, das eine einklassige Schule besucht
hatte, nicht zugetraut!

Gedichte, Lieder, Psalmen oder Balladen waren mir ge-
läufiger als anderen Schülerinnen. Ich las lauter und flie-

ßender als sie, was mir manches Lob einbrachte. Ich wußte
damals nicht, daß mein Vater infolge einer nicht erkannten
Mittelohrentzündung als Kind etwas schwerhörig geworden
war. Daher hatte er uns immer eine laute und deutliche Aus-
drucksweise abverlangt. – Ich spreche heute noch sehr arti-
kuliert und kann als Märchenerzählerin einen ganzen Saal
ohne Mikrofon unterhalten.

Mein Vater, zugleich auch Kantor, spielte im Gottesdienst
die Orgel. Für den Gesangsunterricht an der Schule hatte er
noch ein Melodieinstrument, die Geige, erlernt. Ehe sie zum
Einsatz kam, mußte sie jedesmal erst gestimmt werden. Inzwischen sangen wir schon mal ein Lied, obwohl unser Lehrer „Ruhe!" schrie. Wir sangen zu jeder Gelegenheit: vor dem
Unterricht, zur Entspannung zwischendurch oder zur Belohnung für eine besondere Leistung. Wir lernten viele Volks-
lieder mit allen ihren Strophen.

Der Naturkundeunterricht fand meistens im Freien statt.
Die Ähren wurden direkt auf dem Feld erklärt, die Bäume
an ihrer Rinde und ihren Blättern beschrieben. Wir sammelten Heilkräuter, trockneten sie und verwendeten sie dann
als Tee. Wir lernten neben den deutschen Bezeichnungen
die lateinischen Namen der Pflanzen. Blüten und Blätter
wurden gepreßt, um damit Karten zu verzieren. Die Lehre
von den Tieren war für das Winterhalbjahr vorgesehen.

In den Geschichtsunterricht mischte sich sogar meine Mutter ein. Sie feierte über Jahre noch Kaisers Geburtstag mit
einem Kuchen, sie kannte die Namen aller Prinzen und Prinzessinnen und wußte deren Lebensläufe und Verwandt-
schaftsgrade.

Mein Vater aber ging streng nach Lehrplan vor. Er vermittelte Fakten und Daten, zum Beispiel über die Herr-
schaftszeiten der Hohenzollern und Hohenstaufen, die Re-
formation, die Gegenreformation, die Goten, die Tataren, die
Kreuzzüge, den Gang Heinrichs IV. nach Canossa – wobei
mir sogleich die Ballade über „Heinrich den Vogler" einfällt.

„Turnen" gab es selten. Eine Turnhalle und Geräte hatten wir nicht, auch keine Reifen oder Bälle. Wenn das Wetter schön war, stellten wir uns draußen im Kreis auf und machten einige gymnastische Übungen. Oft blieben Leute am Wiesenrand stehen und schauten uns zu, was wir gar nicht schätzten. Die Turnübungen gingen am Ende in Spiele über, mit denen wir ausreichend beschäftigt waren.

An Zeichenunterricht kann ich mich nicht erinnern. Farbstifte und Malblöcke waren wahrscheinlich zu teuer.

An den Ausflügen nahmen alle Schüler teil. Die älteren halfen den jüngeren. So wuchs die Gemeinschaft aller Altersklassen. Unterwegs wurde natürlich wieder gesungen.

Fiel ein Schüler durch Krankheit aus, besuchte meine Mutter die Familie und half mit Rat und Tat, weil ein Arzt oft zu teuer war. Meine Großmutter war Anhängerin von Pfarrer Kneipp, meine Mutter half nach seiner Theorie.

Handarbeit war ein besonderes Fach für uns Mädchen. Unsere Lehrerin war gelähmt. Es hieß, sie hätte sich in ihrem 13. Lebensjahr in den ersten Sonnenschein gesetzt und wäre dabei eingeschlafen. Als sie hatte aufstehen wollen, sei sie an den Beinen gelähmt gewesen. Das Fräulein Hotz war ledig geblieben und etwa 25 Jahre alt. Wir gingen nachmittags zu ihr nach Hause, wo sie uns im Rollstuhl empfing. Sie lehrte uns zu stricken, sticken und zu häkeln.

Mein Sticktuch mit allen Zierstichen ging erst bei der Vertreibung verloren. Handschuhe und Socken kann ich heute noch anfertigen. Zur Silberhochzeit meiner Eltern häkelte ich eine seidene Tischdecke, die meine Mutter zu Tränen rührte. – Und wie wäre ich bloß über die schweren Jahre 1945–1948 gekommen, wenn ich mir nicht mit den Händen hätte helfen können? Wenn ich aus Stroh, Flickenresten oder Säcken Kleidung für mich und die Kinder improvisierte, dachte ich oftmals dankbar an meine Handarbeitslehrerin, die ihre letzten Lebensjahre wohl betreut in Bethel verbracht hat.

Mein Lieblingsfach war der Deutschunterricht. Ich las gern und viel, einige Bücher sogar mehrmals. Ich bevorzugte Märchen. Meine Eltern schenkten mir zu jeder Gelegenheit ein neues Märchenbuch, so daß ich beim Wechsel zur Höheren Schule nicht nur die Märchen der Gebrüder Grimm kannte, sondern auch die von Hauff, Andersen und Bechstein. Ich besaß die „Märchen an den französischen Kaminen" sowie chinesische und japanische Erzählungen mit wunderschönen Illustrationen. – Die Bilder sehe ich heute noch vor Augen, sie sind wohl für meine Reiselust im Alter mit ausschlaggebend gewesen.

[Sanddorf bei Homburg, Saarland;
1922–1930]

Heinz Brengel

Große und kleine Schmuggler

Unser neuer Wohnort Sanddorf gehörte ursprünglich zur Bayerischen Pfalz. Als Folge des Versailler Vertrage wurde das kleine Dorf zum Grenzdorf und lag jetzt im „Saargebiet". Es war von der drei Kilometer entfernten Stadt Homburg abgeschnitten,

Außer vier Bauern und einigen Handwerkern verdienten die Bergleute, Hüttenarbeiter und Eisenbahner ihr Geld im „Saargebiet". Sie wurden in Franken ausbezahlt, im Dorf aber galt die deutsche Währung. Das schuf Probleme, denn der Kurs wechselte fast täglich. Erfahren konnte man ihn nur an der Sparkasse in Homburg, wo er auf einer Schiefertafel mit Kreide angeschrieben war. Wie oft sagte meine Mutter zu mir: „Fahr doch nach der Schule dort noch vorbei."

An die Grenze mußte man sich erst gewöhnen. Für den Warenverkehr von und nach Deutschland war sie absolut dicht. Die Grenze Saargebiet – Frankreich bestand dagegen nur auf dem Papier.

Weiterführende Schulen, Ärzte, große Geschäfte, das Krankenhaus ... gab es in der jetzt im Ausland liegenden Stadt Homburg. Für den Grenzübertritt brauchte man einen Ausweis, für das Fahrrad mußte man sich einen sogenannten Zollschein besorgen.

Die Bauern aus unserem Dorf benötigten sogar einen Paß mit Lichtbild für jedes Zugtier, wenn sie die über der Grenze liegenden Felder bewirtschaften wollten! Verendete zum Beispiel eine Kuh oder wurde geschlachtet, mußte das amtlich beglaubigt werden. Der Paß wurde eingezogen.

Unser Haus lag nur 300 Meter von der Grenze entfernt, etwas außerhalb des Dorfes. Besonders in der Nacht herrschte lebhafter Schmuggelverkehr, nach beiden Seiten. Gelegentlich gab es auch Schießereien.

Begehrt waren im Saargebiet deutsche Industriewaren, von der Schreibmaschine bis zum Fernglas, vom Silberbesteck bis zum Abendmahlskelch. Aus dem Saargebiet herausgeschmuggelt wurden unter anderem Kaffee und Kakao, Alkoholika, Tabakwaren (diese in großem Stil), Zigarettenpapier, Musikinstrumente, Schuhe, Parfüm ...

Einmal wollte eine Frau Darmsaiten für Celli über die Grenze nach Deutschland bringen. Sie wickelte das Schmuggelgut um den Körper auf die bloße Haut, bemerkte aber nicht, daß sich kurz vor dem deutschen Zollamt die Befestigung gelockert hatte. So schleppte sie etwa einen Meter Darmsaiten hinter sich her. Der diensthabende Zollbeamte hatte seinen Spaß: Er trat auf die eigenartige Schleppe und sagte: „Fraa, Sie misse bald schterwe, Ihne hänge jo schunn die Därm hinne eraus!"

In einem Jahr fiel witterungsbedingt die Kartoffelernte im Saargebiet schlecht aus. Pfiffige Aufkäufer beluden in der Pfalz einen Eisenbahnwaggon mit Kartoffeln und schickten ihn nach Eichelscheid. Dieser Grenzbahnhof lag im Wald, er bestand nur aus dem Stationsgebäude, einer Wirtschaft und einer Kohlenhandlung. Nach Einbruch der Dunkelheit wurde ein Ehepaar mit einem Handwägelchen losgeschickt, darauf lag ein Sack Kartoffeln. Auf ihrem Weg über die grüne Grenze fielen sie prompt der französischen Zollstreife in die Hände. Diese brachte die ertappten Schmuggler auf die Zollstation, die etwa eine gute Stunde entfernt war.

Nun war die Grenze an dieser Stelle unbewacht. Die zwei Stunden genügten den Schmugglern, die Kartoffeln auf im

Wald bereitgestellten Pferdewagen umzuladen und über eine
Holzabfuhrstraße ins Saargebiet zu bringen. Dort verschwan-
den sie sofort in den Kellern. Natürlich klappte eine solche
Aktion nicht immer.

Die französischen Zollbeamten, schlecht bezahlt, streikten gelegentlich. Das machte sich ein geschäftstüchtiger Fein-
kosthändler aus dem Saargebiet zunutze. Beim nächsten
Streik sollten drei Lieferwagen mit ausgesuchten deutschen
Waren unbehelligt die Grenze passieren dürfen. Eine Ladung
war für die Zöllner bestimmt. Doch es kam anders, als es
sich der Geschäftsmann gedacht hatte. Die Franzosen nahmen nicht, wie abgemacht, den dritten Wagen sondern den
wertvolleren ersten. Der Hereingefallene machte niemals
mehr Geschäfte dieser Art.

Natürlich schmuggelten auch wir Schüler. Es waren Kleinigkeiten, die wir aus Gefälligkeit für Bekannte über die
Grenze brachten: Reißzeuge, Bücher, Farbkästen von Faber
Castell und anderen Schulbedarf. Da es sich immer nur um
einen Artikel handelte, kamen wir unbehelligt über die Grenze. Verdient haben wir dabei nichts, es war mehr ein Sport,
die Zöllner auszutricksen oder sie zu ärgern.

Wir Schüler mußten oft mehrmals am Tag über die Grenze. War in der ersten Stunde eine Klassenarbeit angesetzt,
für die man schlecht vorbereitet war, „vergaß" man den Zollschein und meldete später dem Studienrat: „Die Franzosen
haben mich nicht durchgelassen." Diese Entschuldigung
wurde, wenn sie nicht zu oft vorkam, stets akzeptiert.

Immer wieder kontrollierten die Zöllner unsere Schulmap-
pen auf der Suche nach Devisen. Es war stets das gleiche
Ritual: Auf die Frage der Franzosen: „Avez-vous quelque cho-
se à déclarer?" zuckten wir die Schultern. Dabei wußten die
Zöllner genau, daß wir in der Woche acht Stunden Franzö-
sisch hatten.

Wenn es dem Beamten dann zu dumm wurde, hieß es auf
einmal: „Abben Sie etwas su versolln?" Wir brachten nur

ein knappes „Nö" hervor oder schüttelten den Kopf. Die Zöllner rächten sich, indem sie alle Bücher und Hefte ganz genau kontrollierten.

Einmal bat mich meine Mutter, eine Flasche Rotwein für den Silvesterpunsch mitzubringen. Wie üblich, benutzte ich mit dem Fahrrad nicht eine Zollstraße sondern einen Feldweg. Gerade als ich in die zu unserem Haus führende Straße einbiegen wollte, kam mir ein deutscher Zollbeamter auf dem Rad entgegen. Um seiner Kontrolle zu entgehen, blieb ich, statt abzubiegen, auf dem Feldweg, der den Berg hochführte. Der Beamte nahm sofort die Verfolgung auf, mußte aber am Berg absteigen. Ich nutzte den Vorsprung aus und fuhr unser Haus von der anderen Seite her an. Meine Mutter putzte gerade die Außentreppe. Ich schrie: „Mutter, schnell, nimm mir die Flasche ab, der Zöllner ist hinter mir her!"

War es die Aufregung? Waren es die nassen Hände? Die Flasche rutschte ihr aus der Hand und zersprang auf den Steinstufen. In diesem Jahr gab es keinen Silvesterpunsch.

Ein andermal sollten mein jüngerer Bruder und die kleine Schwester ein Körbchen „Metzer Erdbeeren" aus Homburg mitbringen. Auch sie benutzten den gleichen Feldweg. Sie waren noch etwa 400 Meter vom Elternhaus entfernt, als ein deutscher Zollbeamter auftauchte. Da sich die beiden „Schmuggler" noch auf saarländischem Gebiet befanden, verschwanden sie blitzschnell hinter einem Kornfeld,

Der Zollbeamte beobachtete die beiden lange durch das Fernglas. Die Zeit verging. Meine Geschwister bekamen Hunger und Durst. Da der Zollbeamte nicht wich, verspeisten sie eine Erdbeere nach der andern, bis das Körbchen leer war. Auf dem Weg zum Dienst in Homburg kam mein Vater an dem Zollbeamten vorbei. Lachend sagte der zu ihm: „Ich mache jetzt Mittag. Hinter dem Kornfeld sitzen Ihre zwei Jüngsten. Die können jetzt kommen." Er wußte genau, daß es nichts mehr zu verzollen gab.

[Bahrenbusch, Kreis Neustettin*), Pommern;
1923]

Ingeborg Blank

Mit Pferd und Wagen in die Kreisstadt

Etwa zwei Wochen dauerte die Kartoffelernte, bis alle Knollen geborgen waren. Der Vorratskeller war bis zur Decke gefüllt. Die Familie und die Haustiere konnten davon gut ein Jahr zehren. In der Scheune standen außerdem sorgfältig ausgesuchte Knollen in Zentnersäcken zum Verkauf bereit. Bei reicher Ernte konnte immer ein Teil in Geld umgesetzt werden. Der Verkauf von landwirtschaftlichen Produkten war die einzige Geldeinnahme für die Familie Blank. Onkel Karl, der in Neustettin als Postinspektor arbeitete, sorgte jeweils im Herbst für Kundschaft.

Als August, der Knecht, und der Vater die Kartoffelsäcke auf den Wagen luden, hüpfte Kurt lustig pfeifend auf dem Hof herum. Er freute sich, mit dem Vater nach Neustettin fahren zu dürfen. Mutter Berta schob eine große Stiege mit geschlachteten Gänsen unter den Kutschbock. An ihrer Kleidung sah man, daß sie eben erst mit dem Federrupfen fertig geworden war. Wie Schneeflocken hingen die Daunen an ihrer Schürze und auf dem Kopftuch. Die Gänse wurden in den letzten Wochen richtig genudelt. Pommersche Gänse waren oft so schwer, daß sie nicht mehr fliegen konnten. Sie brachten etwa sieben bis acht Kilogramm auf die Waage. Blanks Federvieh verbrachte sein Leben auf Wiesen, Feldern oder am Brockenzinsee. Aber nun sollten einige Gänse in den Bratpfannen von Neustettinern landen.

---

*) heute Szczecinek in Polen

Alle Kartoffeln waren aufgeladen. Pröbsch, wie Kurt auch genannt wurde, nahm neben dem Vater auf dem Kutscherbock Platz. Die Mutter reichte noch einen Korb mit Schinken und frischen Eiern nach oben. Dies sollte ein Geschenk für Onkel Karls Frau, Tante Marie, sein. Sie war die einzige Schwester von Kurts Vater.

Der Wallach hatte Mühe anzuziehen, aber schließlich fand er seinen Schritt vor der schweren Fuhre. Der Weg war weit. Erst nach etwa zwei Stunden erreichten sie die Kreisstadt Neustettin. Sie hatte annähernd 18 000 Einwohner. Die Fahrt führte am Streitzigsee mit der idyllisch gelegenen Mausinsel und den gepflegten Anlagen vorbei.

„Wie schön es hier ist, Papa!" rief Kurt staunend.

„Im Sommer kann man mit einem weißen Passagierschiff zur Mausinsel hinüberfahren. Dort ist ein großes Lokal, das von herrlichen Blumenrabatten umgeben ist. An den Wochenenden spielt eine Musikkapelle flotte Melodien", erzählte der Vater. Vom Streitzigsee aus fuhren sie zum Mozartplatz. Auch hier blickten sie auf eine wunderschöne Promenade.

„Was ist denn das für ein komisches Haus?" will Pröbsch wissen. „Es hat ja gar keine Tür."

„Das ist ein Konzertpavillon. Wenn die Leute sonntags hier spazieren gehen oder sich auf den Bänken ausruhen, dann können sie sich an der Musik, die aus dieser Halle ertönt, erfreuen", meinte der Papa.

Vater lenkte den Wallach in die Bahnhofstraße. Hier wurden die ersten Kunden beliefert. Kritisch schauten die Käufer in jeden Sack. Wehe, sie fanden zufällig eine angefressene Kartoffel, dann versuchten sie sofort zu handeln und den Preis herunterzudrücken. Der Papa erklärte ihnen aber, daß vorsorglich in jeden Sack ein Kilogramm mehr eingefüllt worden war. Die restlichen Säcke und die Gänse wurden in der Bismarckstraße abgesetzt. Vater Paul war rundherum zufrieden. Nicht immer klappte der Verkauf so gut wie an diesem Tag: „So, Pröbsch, nun fahren wir in die Preußische

Straße zum Kaufmann Walter Donnerstag. Dort kaufen wir ein, was Mutter benötigt. Sie hat mir alles auf einen Zettel geschrieben." Er zog aus der Jackentasche ein langes, beschriebenes Papierstück heraus und zeigte es Kurt.

Als sie in die Hauptgeschäftsstraße einbogen, wurden die Augen des Jungen immer größer. Was für herrliche Dinge doch in den Schaufenstern lagen! So etwas hatte er noch nie zuvor gesehen.

„Hier können wir tüchtig einkaufen, Papa. Du hast doch viel Geld bekommen. Schau nur die Schlittschuhe! Oh, wie gut könnte ich damit über das Eis unseres Sees fahren", fand Pröbsch. Er besaß nur Holzpantoffeln, unter die der Vater einen Draht genagelt hatte. Es erforderte viel Geschick, damit auf dem Eis zu laufen, und es gab so manchen Sturz.

„Wo denkst du hin, Junge? Wir müssen mit dem Geld sparsam umgehen. Unsere große Familie will den Winter durchgebracht werden, und August muß nächsten Monat seinen verdienten Lohn bekommen. Er wird uns danach verlassen. Wie

Der Markplatz von Neustettin um 1920.

hart das Leben ist, wirst du später begreifen. – So, wir sind angekommen. Steig ab, Kurt, und bringe den Einkaufskorb mit!" befahl der Vater.

Herr Donnerstag kannte die Blanks seit langem und begrüßte die beiden freundlich. Während der Kaufmann den Korb mit den gewünschten Waren füllte, hatte Kurt Zeit, sich eingehend im Laden umzusehen. Unter all den leckeren Sachen, die hier ausgestellt waren, fiel ihm ein riesengroßes Glas auf, das bis zum Rand mit bunten Bonbons in vielfältigen Formen gefüllt war. Lange stand er vor der süßen Pracht und leckte dabei unbewußt mit der Zunge über seine Lippen. Er fragte aber nicht, er wußte ja, das Geld war knapp.

Herr Donnerstag hatte Kurt eine Weile beobachtet. Er öffnete den Deckel und schenkte Pröbsch zwei Bonbons. Glückstrahlend bedankte sich Kurt und lutschte genießerisch. Der Kaufmann reichte den vollen Korb und die Rechnung über den Ladentisch.

Plötzlich sagte der Vater: „Geben Sie noch eine Tafel Schokolade und für zehn Pfennige Bonbons dazu!" Kurt traute seinen Ohren nicht, Papa kaufte solche Kostbarkeiten!

„Die Süßigkeiten sind für euren Fleiß bei der Kartoffelernte. Du teilst sie mit deinen Geschwistern." Der Vater schmunzelte, als er Kurts verdutztes Gesicht sah.

„Wir müssen jetzt schnell heim, Papa. Karl, Erna, Herta, Liesbeth und Elsbeth werden sich freuen. Ich habe doch so viel zu erzählen", ereiferte sich Kurt.

„Nicht so stürmisch", meinte der Vater, „erst fahren wir noch in die Kösliner Straße und besuchen Tante Marie."

In Tante Maries Wohnung roch es appetitlich nach frischem Kuchen und aromatischem Kaffee. Nach freundlicher Begrüßung saßen alle drei gemütlich am Kaffeetisch.

Jetzt erst merkte Pröbsch, wie sein Magen knurrte. Bei allem Neuen heute hatte er das Hungergefühl gar nicht wahrgenommen. Tante Marie freute sich, daß es Bruder Paul und Kurt schmeckte. Plötzlich schloß jemand die Korridortür auf.

„Es ist Werner", meinte Tante Marie, „er hat um diese Zeit Schulschluß." Da stand er auch schon lachend in der Stube. Er trug eine Schülermütze, die zeigte, daß er Primaner des Neustettiner Gymnasiums war. Mit den Worten: „Pröbsch, daß du uns mal besuchst, ist dufte!" begrüßte er seinen Cousin und Onkel Paul. „Hat euch Mutter schon erzählt, daß ich in den Winterferien auf ein paar Tage zu euch nach Bahrenbusch komme? Ich bringe die Schlittschuhe mit. Es wird lustig werden, ich komme ganz bestimmt."

Nun wurde es noch lebhafter in der Kaffeerunde. Schließlich mußten Vater Paul und Kurt doch aufbrechen. Sie wollten noch zur Apotheke, um für Liesbeth, Kurts Schwester, ein Medikament zu kaufen. Sie klagte seit Tagen über Halsschmerzen. Mutters altes Hausmittel, ein Halswickel aus heißen gekochten Kartoffeln im Wollstrumpf, wollte nicht recht helfen. Tante Marie und Werner begleiteten die beiden bis zum Wagen und warteten, bis sie abfuhren.

Am späten Nachmittag traten Vater und Sohn dann die Heimfahrt an. Ein ereignisreicher Tag neigte sich dem Ende zu. Kurt saß schweigend neben dem Vater, in der Hand hielt er die kostbaren Süßigkeiten. Auf den Telegrafendrähten am Straßenrand saßen Scharen von Goldammern. Sie sangen im gleichmäßigen Takt ihr Jip-jip-jip-jäp-jäp-jäp.

Pröbsch sagte leise: „Hör nur, Vater, der Wallach trabt im Gleichschritt mit dem Goldammergesang." Dabei schnalzte Kurt mit der Zunge den Dreiertakt.

„Was du so herausfindest!" erwiderte lachend der Vater.

In Gedanken versunken, näherten sie sich ihrem Heimatort. Kurt hatte an diesem Tag so viele Eindrücke in sich aufgenommen, und so viele Dinge gingen ihm durch den Kopf. Er nahm sich vor, beim Abendessen alles zu erzählen. Die Geschwister würden große Augen machen, und wie würden sie sich erst über die Schokolade und die Bonbons freuen!

So träumte er vor sich hin, bis ihnen kurz vor dem Abbau die Mutter ganz aufgeregt entgegenlief. Kurt sprang zuerst vom Wagen, der Mutter direkt in die Arme. „Ist was passiert, Mama?" rief er.

Der Vater sah Mutters tränennasses Gesicht. Sie stammelte immer wieder: „Liesbeth, Liesbeth, Liesbeth!" Dann versagte ihr die Stimme. Erna, Kurts ältere Schwester, kam aus dem Haus gestürmt und berichtete, Liesbeth habe plötzlich hohes Fieber und schlimme Erstickungsanfälle bekommen. August sei sofort losgefahren, um den Arzt zu holen. Sie müßten gleich eintreffen.

Als Vater und Kurt die Stube betraten, sahen sie Liesbeth mit wachsbleichem Gesicht in ihrem Bettchen liegen. Ganz vorsichtig näherte sich Kurt der Schwester. „Liesbeth", flüsterte er ihr ins Ohr, „ich habe Schokolade und Bonbons für dich mitgebracht. Willst du sie nicht mal probieren?" Kurt war enttäuscht, daß die Schwester keine Regung zeigte.

Es klopfte, und kurz darauf betrat Doktor Rasch das Zimmer. Er hieß die Kinder hinausgehen, nur Vater und Mutter durften im Zimmer bleiben. Es dauerte nicht lange, bis der Arzt sich sicher war. Er mußte den Eltern eine furchtbare, schmerzliche Mitteilung machen: „Ihre Tochter ist vor etwa einer Stunde an Diphtherie, der gefährlichen Rachenbräune, verstorben. Ihr Körper war zu schwach, diese schreckliche Krankheit zu überwinden. Die Diphtherie wütet zur Zeit in Pommern und hat besonders unter den Kindern schon zahlreiche Todesopfer gefordert", erklärte der Doktor.

Er stellte den Totenschein aus, bekundete der Familie sein Beileid und verließ den Abbau. Der nächste Patient wartete bereits auf ihn.

Wie zu Stein erstarrt, standen die Eltern da.

„Warum gerade unsere Tochter? Sie war doch erst sieben Jahre alt", schluchzte der Vater.

Mutter Berta beugte sich über ihr totes Kind. Ihre Tränen benetzten die kleinen Hände, die sie wie zum Gebet behutsam ineinander legte. Wie tief es schmerzt, wenn Eltern ein Kind verlieren, können Worte nicht ausdrücken.

Jetzt kamen die Geschwister herein, sie erfuhren, was geschehen war. Weinend umringten sie das Bett der toten Schwester. Sie konnten es nicht fassen, daß Liesbeth für immer von ihnen gegangen war.

Kurt war im Inneren so aufgewühlt wie noch nie. Krasser konnten an einem einzigen Tag Freude und Leid nicht aufeinandertreffen. Was er heute erlebt hatte, war mehr, als seine kleine Kinderseele verkraften konnte.

Er lief hinaus zur Bank unter den großen Tannen. Dort weinte er bitterlich. Er hörte nicht das Brausen und Tosen in den mächtigen Zweigen, er spürte nicht, wie der kühle Herbstwind durch seine Kleidung kroch. Zu später Stunde fand ihn Erna, zusammengekauert und steif vor Kälte, immer noch dort sitzend.

Familie Blank im Juni 1931. Der zweite von links in der hinteren Reihe ist der dreizehnjährige Kurt.

[Nürnberg-Ebensee;
1924–1927]

Annemarie Frisch

Kinderparadies

Meine Eltern bewohnten eine Villa am Rande eines Vorortes
von Nürnberg, also fast auf dem Lande. Das Haus stand inmitten eines großen Parkes. Das Leben meines Bruders und
das meine waren sehr behütet und umsorgt.

Wir hatten ein Kindermädchen, eine Köchin und einen
Gärtner, der ein lieber, alter Mann war und dem immer ein
paar Schnupftabakspuren an der Nase hingen. Für uns Kinder war er ein wenig geheimnisvoll, denn es war uns verboten, in sein Häuschen zu gehen, das am Ende des Parkes
versteckt zwischen Büschen und Bäumen stand. Manchmal
wagten wir es doch, denn es war schaurig aufregend für uns,
all die vielen interessanten Dinge zu bestaunen, mit denen
der Gärtner sein Häuschen vollgestopft hatte.

Besonders angetan hatten es uns die vielen langen Pfei-
fen, die an einem Wandbrett hingen. Sie hatten alle bemalte
Porzellanköpfe. Zu jedem der Bilder wußte der Gärtner eine
Geschichte zu erzählen.

Auf der Wiese im Garten war für uns Kinder ein eisernes
Schwimmbecken aufgestellt, ein Turbinengehäuse aus der
Fabrik, in der Vater arbeitete. Auch eine Reckstange mit Rin-
gen und eine Schaukel hatten wir. Vater machte alle möglichen Sportübungen mit uns, denn er war ein glühender An-
hänger von Turnvater Jahn. War es sehr heiß, durften wir
nach dem Baden auch nackt herumtollen.

1926/27: Wir waren eine moderne Familie. Im Garten turnten wir mit Vater an der Reckstange und nach dem Baden im eisernen Schwimmbecken durften wir nackt herumtollen.

Vater besaß ein kleines Sportauto. Morgens, wenn er sich auf den Weg zur Fabrik machte, durften wir bis zum Tor mitfahren. Diese 200 Meter waren für uns als kleine Kinder eine riesige Strecke. Unsere Dogge Bella rannte bellend hinterher.

Unser behütetes, vornehmes Leben änderte sich schlagartig, als Vaters Arbeitsstelle, die Turbinenfabrik, in Konkurs ging. Plötzlich war Vater arbeitslos. Er suchte sich jetzt Aushilfsstellen in München und später in Berlin. Mutter hatte oft verweinte Augen.

Mein Bruder Hans und ich jedoch fanden das neue Leben wunderbar. Es gab kein Kindermädchen mehr und auch keine Köchin. Nur der alte Gärtner war geblieben. Unsere Mutter, eine praktische Frau, ließ von einem Bauern die großen Flächen im Park umpflügen und baute darauf Gemüse und Kartoffeln an. Der Gärtner war ihr dabei eine große Hilfe. Sogar ein kleines Weizenfeld gab es.

Die größte Freude für uns Kinder aber waren die Ziegen. Der Gärtner hatte die Garage zum Stall umgebaut. Fortan standen dort zwei Ziegen. Jeden Tag gaben sie frische Milch. Unser Glück war vollkommen, als junge Zicklein auf die Welt kamen.

Alle Dinge, die wir bisher nur aus Bilderbüchern kannten, waren nun plötzlich Wirklichkeit. War das ein herrliches Kinderleben! Niemand hatte mehr richtig Zeit für uns. Es hagelte keine Ermahnungen, artig zu sein und ordentlich am Tisch zu sitzen, wir aßen ohnehin in der Küche. Nur wenn Vater zu Hause war, hielten wir die alten Tischsitten noch ein. Meist liefen wir Kinder barfuß und nicht gerade sauber umher.

Der Gärtner hatte uns einen kleinen Handwagen gezimmert. Damit halfen wir bei der Kartoffelernte. Mit Begeisterung zogen wir das beladene Wägelchen zum Haus und ließen die Kartoffeln in das Kellerloch hinabrollen. Am Abend machte uns dann der Gärtner zur Belohnung ein Feuer, und wir brieten unsere selbstgeernteten Kartoffeln. Die Dogge Bella bekam auch etwas ab, denn sie war sehr dünn geworden, weil das Geld für Hundefutter fehlte. Wir Kinder vermißten Fleisch nicht, wir mochten es sowieso nicht gerne essen. Aber der viele Spinat aus dem Garten erfreute uns auch nicht gerade.

So frei und unbeaufsichtigt machten wir natürlich auch manchen Unsinn. Als wieder junge Geißlein im Stall waren, trugen wir sie herum. Da fiel uns ein, daß sich im Märchen das siebte Geißlein im Uhrkasten versteckt hat. Das wollten wir nun auch machen. Wir hoben das Zicklein in die große Standuhr. Es wehrte sich nach Kräften. Endlich hatten wir es geschafft, die Türe zu verschließen. Das Tier meckerte jämmerlich hinter der Scheibe.

„Sei still, sonst findet dich der Wolf!" flüsterte Hans. Aber das verängstigte Tier pochte mit seinen Pfötchen wild gegen das Glas.

Plötzlich gab es einen Knall, und die Scheibe zerbrach. Das Geißlein flüchtete, nicht ohne auf dem Perserteppich eine Marke zu hinterlassen. Als Mutter am Abend die Bescherung sah, war sie sehr traurig. Wir schämten uns.

Mein Bruder, ein Jahr älter als ich, kam 1927 zur Schule, die ungefähr zwei Kilometer von unserem Haus entfernt lag. Damals gab es noch keinen Schulbus. Der Gärtner brachte morgens meinen Bruder in die Schule und holte ihn am Nachmittag wieder ab. Nun war ich viele Stunden allein und wußte oft nicht, was ich anfangen sollte.

An einem heißen Sommertag spielte ich gelangweilt mit meinem Ball auf dem breiten Gartenweg. Niemand war in der Nähe. Da fiel der Ball in das Getreidefeld. Sofort stürzte ich hinterher und suchte zwischen den Ähren. Aber wo ich auch hinlief, ich fand den Ball nicht. Die Ähren zerkratzten mir Gesicht und Beine. Tränen kamen, jetzt war der Ball nicht mehr so wichtig, ich wollte nur heraus aus dem Ährenfeld. Es gelang mir jedoch nicht, ich muß wohl im Kreis gelaufen sein. Erschöpft setzte ich mich auf den Boden, weinte und schlief dabei ein.

Später erfuhr ich: Erst als mein Bruder von der Schule heimkam, bemerkte man mein Fehlen. Man rief mich und suchte nach mir. Der Gärtner leerte sogar die kleine Jauchegrube, und Mutter stocherte mit einer Stange im Schwimmbassin. Schon wollte man die Polizei verständigen, als Bella

plötzlich laut aus dem Getreidefeld bellte. Sie hatte mich gefunden. Von ihrem freudigen Gebell war ich aufgewacht.

Schließlich erhielt unser Vater wieder eine feste Anstellung,
und zwar bei der Stadtverwaltung von Nürnberg. Da er als
Beamter in seinem Verwaltungsbezirk auch wohnen mußte,
zogen wir in die Stadt. Für uns Kinder wieder eine ganz neue
Erfahrung. Gleichzeitig bedeutete dies das Ende unseres Kin-
derparadieses.

Das neue Zuhause war eine Mietwohnung in einem vornehmen Haus in der Nähe des Luitpoldhaines (später Reichs-
parteitagsgelände). Im ganzen Haus wohnten nur Ehepaare
ohne Kinder. Im Treppenhaus mußten wir mucksmäuschen-
still sein. Nie mehr barfußlaufen, immer vornehm sauber
gekleidet ... es war die Hölle für uns Naturburschen! Ein
kleiner Ersatz war der nahe gelegene Tiergarten.

[Hannover;
1918–1928]

Hilde Lutz

Hindenburg zum Anfassen

Ich wurde 1913 in Hannover als dritte Tochter des Ingenieurs Paul Holle und seiner Frau Martha geboren. Alles, was uns damals fehlte, Geld und reichlich zu essen, wurde wettgemacht durch den liebenswürdigen Humor meines Vaters. Ich kann mich natürlich an diese Zeit nur dunkel und auf Grund von Erzählungen meiner Eltern erinnern, aber so manche Episode steht mir noch heute lebhaft vor Augen.

So erzählte mein Vater unter anderem vom „Hamstern", wozu er manchmal meine Mutter mitnahm.

Einmal kam ihnen im Winter bei Schneetreiben auf der Landstraße ein Gendarm auf einem Fahrrad entgegen. Während meine Mutter vor Angst zitterte, rief mein Vater dem Polizisten zu: „Durchsuchen Sie mal diese Frau! Die hat den ganzen Muff voller Butter!"

Der Mann hielt das natürlich für einen Scherz und fuhr weiter. Meine Mutter kam völlig aufgelöst zu Hause an und sagte: „Nie wieder gehe ich mit dir hamstern!"

Ein andermal brachte mein Vater Linsen mit nach Hause. Wir saßen dann alle um den Eßzimmertisch herum und lasen die Steinchen und Dreckklümpchen aus. Das ging mit viel Spaß und Gelächter vor sich.

1920 wurde ich eingeschult in das Lyzeum I, die jetzige Wilhelm-Raabe-Schule. Eine Grundschule wie heute gab es damals noch nicht. In meiner Klasse war ein buntes Gemisch der verschiedensten Gesellschaftsschichten, Rassen, Konfessionen und politischen Richtungen vereint, was mir aber anfangs überhaupt nicht auffiel.

Auf der Bank neben mir saß Ruth Lessing, eine Jüdin, deren Vater, Theodor Lessing, Professor der damaligen Technischen Hochschule Hannover war. Er wurde von Leuten erschossen, die sich später Nationalsozialisten nannten.

1928.
Die Autorin
zwischen
Kindheit und
Erwachsensein.

Eine andere Freundin, Ilse Steinitz, war ebenfalls Jüdin. Ihre Mutter, die in Künstlerkreisen bekannte und beliebte Käthe Steinitz, hat so manchen jungen Maler gefördert, zum Beispiel Kurt Schwitters. Später, wenige Jahre vor Ausbruch des Zweiten Weltkriegs, gelang es der Familie Steinitz, in die USA zu emigrieren.

Noch gut erinnern kann ich mich an die Ankunft des Reichs-
marschalls von Hindenburg in Hannover. Das war wohl 1924.
Durch den Vater meiner Freundin Lotte von Jan, der damals
Kriegsgerichtsrat war, hatten wir erfahren, daß der Besucher
den Bahnhof auf der Raschplatzseite verlassen würde, um kein
Aufsehen zu erregen. – Natürlich standen wir, meine Freundin Lotte, ihr Bruder und ich, zu der festgesetzten Zeit am
Hinterausgang des Bahnhofes. Und wirklich, von dort kam der
Reichsmarschall, gefolgt von seinem Sohn und einigen würdi-
gen Herren. Wir versanken in einem tiefen Knicks und freuten uns, als er uns freundlich die Hand gab. Aber wie stolz
waren wir, als am nächsten Tag in der Zeitung stand, daß Hindenburg fast unbemerkt in Hannover eingetroffen sei, begrüßt
von nur einiger frischfröhlicher Jugend!

Oft denke ich daran, wie sich der Handel um die Kunden bemühte. Nicht nur, daß jeden Morgen die Milchflaschen und die
Brötchentüte vor der Tür standen – und das im zweiten Stock!,
sondern auch, daß jeden Samstag der Schlachter in die Häuser
kam und in einer großen Holzschüssel Fleisch anbot.
   Und dann fuhr der Eiswagen durch die Straßen, ein ganz
besonderer Spaß für uns Kinder. Wenn der Ruf „Eis – schönes,
kaltes Eis!" ertönte, liefen wir mit einem Eimer zum „Eismann"
und ließen uns ein großes Stück von den langen, dicken Blök-
ken abhacken. Wir hatten nämlich zu Hause einen Eisschrank,
auf dessen Platte sich ein kleiner Kasten befand, in den man
das zerhackte Eis schichten mußte. Ein Abfluß sorgte dafür,
daß das geschmolzene Eiswasser ablaufen konnte.
   Alle diese Dienste hatten ihren festen Platz im Alltag der
Leute. Händler und Kunden kannten einander, man redete
und hatte seinen Spaß. Verspätete sich einer, wurde man unruhig, blieb er gar aus, gab das Anlaß zur Sorge.

*(Weitere Erinnerungen dieser Autorin finden Sie im Band „Jugend 1933–
1945" der Reihe* **ZEITGUT***.)*

[Siegelbach bei Arnstadt – Masserberg – Plaue –
Ilmenau, Thüringen;
1924–1932]

Marie Stade

Schürzenkinder

Unser harmonisches Familienleben, seit dem Juli 1924 ohne
unseren Vater, ließ mich vergessen, daß wir arm waren. Vieles, was ich bei anderen sah und hörte, setzte mich in Er-
staunen. Meist holte ich meine Schulfreundin Gerda zur
Schule ab. Sie wohnte mit ihrer Mutter bei den Großeltern,
die Landwirtschaft hatten. Oft war sie noch nicht fertig und
frühstückte erst. Jedesmal bekam sie von ihrer Großmutter
eine Tasse frisch gekochten Kakao. Das zu sehen war für
mich Reichtum. Wir bekamen weder Kakao noch Milch zum
Frühstück, sondern tranken Malzkaffee mit Ziegenmilch.

Bei Gerda konnte ich wunderschön spielen. Manchmal hielten wir uns in der Werkstatt auf, wo wir ins Taubenhaus
schauten. Oder wir drehten den Schleifstein für die Schlach-
termesser des Großvaters, der im Dorf Hausschlachtungen
durchführte. Wenn die Schweine geschlachtet waren, spielten wir auch im Schweinestall. Die trockenen Schachhölzer
und der saubere Schweinetrog boten herrliche Spielplätze.
Gelegentlich, wenn das Stroh in der Scheune gestapelt war,
durften wir von ganz oben hinunter auf das Scheunentenn
rutschen.

Und Mutter hat nie über schmutzige Kleider oder Wäsche
geschimpft. Als ich zur Schule ging, trugen wir Mädchen noch
Schürzen. Da gab es für die Schule eine etwas bessere Schul-
schürze und für zu Hause eine etwas ältere. Mutter war froh,

wenn sie uns jeden Montag eine frisch gewaschene Schürze umbinden konnte. Schöne, neue Schürzen hatten nur die Kinder der Reichen.

Vom Spielen bei Gerda ist mir noch in Erinnerung, daß in der Stube über dem Sofa ein Bild von Helgoland in Farbe hing. Immer wenn ich bei ihr war, habe ich es mir angeschaut. Für mich war es etwas Besonderes, genauso wie der Jahreskalender „Der hinkende Bote". Darin konnte ich nicht genug blättern. Mutter konnte sich so etwas nicht leisten.

Meine andere Schulfreundin war Annelies. Sie hatte etwas affektierte ältere Schwestern, einen kleinen Bruder und fand sich immer sehr schön, ihre Mutter unterstützte sie darin. Nur eines störte sie: ihre Sommersprossen. Eines Tages mußten wir beide auf Geheiß ihrer Mutter am Gera-Ufer schwarze Schnecken suchen. Mit deren Bauchseite wurden die Sommersprossen von Annelies bearbeitet. Schon das Zusehen bereitete mir Übelkeit, und als bei mir die gleiche Prozedur erfolgen sollte, schrie ich entsetzt auf und lief davon.

Manchmal war mir unverständlich, wie Annelies sich verhielt. Einmal waren wir zusammen in ihrer Küche, der Tisch war schon zum Mittagessen gedeckt. In der Mitte stand ein Suppentopf. Den Augenblick, den wir beide allein in der Küche waren, nutzte sie, um sich ein Stück Fleisch aus dem Topf abzuschneiden und in den Mund zu stecken. Dieses Verhalten erstaunte mich sehr, weil bei uns zu Hause nie einer so etwas getan hätte. Wir machten immer alles gemeinsam.

Als Kind war ich sehr schüchtern und zurückhaltend. Heute sind die Kinder freier und sagen ihre Meinung. Als Annelies' Schwester heiratete, war ich als Streuengel eingeladen. Am zweiten Tag machte die Hochzeitsgesellschaft einen Spaziergang zur Gaststätte „Eremitage" und wurde dort bewirtet, unter anderem mit Brezeln. Ich mochte diese Art von Gebäck nicht, brachte es aber nicht fertig, die angebotene Brezel abzulehnen. Damit es keiner sah, ging ich hinter die Laube und warf sie weg.

Geglaubt habe ich fast alles und jedes. Als unser Haus gebaut wurde, ging ich noch nicht zur Schule. Es war das letzte am Ortseingang, und daneben waren noch Wiesen, auf denen wir Kinder spielten. Um den Bau voranzutreiben, half Mutter, so oft es ging, bei den Ausschachtungsarbeiten. Der Keller und die Gräben für die Grundmauern waren bereits ausgehoben. In den Gräben hatte sich inzwischen trübes Wasser gesammelt, so daß man den Grund nicht mehr sehen konnte. Weil wir auf dem Bauplatz nicht spielen sollten, hatte uns Mutter erzählt, daß die Wassergräben keinen Grund hätten. Ich hatte das offenbar vergessen, als ich, von der Wiese kommend, über den Graben in den ausgehobenen Keller springen wollte. Ich trat etwas zu kurz und rutschte in den Graben, konnte mich aber am oberen Rand gerade noch mit einer Hand an einem Grasbüschel festhalten. Plötzlich kamen mir Mutters Worte in den Sinn, und ich fing um mein Leben zu schreien an. Mutter und die schachtenden Männer konnten mich zwar hören, aber nicht sehen, weil ich im Graben hing. Mutter war zu Tode erschrocken, als sie mich endlich fanden und herauszogen. Eine Tracht Prügel und Ins-Bett-gehen waren meine Strafe.

Überhaupt, mit dem Schreien hatte ich es immer.

Großvater war von Masserberg zur Kirmes zu uns gekommen. Er hatte keine Zigarren mehr, und da es schon dunkel wurde, sollten Paul und ich ins Dorf gehen und welche kaufen. Außerdem sollten wir gute Butter mitbringen, denn Großvater aß keine Margarine wie wir. Wir kauften ein. Auf dem Heimweg kam aus einem Hof ein Hund auf uns zu und bellte uns an. Als Dorfkinder kannten wir alle Hunde der Dorfstraße, dieser aber war uns unbekannt. Wir dachten an einen bissigen Hund und begannen, um Hilfe zu schreien. Ringsum gingen die Fenster auf, ein junger Mann kam uns durchs Fenster zu Hilfe. Und dann stellte es sich heraus, daß es doch ein Hund aus dem Dorf war! Am Ende wurden wir von allen Leuten wegen unserer Brüllerei ausgeschimpft.

Mein Gerechtigkeitssinn wurde in der Schule auf eine harte
Probe gestellt. In unserer Dorfschule wurden acht Klassen
in einem Raum, nicht selten gleichzeitig von einem Lehrer
unterrichtet. Die achte Klasse mußte dann gelegentlich die
erste Klasse beim Schreiben oder Lesen beaufsichtigen. In
der 5. Klasse hatten wir einen neuen, jungen Lehrer bekommen. Ich war begeistert von ihm und hätte alles getan, um
ihn mit meinen Leistungen zufriedenzustellen. Leider war
er nicht nur jung, sondern auch arm und machte sich von
den Dorfgrößen wie Gastwirt und Krämer abhängig.

Mein Bruder und zwei seiner Freunde hatten bei einem
Gehöft derben Schabernack getrieben. Der Besitzer beschwerte sich verständlicherweise bei unserer Mutter und
auch beim Lehrer. Ich war seinerzeit in der 7. oder 8. Klasse
(die Klassen zählten damals von unten). Vor allen Schülern
brachte der Lehrer das Vorkommnis zur Sprache und stellte
fest, daß eine Bestrafung mit dem Stock erfolgen müsse. Aber
nur mein Bruder wurde über die Bank gelegt und bearbeitet. Seine beiden Freunde, des Gastwirts Enkel und des Krämers Sohn, gingen straffrei aus. Die anderen Kinder und ich
mußten zusehen. Ich habe so geweint, daß der Lehrer zu tun
hatte, mich zu beruhigen. Mein Kinderverstand konnte diese Ungerechtigkeit einfach nicht fassen.

Wenn man die heutigen Lehrmittel, die Schulen und deren Ausstattung betrachtet, könnte man meinen, zu lernen
wäre auf einer anderen Basis gar nicht möglich. Aber, so gering unsere Möglichkeiten auch waren, so intensiv wurden
sie genutzt, so daß aus den einfachen, manchmal belächel-
ten Dorfschulen auch manche Größe hervorging.

Unsere Schule war ein Klassenraum mit zwei Reihen
schmaler Bänke, die je nach Klassenstufe in der Höhe an-
stiegen. Ein Katheder, ein schmaler Schrank und ein eiser-
ner Ofen standen im Raum. Später kamen noch fließendes
Wasser und ein Becken sowie eine große Landkarte dazu.
Eine auf einer Staffel stehende Tafel vervollständigte das

Mädchen meiner Volksschule um 1930 mit den typischen Schulschürzen.

Mobiliar. In den Banktischen waren weiße Porzellantintenfässer eingelassen, die gelegentlich gesäubert wurden. Das ging so vor sich, daß wir, jeder mit seinem Tintenfaß in der Hand, geschlossen mit dem Herrn Oberlehrer zur Brubbe, einem kleinen Bach, der das ganze Dorf durchfließt, unter der Eisenbahn marschierten. Hier am Wasser wurden die Porzellanfäßchen mit Hilfe von Schwemmsand gereinigt. Und der Herr Oberlehrer kontrollierte.

Vor dem Oberlehrer hatten wir wohl Respekt. Oder war es Angst? Wenn er uns im Dorf begegnete, mußten wir Mädchen einen Knicks, die Jungen einen Diener machen und mit: „Guten Tag, Herr Oberlehrer!" grüßen. Gern taten wir dies nicht, und so liefen wir, wenn möglich, davon, sobald wir seiner ansichtig wurden. Das Knicksen und Dienern übten wir in der Schule. Sprechen durften wir während des Unterrichts nicht, und die Hände mußten, wenn nicht geschrieben wurde, gefaltet auf dem Tisch liegen.

Zu meinen guten Kindheitserinnerungen zählen die Besuche bei unserer Großmutter in Masserberg Sie war eine stille, gutherzige Frau und im Gegensatz zu Großvater ein kleines, zartes Persönchen. Trotz eines jahrelangen Magenleidens, an dem sie 1928 starb, nahm sie tapfer ihre Aufgaben in Haus, Stall, Feld und Wiese wahr und zeigte sich nie wehleidig.

Wenn ich zu Besuch war, spielte ich am liebsten auf dem „Tritt" in der Stube, einer stufenförmigen Erhöhung von etwa einem Meter Tiefe vor den Fenstern. Darauf standen die Nähmaschine, ein Korbstuhl und eine runde, mit Gittern versehene Blumenkrippe. Unter dem Tritt befand sich ein Schiebekasten, in dem Großmutter ihre Flicklappen aufbewahrte. Das war mein Reich.

Großmutter verarbeitete die Milch von den beiden Kühen zu Butter und Käse. Dazu nutzte sie eine Holzbütte, die mit einem Stampfer versehen war. Es war recht mühsam, so lange zu stampfen, bis sich die Butter von der Milch absonderte. Zum Abendbrot gab es an solchen Tagen Salzkartoffeln, Buttermilch und für jeden ein rundes Stück Butter. Ich, als Kleinste der Tischrunde, bekam ein Stück, in das Großmutter in der Mitte eine Verzierung eingedrückt hatte. Käse wurde auch von der Milch hergestellt. Ebenfalls in runde, flache Stücken geformt, wurde er auf Holzbrettern in der Stube in der Nähe des Ofens getrocknet und dann zum Reifen in Töpfe geschichtet.

Die hausgeschlachtete Wurst wurde im offenen Rauchfang geräuchert. Sie war dadurch ziemlich schwarz, aber trotzdem eine Delikatesse. Wenn wir in der Sommerzeit zu Besuch bei Großmutter waren, schickte sie uns auch in die Heidelbeeren. Jedes Kind bekam dann ein Töpfchen in die Hand gedrückt. Aber auch da ging es gerecht zu, denn die Größe der Töpfe richtete sich immer nach dem Alter der Kinder.

Einmal nahm mich Tante Lony mit nach Gießübel. Sie hatte dort etwas zu erledigen und war von Großmutter beauftragt worden, mir ein Paar Schuhe zu kaufen. Ganz besonders gefielen mir ein Paar schwarze Lackschuhe, und die kaufte Tante Lony mir. Als wir zurückkamen und auspackten, war es das einzige Mal, daß ich Großmutter böse werden sah. Tante Lony mußte die schönen Lackschuhe an meine Cousine verkaufen und mir ein Paar derbe Alltagsschuhe besorgen. Sicher war ich darüber sehr enttäuscht. Aber Großmutter hatte ja recht. Ich brauchte ein Paar Schuhe, die strapazierfähig waren. Die Lackschuhe wären keine Hilfe für Mutter gewesen. Wir hatten Großmutter alle gern, und wenn sie zu Besuch kam, standen wir schon stundenlang vorher am Mittelweg und hielten Ausschau, bis wir sie mit dem Tragekorb auf dem Rücken ankommen sahen.

An Masserberg erinnert mich noch ein anderes Erlebnis. Da war Großmutter schon tot, und ich war zu Besuch bei Großvater. Für die Heimfahrt hatte Mutter mit ihm abgesprochen, daß er mich bis zur Kreuzung an den Bus bringen und den Fahrer bitten sollte, mich bis zum Bahnhof Ilmenau mitzunehmen und da aussteigen zu lassen. Sie wollte mich dann mit Gertrud und Dora von dort abholen.

Großvater brachte mich zum Bus, sprach mit dem Fahrer und setzte mich gleich auf die erste Bank hinter dem Fahrersitz. Ich hatte Angst, zum ersten Mal war ich allein unterwegs. Auf dem Dreiherrenstein stieg zu meinem Schreck ein verwegen aussehender Wanderer zu und setzte sich mir gegenüber. Nun hatte ich nur noch den Gedanken, schnell ans Ziel zu gelangen, um auszusteigen.

Als der Bus in Ilmenau hielt und viele Leute ausstiegen, glaubte ich am Bahnhof zu sein und schloß mich ihnen an. Da ich aber weder Mutter, noch die Schwestern entdecken konnte, begann ich zu weinen. Passanten wurden aufmerksam und erkundigten sich nach dem Grund meines Jammers. Mit Mühe vermochte ich es zu erklären. Nun wurde auf Mutter geschimpft, daß es unverantwortlich sei, mich nicht abzuholen und ähnliches. Ich wußte aber genau, daß Mutter das nie fertiggebracht hätte, und war tief unglücklich, daß die Leute eine so schlechte Meinung von ihr hatten. Ich war aber auch nicht in der Lage, sie zu verteidigen.

Nach langem Hin und Her erklärten sich zwei junge Frauen mit Kinderwagen bereit, mich zum Bahnhof zu bringen, mit dem Bahnhofsbeamten zu sprechen und mich bis nach Plaue bringen zu lassen. Vorher hatten sie mich nach Namen und Herkunft befragt und ob ich Geld hätte. Vor lauter Aufregung vergaß ich ganz, daß ich in meinem Taschentuch etwas Geld hatte, das ich mir bei Tante Lene mit Holzlegen verdient hatte. Sie legten zusammen und kauften mir eine Fahrkarte. Der Zugführer behielt mich im Auge und brachte mich in Plaue zur Bahnhofsaufsicht. Dort hatte der Mann meiner älteren Cousine gerade Dienst. Ich wartete im Dienstraum bis zu seinem Feierabend und fuhr dann mit ihm auf seinem Fahrrad nach Siegelbach. Er brachte mich zu Tante Marie und damit nun die ganze Familie in Aufregung, weil Mutter und meine Schwestern noch nicht zurück waren.

Inzwischen hatten Mutter und meine Schwestern am Bahnhof auf den Bus gewartet und mich nicht darin gefunden. Mutter sprach mit dem Fahrer, der ganz erschrocken und betroffen war, daß er nicht aufgepaßt hatte. Gertrud und Dora fingen gleich zu weinen an. Mutter ging zur Polizei. Wie sie dann erfahren haben, daß ich schon zu Hause war, weiß ich nicht mehr. Jedenfalls kamen sie noch spät zu Tante Marie, und wir waren froh, daß alles noch so gut verlaufen war.

Unser Vater war im Juli 1924 gestorben, als Paul gerade ein Jahr alt war. Fünf Kinder allein zu erziehen und zu versorgen, war für unsere Mutter sehr schwer. Vor allem mußte sie rechnen. Und so war sie froh, wenn jeder von uns ein Paar Schuhe besaß, waren diese auch häufig mit Riestern (Flicken) versehen. Uns Kinder störte das nicht weiter, und wenn's darauf ankam, wußten wir uns zu helfen. Von unseren Onkeln aus Masserberg, die damals als Skisportler aktiv waren, erhielten wir manchmal ausrangierte Schneeschuhe – Staffelbretter. Jeder von uns wollte natürlich darauf fahren. Eines Wintertages war die Gelegenheit da, und ich hätte sie nutzen können, wenn nur meine Schuhe nicht beim Schuster gewesen wären. Bald fand ich eine Lösung: Vom letzten Sommer besaß ich ein Paar weiße Leinenschuhe, die mir Mutter anläßlich einer Hochzeit gekauft hatte. Die zog ich an und ging damit Skilaufen. Wie die Bindungen daran gehalten haben, ist mir heute noch ein Rätsel. Nur eines weiß ich noch, als ich nach Hause kam, mit halb erfrorenen Füßen, brauchte Mutter mich nur anzusehen.

Worüber sich heute kein Kind mehr Gedanken machen muß, war seinerzeit Grund genug für Strafe. Als wir noch bei Tante Marie wohnten, hatten wir in der Küche ein Wandbord für Gewürzdosen, Essigflaschen, Milchkännchen und Tassen – alles im selben Muster und fein ordentlich aufgehängt. Bei irgendeiner Gelegenheit nahm ich eine dieser Tassen, die uns verboten waren. Sie fiel mir aus der Hand und zerbrach. Ich wußte, daß Mutter sehr daran hing, und ehe sie dazukam, lief ich aus der Küche über den Hof in den Holzstall und versteckte mich dort. Mutter suchte und fand mich natürlich. Die Strafe folgte auf dem Fuße. Auch als ich mir mit etwa fünf Jahren das Haar abschneiden wollte, kannte Mutter kein Pardon. Sie kam Gott sei Dank dazu, als ich, auf einem Stuhl vor dem Spiegel stehend, gerade mit dem Pony angefangen hatte.

Schulferien damals und heute! Wir hatten noch Glück, daß wir manchmal nach Masserberg fahren konnten, ansonsten blieben wir zu Hause. Unsere Ferien waren trotzdem herrlich. Wenn wir unsere Arbeiten erledigt hatten, durften wir spielen oder in der Gera baden gehen. Badeanzüge besaßen wir nicht. Wir banden große Schürzen um und gingen damit ins Wasser. Aber vorher waren die Gänse zu hüten und Dieseln fürs Schwein zu stechen, oder wir halfen Mutter im Wald beim Holzsammeln.

Außerdem mußten wir Ähren lesen, was immer den meisten Spaß gemacht hat. Wir trafen uns mit den anderen Kindern und gingen gemeinsam auf die abgeernteten Felder. Den Tragekorb mußten wir voll nach Hause bringen. Wie wir bald herausfanden, ging das schneller, wenn wir die Ähren in Sträußen sammelten und langes Stroh daran ließen. Nur die kurzen Ähren aufzulesen war uns zu mühsam und dauerte viel länger. Ein Trost bei der Arbeit waren Mutters sauer eingelegte Gurken zum Frühstück.

Im Winter war es geruhsamer. Mutter nahm sich Zeit für den Haushalt, sie nähte und strickte, und wenn es abends dunkel wurde, machte sie mit uns Dämmerstündchen. Sie erzählte aus ihrer Schulzeit, und wir sangen gemeinsam. Obwohl unser Haus sehr kalt war, habe ich es nie als unangenehm empfunden. Wir waren abgehärtet. Unsere Schlafzimmer lagen im oberen Stock. Wir zogen uns im Wohnzimmer aus und liefen im kurzen Taghemd und der Nachtjacke über den kalten Flur und die Treppe ins Schlafzimmer. Mutter hatte die Betten mit Wolldecke und warmen Kieselsteinen vorgewärmt, so daß wir sofort warm wurden. Das Fenster blieb auch bei strenger Kälte immer einen Spalt auf. Morgens waren die schrägen Wände häufig mit Eiskristallen verziert, die unsere Phantasie zu allerlei anregten.

Zu den weniger guten Erinnerungen gehört ein Vorkommnis, das nicht angetan war, unserem Großvater väterlicherseits irgendwelche Zuneigung entgegenzubringen. Nicht einmal, daß er ein Wort an uns gerichtet oder Mutter in irgendeiner Weise unterstützt hätte. Sie blieb für ihn die Fremde.

Großvater Stade wohnte zusammen mit einer Tochter und deren Mann in Vaters Elternhaus. Da Tante Thekla keine Kinder hatte, nahmen sie ein Waisenkind in Pflege, das heißt zur Arbeit. Der Junge war so alt wie meine große Schwester und ging in ihre Klasse. Folglich spielten sie manchmal zusammen, und Hilde kam gelegentlich auch mal in Großvaters Haus.

Eines Tages sah ich Großvater, der sonst nie zu uns kam, aus unserem Haus treten. Er wandte sich zu Mutter um, die in der Haustür stand, und schimpfte lauthals auf sie ein. Ich traute mich nicht in die Nähe. Erst als er weg war, hörte ich von Mutter, die völlig durcheinander war, daß Großvater von ihr die Rückgabe des Geldes forderte, welches Hilde bei ihm gestohlen haben sollte. Natürlich hatte Hilde das Geld nicht gestohlen, Mutter wußte das. Aber die Verdächtigung blieb. Wir mochten unseren Großvater danach noch weniger.

Mit etwa elf Jahren begriff ich oder wurde mir bewußt, daß man zum Leben Geld benötigt. Vorher hatte ich mir darüber keine Gedanken gemacht. Mutter regelte ja alles.

Ich kam gegen Mittag nach Hause. Mutter stand am Küchentisch, machte Kartoffelsalat zum Mittag und weinte dabei. Auf mein erschrockenes Fragen erklärte sie mir, daß sie mit der Post Bescheid bekommen habe, daß die Hinterbliebenenrente um einen erheblichen Teil gekürzt würde. Sie wüßte nun nicht, wie es weitergehen sollte. War die Rente jetzt schon nicht hoch, so mußten wir uns künftig noch mehr einschränken. Hinzu kam, daß sich unsere Schwester Gertrud zu der Zeit in der Haushaltsschule in Halberstadt befand und Mutter jeden Monat 50 Mark überweisen mußte. – Mutter hat es trotzdem geschafft; und wenn wir auch manchmal Hunger hatten – verhungert sind wir nicht. Nur an eine Ausbildung der übrigen Schwestern war nun nicht mehr zu denken. Hilde hat das Volljahr besucht und Gertrud die Haushaltsschule. Dora und ich mußten uns als Haushaltshilfe den Lebensunterhalt verdienen. Einzig mein Bruder Paul konnte einen Beruf erlernen.

Unangenehmes bleibt meist länger in der Erinnerung: Als wir Tante Marie beim Kartoffelbuddeln am Marktweg halfen, passierte etwas Unangenehmes. Tante Marie hatte zur Vesper Kaffee von Zuhause geholt und den Eimer mit dem kochend heißen Sud vor den Leiterwagen gestellt. Unser kleiner Paul, der noch nicht zu helfen brauchte, spielte auf dem

Wagen. Er kletterte rückwärts vom Wagen und trat in den Kaffee-Eimer. Die selbstgestrickten Strümpfe förderten die Verbrennung, und sein Gebrüll auf dem Feld und auf dem Weg nach Hause war schrecklich. Mit dem Strumpf zog sich die Haut ab, und Paul mußte lange liegen, bis alles wieder geheilt war.

Manchmal spielten wir mit den Nachbarskindern „Salzhering" auf der Straße. Das ist ein Ballspiel, bei dem man vorwärts und rückwärts rennen muß. Ich lief gerade rückwärts und Otto Heinemann lief vorwärts. Dabei traf er mit seinen eisenbeschlagenen hohen Schuhen auf meine kaum geschützte Verse. Der Halbschuh flog vom Fuß, und im Nu bildete sich eine Blutlache auf der Straße. Es war eine schwere Wunde, und ich konnte lange Zeit nicht laufen. Nur, zum Arzt ging man damals nicht gleich. Mutter heilte es daheim.

Zu den schönen Stunden im Winter gehörte das Federnschleißen. Darauf freuten wir uns schon lange. Allein die Vorbereitungen machten Spaß. Da wurden die Federn der im Laufe des Jahres geschlachteten Enten und Gänse ins Warme gehängt. In der Stube wurden alle Polstermöbel mit Leinentüchern abgedeckt, Kuchen gebacken und die Nachbarschaft zum Helfen eingeladen. Am Abend dann wurde der Tisch ausgezogen und ein Berg Federn darauf ausgebreitet. Die Frauen setzten sich mit Messern oder Scheren darum herum und begannen mit dem Schleißen. Dabei wurde erzählt und gelacht, es ging ziemlich lustig zu. Doch mußte man sich vorsichtig bewegen, durfte nicht prusten oder husten, damit die Federn nicht in Bewegung gerieten. Das Schönste kam aber danach, wenn alle Federn geschlissen und in neuen Inletts verstaut waren, das Kaffeetrinken. Und wir Kinder durften mit dabei sein. Mutter hatte zwar hinterher noch viel Arbeit, wieder Ordnung zu schaffen, die Kiele unterm Tisch zu entfernen und herumliegende Federn zusammenzulesen. Aber sie freute sich auch auf das nächste Federnschleißen in der Nachbarschaft.

Weihnachten ein Fest! Es fing schon an, wenn Mutter die „gute Stube" zuschloß und abends spät schlafen ging. Etwa eine Woche vor dem Weihnachtsfest gingen wir gemeinsam den Weihnachtsbaum holen. Manchmal lag tiefer Schnee, das störte uns aber nicht. Die Suche nach einem schönen Baum machte uns große Freude – im nahen Wald hatten wir viel Auswahl. Wir hielten uns in der Nähe von Großvaters Wald, da konnten wir uns immer herausreden, wenn der Förster kam. Von allen Seiten begutachteten wir die Bäume und zeigten sie Mutter, die dann endgültig entschied, welcher mit nach Hause genommen wurde. Er durfte nicht zu groß und nicht zu klein sein und mußte vollständige Quirle haben. Fehlte bei einem ansonsten schönen Baum doch einmal ein Ast, bohrte Mutter zu Hause einen anderen ein. Dann blieb der Baum im Schuppen bis Heiligabend.

Mutter hatte bis dahin schon alle Vorbereitungen getroffen und bereitete am Vormittag nur noch den Heringssalat (Kartoffelsalat mit Hering und Gurke) für den Abend zu. Dann wurde Wasser im Kessel heiß gemacht, der große Bottich in die Küche gestellt, und nach dem Mittag wurden wir gebadet. Wir zogen frische Sonntagswäsche und Kleider an und banden helle, mitunter sogar gestickte Schürzen darüber. Dann war es soweit, und Mutter holte den Baum, den sie vorher schon im Ständer befestigt hatte, in die Stube. Das Glaszeug wurde ausgepackt, und wir durften mithelfen, den Baum zu schmücken. Das machte uns viel Freude.

Nach dem Kaffeetrinken, bei dem das erste Schittchen (Stollen) angeschnitten wurde, gingen wir zur Kirche, und nach dem Abendbrot wurden die Kerzen angezündet. Wir sangen Weihnachtslieder und erhielten unsere meist selbstgefertigten Geschenke. Und keiner von uns hätte anders oder anderswo Weihnachten feiern mögen.

(Weitere Texte dieser Autorin finden Sie in: „Kindheit in Deutschland 1933–1939, Teil 2" und „Lebenserinnerungen 1939–1945" der Reihe **ZEITGUT**.*)*

Ursula Sabel

Die Bäume laufen mir ja entgegen!

Ich wurde nach der Inflation, in der das Geld fast völlig seinen Wert verloren hatte, am 16. Juni 1924 in Duisburg geboren. Meine Eltern bekamen eine einfache Stadtwohnung in Duisburg, mein Vater hatte im Schuldienst sein Einkommen und erteilte nebenbei Klavier- und Gesangsstunden.

*Ein völlig neues Lebensgefühl: Ausflüge mit unserem ersten Auto. Es war
ein Opel 4/14 PS. Ich stehe hinter Mutti, die mein Brüderchen hält.*

Aber nur in der Stadt zu leben gefiel ihm nicht, es gelang ihm schon bald, ein gebrauchtes Auto zu kaufen. Diese besondere Errungenschaft ermöglichte es meinen Eltern, mit mir zu verreisen. Schon wenige Monate nach meiner Geburt fuhren wir damit zu Weihnachten nach Köln zu den Großeltern und den beiden Schwestern von Vater. So auch im folgenden Jahr. Davon gibt es ein schönes Foto.

Später beobachtete ich die Vorbereitungen meines Vaters und sah ganz gespannt zu, wie er sein Stativ vor uns aufbaute und den Fotoapparat aufmontierte. Dann hängte er einen silbernen Faden daran, zog sich ein schwarzes Tuch über den Kopf und schaute, ob wir auch alle richtig ins Bild kämen. Danach kam er wieder hervor und zündete mit einem Streichholz das Ende des Wunderkerzenfadens an. Der brannte ganz allmählich ab, bis mein Vater neben uns in Positur ging. Plötzlich machte es „klick", und das Foto war gelungen.

Als ich größer war, brachten mich meine Eltern auch manchmal in den Sommerferien nach Köln, und ich weiß noch, daß ich auf der Fahrt über die schmale Landstraße anfangs das Gefühl hatte, die Bäume würden mir alle entgegenlaufen, während ich doch ruhig im Auto saß.

Die Kölner Stadtwohnung war jedesmal ein besonderes Erlebnis für mich. Da kam man zunächst in das große, steinerne Treppenhaus mit dem sonderbaren Geruch, der wohl von den Ausdünstungen der Schankwirtschaft im Parterre kam, vielleicht auch von dem alten Mauerwerk oder von den Koch- und Waschdünsten der vielen Familien im Haus.

In Omas Küche war der Kohle-Küchenherd die Hauptsache, das Feuer mußte ständig brennen, denn außer dem Essen mußte auch dauernd heißes Wasser bereit sein. Immer stand etwas auf dem Herd, und Oma mußte ständig nach der Glut schauen. Manchmal stand ein großer Einkochtopf auf der glühenden Herdplatte, darin wurde die Wäsche gekocht, damit sie schön weiß wurde. Der Geruch der Wäschelauge zog durch die ganze Wohnung, das kannte ich von daheim gar nicht. Im großen, steinernen Spülbecken wurde dann die Lauge ausgespült und die Wäsche ausgewrungen. Aber wohin nun damit? Wo konnte man nun trocknen?

Zum Aufhängen der Wäsche gab es eine patente Lösung mit einer interessanten Vorrichtung. Ich war neugierig, wie das wohl funktionieren würde. Am Küchenfenster zum Hof hin befand sich ein großer Holzrahmen, der mit vielen Drähten bespannt war. Auch die anderen Leute hatten so ein lustiges Gitter vor ihren Küchenfenstern. Dieser Mechanismus faszinierte mich sehr: Nachdem Oma die Wäsche reihenweise festklammert hatte, ließ sie die ganze Sache dann mit einem Kordelzug herunter, bis das Gestell schön waagerecht und die Wäsche senkrecht ordentlich vor dem eigenen Fenster hing. – Die frische Luft zum Trocknen war damals auch schon sehr geschätzt!

Mit einem verstohlenen Blick schaute ich auch ab und zu nach der Wäsche der anderen Leute, so etwas bekam ich ja zu Hause nicht zu sehen.

An Sonn- und Feiertagen gingen wir nachmittags ins Wohnzimmer. Es war ein sehr dunkel wirkender Raum mit dunkler Tapete, großem, altem Eßtisch und Stühlen, einem Plüschsofa, und an ein Vertiko kann ich mich erinnern. Darauf standen unter anderem Fotos, die mein Vater schon vor vielen Jahren von seinen Eltern und Geschwistern gemacht hatte. Er bastelte sich den ersten Fotoapparat selber aus einer Zigarrenschachtel, ich habe diesen aber leider nicht mehr zu sehen bekommen.

Ein Erlebnis besonderer Art hat mich immer wieder angezogen: es war der Blick aus dem Fenster auf die Straße hinunter. Die Luxemburger Straße war außerordentlich breit, und es herrschte reges Leben dort unten. Mitten zwischen zwei sehr breiten Fahrbahnen lagen die Geleise der „Köln-Bonner-Eisenbahn". Große Bäume bildeten dazwischen eine Allee.

Weihnachten 1925 fuhren wir mit dem Auto zu den Großeltern nach Köln. Vorne links kniet meine Tante Agnes, .dahinter steht meine Mutter.

Auf einmal hörte ich oben ein mächtiges Getöse: es nahte ein großer, schwarzer Zug mit einer richtigen alten Dampfmaschine mit Kohle-Tender und mehreren Wagen für die Fahrgäste. An den Seiten der Lok bewegten sich schwarzrote Stangen und trieben die Räder an. Der weiße Dampf stieg zu uns herauf, und das Stampfen und Schnaufen machten mir angst. Plötzlich ertönte ein lauter, schriller Pfeifton und erschreckte mich sehr. Es war ein Warnsignal vor der großen Kreuzung neben unserem Haus. Trotzdem bin ich immer wieder gerne zum Fenster gelaufen, wenn ich den Zug kommen hörte.

Meine Großmutter war inzwischen verstorben, meine Tante lebte noch mehrere Jahre alleine in dieser Wohnung. Bei einem Bombenangriff auf Köln ist das Haus 1942 völlig zerstört worden, meine Tante mußte sich eine behelfsmäßige Unterkunft suchen. Das Haus ist erst viele Jahre nach Kriegsende wieder aufgebaut worden.

*Vater's Hobby war die Fotografie. Begeistert schaute ich
seinen Vorbereitungen zu, durfte mich nicht rühren, bis es
„klick" machte. Seinen ersten Fotoapparat hatte er sich selbst
zusammengebaut.
Das Fotografieren war ja noch nicht so verbreitet wie heute.
Zu besonderen Anlässen ging man zum Fotografen oder
bestellte ihn.*

Nachdem wir mehrere Jahre lang in Duisburg gewohnt hatten, zogen wir 1933 in ein Haus nach Wedau, nicht weit von der Stadt entfernt. Wir besaßen einen großen Garten, der direkt an einem der schönen Seen lag. Fast nebenan lag die katholische Volksschule, die ich noch im 3. und 4. Schuljahr besuchte.

Unsere Klassenlehrerin, die uns in allen Fächern unterrichtete, war eine unverheiratete, fromme, ältere Dame, sie hieß Fräulein Lürbke. Da ab 1933 das politische Gedankengut des Nationalsozialismus auch in der Schule verbreitet werden mußte, eröffnete uns unsere Lehrerin eines Tages, sie werde nun einen langen, ganz besonderen Text an die Tafel schreiben, und wir müßten alles ganz sorgfältig abschreiben, um es dann zu Hause auswendig zu lernen.

Dann ging es los: „Das Leben unseres Führers Adolf Hitler". Tafel um Tafel schrieb die gute Frau voll, und wenn kein Platz mehr da war, dann putzte sie den Anfang wieder aus – das ging mehrmals so weiter.

Wir Neunjährigen konnten weder so schnell folgen, noch verstanden wir den Sinn des Textes. Wir taten einfach, was wir tun mußten.

Zum Glück wurden wir nie abgehört, es wurde einfach vergessen. Die gute Frau hatte wohl nur dem Buchstaben des Gesetzes folgen müssen.

Erst viele Jahre später verstand ich ihr geschicktes Verhalten und diese Form des passiven Widerstandes. Eine offensichtliche Verweigerung hätte ihr unter diesen Umständen vielleicht ein Berufsverbot einbringen können.

(Weitere Erinnerungen dieser Autorin finden Sie im Band „Jugend in Deutschland 1939–1945, Teil 2" der Reihe **ZEITGUT***.)*

[Heppingen/Ahr;
um 1925]

Peter Konrad Henseler

Sonntage im Dorf

70 Jahre sind es her. Der Sonntag war noch ein besonderer Tag. Die Mutter hatte frühmorgens das Vieh versorgt. Sie kam aus dem Stall und machte Frühstück, während wir Kinder noch schliefen.

Der Vater war Frühaufsteher. Sonntag morgens ließ er sich Zeit zum Waschen und Rasieren. Dann bürstete er behutsam seinen Sonntagsanzug. Die Schuhe, die er schon viele Jahre, aber nur am Sonntag oder an Festtagen trug, waren blitzblank geputzt und standen bereit für den Kirchgang. Wenn es dreimal geläutet hatte, dann gingen die Leute in Sonntagskleidern in die Kirche.

Jedesmal, wenn die Orgel spielte und der Gesang anschwoll, überlief mich ein andächtiger Schauer, und mir wurde ganz feierlich zumute. Die heilige Messe wurde mir nie zu lang. Beim Hinausgehen waren meine Gedanken noch bei den Heiligen, die mich stark beschäftigten.

Zu Hause wartete das Frühstück. Unterwegs sprach mein Vater hier und da ein paar Worte mit den Leuten aus dem Dorf. Es war, wie ich glaubte, die einzige Gelegenheit, einmal mit Menschen zu sprechen, die mein Vater sonst nicht sah.

Meine Mutter war in die Frühmesse gegangen, mußte sie doch das ganze Haus und uns alle versorgen. Wir waren acht Geschwister. Die setzten sich jetzt alle um den großen Tisch

zum Frühstück. Das Besondere daran war das längliche Weiß-
brot, der Stuten, den es jeden Sonntag gab. Der schmeckte
besonders saftig mit Klatschkäse und Rübenkraut. Der
Klatschkäse wurde aus Quark, Milch und etwas Salz hergestellt. Meine Schwestern mußten den Tisch abräumen und
abwaschen. Dann teilte Mutter noch die Arbeit für die Mädchen ein: Betten machen, Essen vorbereiten, schmutzige Wäsche einweichen und anderes.

Mein Vater setzte sich derweil mit den Nachbarn unter
dem Hoftor in den Schatten. Dann steckte er sich seine lange Pfeife an. Es wurde viel erzählt, hauptsächlich von der
Arbeit. Aber auch andere Themen kamen zur Sprache wie
Politik und alles, was in der Welt geschah. Es gab damals für
die einfachen Leute eine klein regionale Zeitung.

Meine Brüder waren alle viel älter als ich, darum durften
sie auch schon weiter vom Hause weggehen. Ich blieb in der
Nähe und spielte mit den Nachbarskindern. Dann rief die
Mutter mich. Sie hatte eine saubere Schürze vorgebunden,
und wir gingen in den Gemüsegarten. Sie zeigte mir die einzelnen Sorten und wie die Pflanzen in der letzten Woche ge-
wachsen waren.

Es lag eine stille, sonntägliche Freude in dem Ton, in dem
sie mit mir sprach. Ich spürte, daß meine Mutter diese Sonn-
tagsstunden liebte. Die Woche über blieb ihr wenig Zeit, Gemüse und Blumen in Ruhe zu betrachten.

Am Ende des Gartens stand eine Bank, dort setzten wir
uns hin. Sie begann aus ihrer Jugendzeit zu erzählen. Ich
wollte etwas über meine Großeltern wissen. Als Jüngster hatte ich sie nicht mehr kennengelernt.

Unterdessen wurde es Mittag. Mutter mußte das Essen
richten, das die Mädchen schon vorbereitet hatten. Aber diese
halbe Stunde im Garten bleibt mir unvergeßlich. Sie gehörte zum Sonntag.

Alle mußten pünktlich am Tisch sitzen, auch die älteren
Brüder. Das Essen an diesem Tag war etwas Besonderes, und

alle hatten erwartungsvolle Gesichter. Erst wurde gemeinsam gebetet.

Das Mahl begann mit einer Rindfleischsuppe, die es nur
sonntags gab. Es folgten Kartoffeln und Gemüse, natürlich
aus unserem Garten, der unübertreffliche Rinderbraten
meiner Mutter und Soße. Den guten Geruch und den Geschmack habe ich mein Leben lang nicht vergessen. Als Nachtisch gab es Pudding mit Himbeersaft. Wenn alle satt waren,
wurde wieder gebetet.

Dann kam der große Augenblick: Wir Jungen bekamen
unser Taschengeld. Die Mädchen erhielten ihr Taschengeld
erst nach getaner Arbeit: Abwaschen, Herdputzen und Küche saubermachen. Dann zogen sie ihre Sonntagskleider an
und besuchten ihre Freundinnen. Oft hörte man sie alle laut
lachen und singen.

Die Mutter hatte inzwischen mit dem Vater das Vieh versorgt. Dann konnte sie sich auch auf das Sofa setzen. Sie las
ihr Liboriusblatt, dann nickte sie ganz langsam ein und machte ihr Sonntagsschläfchen.

Der Vater nahm mich unterdessen bei der Hand; wir beide gingen zu den Äckern und Wiesen. Unterwegs zeigte er
mir viele nützliche Kräuter, die man als Tee gegen Krank-
heiten und Wunden verwenden konnte. Ich merkte mir die
Farben, die Formen der Blätter und den Geruch.

Im Wald erzählte Vater mir Geschichten aus früheren Tagen. Dabei horchte er auf den Gesang der Vögel. Er konnte
Vogelstimmen nachahmen, das Aussehen der Vögel beschrei-
ben und wußte, wo sie ihre Nester bauten. Er zeigte mir
Gelege, in denen ich oft Eier oder sogar schon Junge sah.
Ganz behutsam entfernten wir uns dann. Auch die Käfer
kannte er alle und wußte, wie nützlich oder schädlich sie
sind. Ab und zu zog er seine goldene Uhr an der goldenen
Kette heraus, die er nur sonntags trug, und prüfte die Zeit,
damit wir rechtzeitig wieder zu Hause waren. Einen solchen
Nachmittag konnte es nur an einem Sonntag geben.

Zum Abendessen waren wir wieder alle um den Tisch versammelt. Bratkartoffeln mit Ei darunter, Brot und Schinken waren dem Sonntagabend vorbehalten. Die übliche Arbeit folgte wieder, die Mädchen sangen wehmütige Lieder beim Abwaschen.

Der Vater rauchte noch eine Pfeife. Zu unser aller Freude spielte er ein Lied auf der Gitarre und sang dabei. Weil es noch sehr hell war, durften wir noch etwas aufbleiben und machten lustige Ratespiele. An die Schule dachten wir erst am Morgen. Heute war ja noch Sonntag.

Der wurde ausgekostet bis zur letzten Minute. Dann huschten wir, einer nach dem anderen, ins Bett. Ein Sonntag ohne große Ereignisse war vorüber. Es waren die vielen Kleinigkeiten, die ihn ausmachten und Lebensfreude für die harte Arbeitswoche gaben.

[Lokstedt / Niendorf bei Hamburg;
1924–1933]

Trudi Pätz

Ein bißchen Land und blauer Himmel

Ich war noch klein und konnte kaum laufen. Da zogen meine Eltern mit mir von Eimsbüttel nach Lokstedt. In einem freundlichen Vierfamilienhaus fanden wir eine schöne, helle Wohnung mit großem Balkon, Keller und Boden.

Als die Räume hergerichtet waren, spendierte unsere Oma ein neues, dunkelrot gebeiztes, mit schwarzen Rillenblenden abgesetztes Schlafzimmer. Auch das dunkeleichene Eßzimmer und die Küche kaufte sie meinen Eltern. Danach ersteigerte mein Vater nach und nach auf Auktionen die Möbel für mein Reich. Bald stand in meinem Zimmer ein großes, schwarzlackiertes Bett aus Metall. Messingknaufe und Goldverzierungen belebten die Stäbe. An den Seiten des Kopf- und Fußendes waren grünseidene angekräuselte Vorhänge angebracht. Auch das Wohnzimmer erstand mein Vater auf diese Weise.

Mein Vater war ein sehr strebsamer Familienvater. Nach dem ersten Weltkrieg hatte er meine Mutter geheiratet. Vor der Ehe arbeitete sie als Diakonissin in den Krankenhäusern St. Anschar und Bethanien in Hamburg. Jeden Tag nahm mein Vater seinen Zampelbüddel und den Kaffeetäng*). Zu nachtschlafener Zeit trottete er oft den langen Weg zu Fuß bis hin zur Kellinghusenstraße. Dort fuhr er mit der Hochbahn zu seinem Arbeitsplatz an den Freihafen. Am Baumwall ließ er sich mit der Barkasse oder einer Schute zu

---

*) Schulterbeutel und Kaffeebehälter aus Metall

den Schiffen, die gelöscht werden mußten, hinübersetzen. Sehr oft übernahm er drei Schichten hintereinander und verdiente als Schauermann (Hafenarbeiter) gutes Geld.

Nach einigen Monaten pachtete mein Vater einen Schrebergarten in Niendorf. Er war noch eine unbeackerte Wiese, die durch Gräben und Grenzsteine abgeteilt war, etwa 700 Quadratmeter groß. Aus ein paar alten Brettern baute er einen kleinen Regenschutz für eine Person. Dieser wurde im vorderen Teil des Gartens, zwischen der von einer Weißdornhecke eingerahmten grünen Holzpforte und der großen Eiche, aufgestellt.

Herr Goldenboom, der Nachbar zur rechten Seite, ließ für sich und seine Frau eine geräumige grün-weiße Laube errichten. Der linke Schreber, Herr Wolff, baute sich als erstes eine schöne Wochenendbehausung und für den zehnjährigen Sohn eine nicht ganz standfeste Schaukel. Mit den Nachbarn wurde nun das Land um die Wette urbar gemacht.

Schritt für Schritt stach mein Vater den neuen Spaten in die Tiefe und warf die dunklen, schweren Erdschollen herum. So bearbeitete er Reihe um Reihe. Mit der gerade erst erstandenen Harke ging er hin und her und strich die sich hochtürmenden Erdhäufchen glatt. Langsam wurde aus der von der Sonne ausgedörrten Wiese ein schönes, fruchtbares Land. Wenn mein Vater mich kleine Göre bei wolkenfreiem Himmel mit in den Garten nahm, sprang ich leichtfüßig über den schmalen Graben auf das Nebengrundstück. Dort schaukelte ich mit dem Sohn. Dabei flogen mir meine beiden dikken Zöpfe ins Gesicht und um den Kopf.

Unseren Garten teilte mein Vater in zwei Hälften. In der Mitte legte er einen geraden Weg an, der bis an das neuangelegte Rhabarberbeet ging. Dieses nahm die ganze Schmalseite ein und grenzte an das obere Nachbarland. Nacheinander wurden Bohnen, Erbsen, Wurzeln und andere Gemüsearten gepflanzt. Nur die Kartoffeln setzte er später. Dafür ließ er ein großes Wiesenstück frei. Dahin verzog ich mich immer wieder heimlich. Ich nahm eine Decke mit, legte mich darauf und schaute träumend den vorbeiziehenden Wolken nach. Leichte Schäfchenwolken veränderten sich schnell und wurden zu Figuren oder bartbehangenen, unförmigen Köpfen. In meiner Phantasie wurden daraus Frau Holle, der Weihnachtsmann, Engel oder sogar der liebe Gott und Petrus. Im Stillen unterhielt ich mich mit meinen erdachten Gestalten.

Zu meinem Kummer wurden doch bald die nötigen Kartoffeln gesetzt und von der Gärtnerei Ziebuhr Stäbe für Stangen- und Wachsbohnen gekauft. Drei Stangen stellte mein Vater gegeneinander und drückte etwa acht Bohnen um die Stangen in die Erde. Später besorgte er sich Himbeer- und Erdbeerpflanzen. An der rechten Wegseite setzte mein Vater in einem Meter Abstand mehrere Stachelbeer- sowie schwarze und rote Johannisbeersträucher. Bald zierten an der linken Wegseite Frühlings-, später Sommer-, Herbst- und Winterblumen, wie Akelei, Löwenmaul, Tränende Herzen, Zinnien und Straußenfederastern den Rand. Verschiedene bunte Dahliensorten und hochgewachsene, sattgelbe Sonnenblumen vervollständigten die blühende Pracht.

So vergingen einige Jahre. Von Freunden wurde eine fast neue Schreberlaube gekauft. Sie hatte nur ein ganz kleines Fenster. Eine Petroleumlampe spendete etwas Licht. Zwei Betten wurden übereinander zurechtgezimmert. Für mich wurde ein Zieharmonikabett zum Schlafen besorgt. Das war mit Persenning bespannt. Wenn es zusammengeschoben war, diente es mit der blanken Holzoberseite als Sitzbank.

Ich war schon viereinhalb Jahre alt, da wurde meine kleine Schwester Ilse geboren. Als sie etwas laufen konnte, blieb sie mit meiner Mutter bei gutem Wetter auch im Garten. Für beide war das untere Bett reserviert. Ich war immer froh, wenn Mutti mit Ilse zur Stadtwohnung abzog. Dann war niemand da, der sagte: „Mach dich nicht immer so schmutzig! Mußt du täglich im Matsch spielen?" Oder: „Wasch dir deine schmutzigen Hände, wie siehst du bloß wieder aus? So läuft doch kein Mädchen herum!"

Zu meinem Glück kam meine Mutter meistens nur zum Wochenende. Sie hatte in der Woche häusliche Verpflichtungen. Nebenbei betreute sie Kranke, gab Spritzen und erneuerte Verbände. Jeden Freitag betätigte sie sich als Haushaltshilfe bei unserem dicken Hauswirt und seiner nicht minder vollschlanken Frau. Vor Fettleibigkeit konnten beide sich nicht mehr bücken.

Bei meinem Vater hatte ich ein freies, lustiges Leben. Meine speckigen, nassen Kleider schien er nie zu sehen. Nur manchmal zog er mir kommentarlos ein trockenes Kleidungsstück an. Er meinte dann lächelnd, Mutti könnte bald kommen.

Mein Vater hatte immer viel Freude an seinem Garten und eine glückliche Hand. Nachbarn, die inzwischen auch ihre Parzellen nutzbar gemacht hatten, bewunderten oft die reiche Blumenpracht und das Gedeihen des Gemüses bei uns. So mancher Nachbar holte sich von meinem Vater Ratschläge und nahm seine Hilfsbereitschaft gerne in Anspruch.

Neue Nachbarschaft

Die Familie Wolff gab bald ihren Garten wieder auf. Eine kleine, ältere aber drahtige Frau kam und ließ die Laube vergrößern. Ein Lagerraum wurde an die alte Laube angebaut und die Wohnräume modernisiert. Frau Kaatz eröffnete einen Krämerladen. In dem war fast alles zu haben. Wir Kinder mochten sie aber nicht besonders. Mit dem Abwiegen nahm sie es sehr genau. Kein Gramm zuviel blieb auf der Waage. Wenn wir Kinder einkaufen mußten, gab es, wie bei anderen Verkaufsleuten üblich, auch keinen Bonbon, geschweige denn eine ganze Tüte Süßes.

Bald sprach es sich herum, daß Frau Kaatz auch sonntags und nach Ladenschluß durch die Hintertür Lebensmittel verkaufte. Besonders an Wochenend-Hobbygärtner gab sie Getränke und andere Waren heimlich heraus. Der Laden lief

Hier fühlte ich mich am wohlsten. Unser Gartenparadies in Niendorf bei Hamburg mit der neuen Laube.

bald wie geschmiert. Es gab keine Konkurrenz, darum waren die Preise auch oft überteuert. Als sich die Einkaufenden in dem kleinen Verkaufsraum immer mehr drängten, übernahm Frau Christiansen, die Schwester von Frau Kaatz, den Platz einer Verkäuferin. Sie war immer freundlich und zuvorkommend.

Ungebetene Gäste

In der Familie hatte es sich bald herumgesprochen, daß mein Vater einen großen Garten besaß. Wenn die Sonne strahlend vom Himmel lachte, fanden sich schon morgens viele Familienangehörige bei uns ein. Onkel Bernhard mit seinem dikken Wohlstandsbauch hatte unsere nicht minder rundliche Oma im Schlepptau. Muttis Schwester mit dem Super-Wasserstoff gebleichten Haar war immer etwas zickig, besserwissend und hochnäsig. Ihr Mann, unser Onkel Robert, tat meistens nur seinen Mund auf, wenn sich der Kognakspiegel hob. Tante Herta hatte das Sagen und präsentierte sich in ihrer ganzen blonden Schönheit. Manchmal tauchte auch Muttis Bruder Rudolf, der Kriminalbeamter war, mit Motorrad und Beiwagen auf. Seine durch multiple Sklerose gelähmte schöne Frau vertraute er immer wieder für einige Tage meiner pflegerisch geübten Mutter an.

Nach der Begrüßung und dem Begutachten des Gartens – jeder registrierte schon, was er eventuell mitnehmen könnte – setzten sich die Männer mit meinem Vater in die inzwischen hochgewachsene Holunderlaube. An dem großen Gartentisch spielten sie gemeinsam Skat. Geschützt vor der intensiven Sonne, ließen sie sich Schnaps und Bier schmekken. Mein Vater rauchte dabei seine dunkle Brasil, Onkel Robert eine Zigarette nach der anderen (4 Stück für RM 0,10) und Onkel Bernhard kaute genüßlich den schwarzen Priem, bis ihm der ekelige, braune Saft aus den Mundwinkeln sabberte. Dann spuckte er die Brühe im hohen Bogen auf die Erde. Kam ich in seine Nähe, nahm er den abgesabbelten, stinkenden Brocken aus dem Mund und ärgerte mich: „Lütte, willst mohl probier'n? Das ist Lakritz!"

Zur Mittagszeit setzten sich die Gäste abwartend an den erweiterten Tisch. Meine Mutter trug auf, was Küche und Garten hergaben. Es gab Fliederbeersuppe mit Schwemmklößen als Vorspeise. Danach wurden Bohnen, Birnen und Speck oder Erbsen, Wurzeln und der erste Spargel mit neuen Kartoffeln gereicht. Zum Nachtisch fehlte nie die köstliche rote Grütze, für die ich Schattenmorellen, Himbeeren und Johannisbeeren pflücken mußte. Als die Verwandtschaft dahinter kam, daß im Schuppen Fliedersekt angesetzt und auf Flaschen gezogen war, mußte dieser auch probiert werden. Bei der Probe blieb es aber nicht. Fast alle Flaschen wurden leergetrunken. Die Gäste reisten stimmungsvoll ab. Sie vergaßen dabei nicht, noch schnell Körbe und Taschen mit unserem Obst und Gemüse zu füllen. „Dankeschön, es war so nett bei euch – wir kommen bald wieder!"

Mit der Wünschelrute zur Wasserader

Um Wasser für den täglichen Gebrauch zu holen, mußte mein Vater den langen Weg durch die gegenüberliegende Kolonie zur ewig fließenden Quelle gehen. Eines Tages kam ein Mann, der mit der Wünschelrute den Boden vor dem Geschäft der Frau Kaatz abschnitt. Mit beiden Händen umspannte er die Enden des Weidenstabes. Immer wieder ging er mit angespanntem Gesicht hin und her. Plötzlich neigte sich die Weidengabel zur Erde. „Hier ist eine Wasserader!" sagte der Wünschelrutengänger wichtig. „Hier kann gebohrt werden!"

Mit meinem Vater kamen noch ein paar Männer. Sie gruben ein tiefes Loch durch den Mutterboden und durch die Lehmschicht. Nach einiger Zeit zeigte sich ein kleiner Quell, der immer mehr zu sprudeln begann. Handwerker kamen, fachsimpelten herum und setzten dann die erste Pumpe neben unseren Garten. Lange konnten wir uns aber nicht an dem kühlen Naß laben. Die Pumpe quietschte schrill, wenn der Pumpenschwengel aktiv wurde. Außer einigen rostigbraunen Tropfen zeigte sich bald kein Wasser mehr.

Guter Rat war teuer. Aber die verantwortlichen Mitschreber hatten nach vielem Reden und Besserwisserei ihre Geistesblitze. Wieder trat der Wünschelrutengänger in Aktion. Oberhalb unseres Kopfnachbarn, am Hauptweg der „Kolonie Düpwisch", wurde er fündig. Wieder wurde gegraben, gebohrt, eine Pumpe gesetzt. Herrliches, genießbares Wasser kam zum Vorschein! Schnell hatte es sich herumgesprochen, daß eine neue Pumpe in der Nähe köstliches Naß hergab. Von der gegenüberliegenden Kolonie schleppten die Leute Eimer und Kannen an und schöpften laufend Wasser aus der von unserer Kolonie bezahlten Pumpe. Wir selbst mußten oft Schlangestehen, bis wir drankamen.

Wieder traf sich der Vorstand und beratschlagte. Unsere schöne, große Eiche, die im Herbst die länglichen, grüngelben Eicheln abwarf, um die wir Kinder uns balgten, wurde abgeschlagen. Ein großer Haufen Brennholz blieb von ihr übrig. Zwischen dem Grundstück von Frau Kaatz und unserem wurde ein ein Meter breiter Weg angelegt. An beiden Seiten setzte ein Fachmann eine junge Buchsbaumhecke. Dort, wo der Eichenbaum ragte, stand jetzt eine sehr hohe graue Tür aus breiten Eisenstäben. Jeder Anlieger unserer Kolonie bekam einen Schlüssel und konnte nun unbeschadet Wasser zapfen. Böse waren aber die Fremden, die nicht an die Wasserstelle konnten oder ihren Weg durch unsere Kolonie abkürzen wollten und vor der verschlossenen Tür umkehren mußten.

Ein Stückchen Alt-Lokstedt

Mit sieben Jahren wurde ich in die Schule Döhrnstraße eingeschult. Es war ein alter, düsterer Bau aus dunkelroten Backsteinen. Von der Schule zu meinem Vater in den Garten benötigte ich etwa eine Stunde. Ich ging durch das alte Lokstedter Dorf am Lebensmittelgeschäft des fußballbegeisterten Krämers Beyer vorbei. Wo jetzt am Behrmannplatz das kastenförmige DRK-Gebäude steht, verkaufte damals das ältliche Fräulein Karp in ihrem renovierungsbedürftigen, windschiefen Häuschen Schreibwaren und uns Kindern Schulhefte. Durch den dunkel wirkenden Garten, an den hohen alten Bäumen vorbei, kam man durch die immer offene Haustür in die unordentlich wirkende Verkaufsstube. Fräulein Karp trug fast immer altmodische dunkle, lange Kleider. Zu uns Kindern war sie sehr freundlich. Beim Aussuchen der Hefte legte sie viel Geduld an den Tag. Ausdauernd hörte sie sich unsere Wünsche an. Nie merkte sie es oder wollte es auch nicht sehen, wenn mancher Lümmel etwas unter seinem Kleidungsstück oder im Ranzen unbezahlt hinausschmuggelte.

Im Grandweg, Ecke Erlenstraße, stand noch ein mit Stroh gedecktes und mit Moos bewachsenes Bauernhaus. Der freundliche Bauer saß oft mit seiner Frau im Hof vor dem Scheunentor. Er erzählte mir witzige Geschichten. Nur

schwer konnte ich mich von dem lustigen Bauern trennen
und meinen Weg fortsetzen. Bei meiner Bummelei guckte
ich auch manchmal in die alte Schmiede. Dort wurden noch
Pferde beschlagen. Über den Pferdegestank rümpfte ich sehr
schnell die Nase und lief wieder ins Freie. Anschließend ging
ich weiter durch die Straße Hinter der Lieth, um an Gräben
Himbeeren und Brombeeren zu pflücken. Oft kam ich ver-
spätet im Garten an und mußte allein essen.

Manchmal begleitete ich eine Schulfreundin und ging mit
ihr bis zum Siemersplatz. Sie wohnte dort in der Nähe und
mußte in die Osterfeldstraße. Der Siemersplatz war ein großer, wochentags kaum belebter Platz. Zwei Ausflugslokale
lockten die landhungrigen Hamburger ins preußische Lokstedt. Lokstedt war vor dem Zweiten Weltkrieg ein schöner,
grüner Villenvorort. Schmucke Einfamilienhäuser standen
in gepflegten Gärten mit hohen Bäumen. Am Siemersplatz
schlängelte sich die Straßenbahn an der einsam auf der Straße stehenden alten Eiche vorbei. Diese wurde von einem spitzen Eisengitter eingezäunt.

Wenn meine Schulfreundin ihrem Elternhaus zusteuerte,
nahm ich gern den längeren Umweg in Kauf und schlenderte allein weiter die alte Kollaustraße entlang. An der Halte-
stelle der Linie 22 hatte Herr Plaumann seinen Kiosk. In
dem gut florierenden Laden verkaufte auch er Rauchwaren
und Schnobkram. Die Straßenbahner tranken bei ihm Kaffee und warteten auf die mit der Bahn ankommenden Kollegen, um sie abzulösen.

Ich ging weiter, am Straßenbahndepot vorbei. Dem schmut-
zig-grauen Etagenhaus der Bahnbediensteten schenkte ich
keine Beachtung. Mich interessierte mehr die kurz vor der
Bahnbrücke, mitten auf dem Fußweg stehende alte Bauern-
kate mit dem grünen Scheunentor. Hier wohnte ein junges
Ehepaar mit seiner kleinen Tochter. Die obere Hälfte des
Tores war meistens offen, und ich konnte in den dunklen
Raum sehen. Neben dem Bahndamm hatten die Leute ein

Stückchen Garten mit dem Plumpsklo. Ich bewunderte den jungen Ehemann, der beim Fernmeldeamt beschäftigt war. Mit Steigeisen und Gurt um den Bauch kletterte er behende die Telefonpfähle hinauf. In luftiger Höhe kontrollierte er die Leitungen und besserte Schäden aus.

Hinter der Brücke, am Ende einer baumreichen Allee, lag der Kollauhof. Von weitem konnte man im Hintergrund das früher stattliche, aber inzwischen etwas verkommene, baufällige Herrenhaus bewundern. Grüne, saftige Weiden schlossen sich bis zur Borsteler Straße an. Die lustig dahinplätschernde, wildromantisch sich schlängelnde schmale Kollau durchzog die Wiesen und tränkte die Kühe.

Später wurde die Kollau in ein gerades Bett gezwängt. Jetzt fließt sie ruhig am Bahndamm entlang. Weiden, Kühe und die alte, kurvenreiche Kollau verschwanden. Eine Siedlung wurde gebaut. Auf der anderen Seite, an der Niendorfer Straße, stand eine alte Villa unter schönen Kastanienbäumen. Es war der Kastanienhof, umgeben von grünem Rasen. Vor einigen Jahren wurde das Haus abgerissen. Die Firma Fahrholz baute an seiner Stelle ein Gartencenter. Zwischen den Schienen der Linie 22 und dieser Villa zogen sich ein grasüberwucherter schmaler Fußweg und ein tiefer Wassergraben von Niendorf bis nach Lokstedt.

Morgens begegnete ich oft dem kastenförmigen Brotwagen, der von einem alten Pferd gezogen wurde. Für 42 Pfennige wechselte ein Brot von drei Pfund den Besitzer. Schon früh am Morgen zog ein Fischhändler seine Schottsche Karre durch die noch leeren Straßen. Mit lauter Stimme rief er: „Scholl'n, friiische, springlebendige Schooooll'n!" Manchmal passierte es, daß eine große Scholle von der Karre hüpfte und auf der Erde mit offenem Maul nach Luft schnappte und herumpaddelte. Frauen kamen mit Schüsseln und kauften fünf bis sechs fleischige Fische für eine Reichsmark.

Es war eine gemütliche und ruhige Zeit. Autos gab es kaum. Die einkaufenden Frauen standen oft noch zusammen und

*Meine jüngere
Schwester Ilse
und ich
im Sonntagskleid
mit langen Zöpfen,
Haarschleifen und
Wollstrümpfen.*

klönten mit den Nachbarinnen. Hektik war unbekannt. So
wuchs ich, an der langen Leine gelassen, aber doch sehr liebevoll betreut, heran.

Wenn Mutter und Schwester in der Lokstedter Wohnung
waren, pendelte ich manchmal zu ihnen. Am nächsten Tag
fuhr ich mit der etwas älteren Nachbarstochter zurück. Irm-
gard blieb dann ein paar Tage bei uns im Grünen. Wir fuhren als Geschwister mit der Straßenbahn bis zur Niendorfer
Straße und zahlten zusammen nur 10 Pfennige. Standfest
und treuherzig sahen wir dem Schaffner in die Augen, wenn
er uns den Fahrschein gab und zweifelnd bemerkte: „Ihr seht
aber gar nicht wie Geschwister aus!"

*(Weitere Beiträge dieser Autorin finden Sie im Band „Kindheit 1933–1939"
und „Lebenserinnerungen 1939–1945"der Reihe ZEITGUT.)*

[Bahrenbusch, Kreis Neustettin*), Pommern;
1925/26]

Ingeborg Blank

Lausbuben

Seit Kurt, auch Pröbsch**) genannt, die Schule besuchte,
wurde seine Freizeit immer knapper. Der Vormittag war mit
dem weiten Schulweg, sein Elternhaus lag abseits, und den
Unterrichtsstunden ausgefüllt. Wenn er nach dem Mittagessen seine Hausaufgaben erledigt hatte, dann war er, wie
seine Geschwister, meistens voll in die häuslichen Pflichten
eingeplant. In dem kleinen landwirtschaftlichen Betrieb seiner Eltern wurde eben jede Hand gebraucht.

Der neue Tagesrhythmus bedeutete für Kurt eine große
Umstellung. Er half den Eltern gerne, dennoch keimte in
ihm der Wunsch, später einmal nicht Bauer zu werden. Oft
schaute er zum Gut Lottin und beneidete die Knechte und
Mägde dort, die mit moderner Technik die landwirtschaftlichen Arbeiten zügig erledigten. Kurt begann zu begreifen,
wie wichtig Geld, Hab und Gut im Leben sind. Seine Eltern
waren arme, kleine Bauern, die sich wohl weiterhin im
Schweiße ihres Angesichts plagen müßten.

Die wenigen freien Stunden verbrachte Kurt meist mit
seinem Freund Alfred. Weil Alfred im Dorf Bahrenbusch
wohnte, ging Pröbsch ihm oft ein Stück entgegen, oder sie
trafen sich an der Lehmkuhle. Der dortige Baum- und
Strauchbestand bildete eine grüne Insel und einen idealen
Spielplatz. Hier waren die Freunde ungestört. Ihr Lieblings-
spiel war das Wettschießen. Dazu schnitten sie sich vom Ho-

---

*) heute Szczecinek in Polen **) pommerisch für Pummel

lunderstrauch Holzgabeln, um deren beide Enden ein Gummiring eines Einweckglases, den sie zuvor von Mutter stibitzt hatten, gelegt wurde. Fertig war der Katapult. Kleine Steinchen dienten als Geschosse, ein Stück Papier oder eine Blechbüchse als Zielscheibe.

Mit der Zeit konnten Kurt und Alfred schon recht gut mit dem Katapult umgehen. Eines Tages beschlossen sie, wie echte Jägersleute mit Kleinermann, dem Hund, auf Jagd zu gehen. Vorsichtig schlichen sie durch den nahen Kiefernwald, alle Sinne waren gespannt, auch Kleinermann war achtsam. Er war den Jungen immer ein Stück voraus und beschnupperte eifrig den Waldboden. Plötzlich blieb er stehen und bellte aus Leibeskräften. Er hatte einen Hasen aufgespürt, der sofort mit großen Sätzen Reißaus nahm. So schnell, wie der Mümmelmann rannte, konnten Kurt und Alfred ihre Geschosse nicht abfeuern. Verdutzt schauten sie sich an.

„Pech gehabt", meinte Alfred.

„Wir müssen unsere Katapulte schußbereit halten, dann klappt es vielleicht", flüsterte Pröbsch.

Leise folgten sie dem Hund. Der schien erneut etwas zu wittern. Er lief unruhig um einen riesigen Reisighaufen herum. Die beiden trauten ihren Augen nicht, als etwas Schwarzes grunzend daraus hervorkam. Kleinermann war mutig. Er lief bellend auf das Wildschwein zu. Doch als der Keiler, offensichtlich in seiner Ruhe gestört, wütend auf den Hund zustieß, suchte dieser schleunigst das Weite.

Kurt und Alfred ließen vor Schreck ihre Steinschleudern fallen und kletterten in Windeseile auf den nächsten Baum. Das Herz schlug ihnen bis zum Hals. Was würde nun geschehen? Sie atmeten auf, als sich das Wildschwein beruhigte und im Dickicht verschwand. In Affengeschwindigkeit verließen die Jungen ihre Zufluchtsstätte und rannten, was das Zeug hielt, ohne ihre Katapulte aus dem Wald. Auch Kleinermann stellte sich bald ein, er winselte zufrieden, als er Pröbsch sah.

Da standen sie nun, die tapferen Jägersleute, und mußten das Geschehene erst einmal verkraften. Dann lachte Alfred. Die Spannung verflog. „Glück gehabt", stammelte Kurt, „zum Jagen brauchen wir eben ein richtiges Gewehr."

Der Monat Juni brachte für alle Bahrenbuscher Kinder einen besonderen Höhepunkt, das Kinderfest war in Sicht. In der Schule liefen schon lange die Vorbereitungen. Die Schüler wollten auf dem Dorfplatz ein buntes Programm darbieten, auch sportliche Wettkämpfe waren geplant. Vor allem aber wollten sich groß und klein auf dem Rummelplatz amüsieren. Je näher das Fest rückte, desto mehr steigerten sich die Erwartungen der Kinder.

Dieses Bild zeigt das Elternhaus von Pröbsch (Kurt Blank), wie es zu seiner Kinderzeit aussah. Ich malte es 1965 nach Kindheitserinnerungen und Skizzen meines Mannes.

Pröbsch und sein Bruder Karl heckten in ihrer Begeisterung einen Plan aus. Sie wollten allen Menschen in Bahrenbusch zeigen, welch große Bedeutung sie dem Kinderfest beimaßen. Sie fertigten aus Pappe ein großes Schild an, auf dem stand: „Kommt zum Kinderfest nach Bahrenbusch!" Das Ganze verzierten sie mit einem Blumenrahmen, den sie malten. Das Plakat wollten sie am Gartenzaun anbringen. Sie fanden, daß zum Kinderfest unbedingt auch die schwarzweiß-rote Fahne gezeigt werden müsse.

Am Tag vor dem Fest, der Vater hielt gerade sein Mittagsschläfchen, kletterten die Jungen auf den Dachboden, um die große Fahne zu hissen. Doch das war nicht so einfach, wie sie es sich vorgestellt hatten. Sie fanden keine geeignete Öffnung im Dach, durch die sie die Fahne hätten nach oben schieben können.

„Wir müssen bis auf die Räucherkammer klettern", meinte Karl, „von dort wird es besser gehen."

Gesagt, getan. Karl stieg die Leiter hinauf, und Kurt reichte ihm die Fahne. An einer Stelle, die etwas durchlässig aussah, rammte Karl die Fahnenstange mit Wucht durch das Dach. Im selben Moment polterte es stark. Zwei Dachziegel, durch den Stoß gelockert, kullerten über das Dach und zerschellten unten im Hof.

Die Fahne war zwar an ihrem Bestimmungsort, aber das Dach war kaputt. So schnell konnten die Brüder gar nicht hinunterrennen, wie der Vater reagierte. Vom Krach auf dem Dach geweckt, sprang er vom Sofa auf und stellte sich mit dem Rohrstock empfangsbereit an die Bodentreppe. Karl und Pröbsch wollten dem Papa eine Erklärung geben, aber er ließ sie gar nicht zu Wort kommen. Er verprügelte beide, daß sie nur noch jammern konnten. Es war bei Blanks ein eisernes Gesetz, daß der Vater während der Mittagsruhe nicht gestört werden durfte. Jetzt mußte auch noch das Dach repariert werden. Das war zuviel!

Der Haussegen hing schief. Unter den Kindern herrschte

Schweigen. Weil Regenwolken am Himmel hingen, mußte der Vater umgehend den Schaden am Dach beheben. Den Buben war die Freude vergangen. Es wurde das traurigste Kinderfest, das Pröbsch und Karl je erlebt hatten.

Als Kurt und Alfred sich wieder einmal an der Kuhle trafen, hatten sie einen ganz besonderen Plan. Sie wollten das Rauchen ausprobieren.

Alfreds Vater war Zigarettenraucher. Daheim lag immer eine angebrochene Schachtel der geheimnisvollen Glimmstengel auf dem Küchenschrank. Als die Luft rein war, nahm sich Alfred heimlich zwei Zigaretten und eine Schachtel Streichhölzer. Irgendwie fühlte er sich unwohl dabei, aber die Neugier auf den Tabakgenuß war stärker.

Kurts Vater rauchte jeden Sonntag eine Zigarre aus der kleinen Kiste, die auf dem Regulator stand. In einem günstigen Augenblick stibitzte Pröbsch eine Zigarre und schnitt sie in zwei gleiche Teile. Er wußte, daß er etwas Unrechtes tat, aber er hatte es Alfred versprochen.

Die beiden setzten sich jetzt kichernd gegenüber. Jeder präsentierte seinen geklauten Tabak, die Aktion konnte beginnen. Sie beschlossen, zuerst jeder die halbe Zigarre zu rauchen. Doch das Anstecken wollte nicht recht klappen.

„Wir müssen kräftig ziehen, sonst glimmt sie nicht", riet Pröbsch.

Sie zogen und zogen. Und wirklich, es gelang. Bald stiegen blaue Rauchwolken aus der Kuhle.

„Das schmeckt ja scheußlich", meinte Alfred „ich möchte bloß wissen, was unsere Väter daran finden."

„Wir müssen weiterrauchen, der Genuß kommt bestimmt erst später", erwiderte Kurt.

Kaum hatte er es ausgesprochen, da fing Alfred heftig zu husten an. Sein Gesicht verfärbte sich, und er schnappte nach Luft. In Kurts Kopf drehte sich alles, er mußte sich übergeben. Beide fühlten sich so elend, sie konnten eine ganze Weile nicht sprechen. Schließlich warfen sie ihre Zigarrenenden im hohen Bogen ins Gebüsch. Beide riefen wie auf Kommando: „Nie wieder rauchen!" Alfred nahm sich vor, Vaters Zigaretten stillschweigend in die Schachtel zurückzulegen.

Wenn Alfred seinen Freund Kurt auf dem Abbau besuchte, spielten sie „Verstecken" und tollten in der Scheune. Dabei stöberten sie oft fette Mäuse auf, die hier wie die Maden im Speck lebten. Kleinermann, der Hund, war stets dabei. Den Kopf zur Tenne gerichtet, stand er sprungbereit. Er wartete auf den Befehl „Kleinermann, faß!" Dann würde gleich von der Tenne eine Maus gesprungen kommen, die sich zu retten versuchte. Doch dem Hund entging nichts. Er war ein geübter Mäusefänger. Wenn unten ein lautes Piepsen erklang, dann wußten die Jungen, die Jagd war erfolgreich gewesen. Kleinermann biß die dicken Mäuse tot und legte sie alle nebeneinander vor das Scheunentor, als wollte er zeigen, wie tüchtig er gewesen war.

Eben machte Pröbsch im hintersten Winkel der Tenne einen außergewöhnlichen Fund. Im Stroh lag ein Nest mit Hühnereierschalen. Er rief Alfred heran, und beide mutmaßten, was das wohl auf sich hatte. Es kam schon vor, daß eine Henne ihre Eier nicht im Hühnerstall, sondern an einem selbstgewählten Platz legte. Hier in der Scheune konnte sie in Ruhe brüten. Auf diese Weise überraschte so manches Huhn die Blanks, wenn es mit einer Kükenschar stolz aus der Scheune marschierte.

Aber dieses Nest mit den vielen Eierschalen war etwas anderes. Wer konnte diese Eier zerstört haben? Plötzlich sprang neben ihnen ein Tier aus dem Stroh. Alles ging sehr schnell. Kurt konnte nur noch „Kleiner..." hervorbringen, als unten schon ein quiekender Schrei ertönte, so, als ob ein Schwein geschlachtet würde.

Neugierig stiegen die Jungen hinunter, um nachzusehen. Ein übler Gestank drang ihnen in die Nase. Der Iltis, der im

Schlaf gestört worden und in seiner Panik in die Fänge von Kleinermann gesprungen war, hatte wohl in seiner Todesangst ein stinkendes Sekret aus seiner Afterdrüse verspritzt.

Der Hund saß aufrecht neben dem toten Iltis und schaute Pröbsch mit funkelnden Augen an, als wollte er sagen: „Habe ich das nicht gut gemacht?"

Kurt strich ihm übers Fell und lobte ihn: „Brav, Kleinermann, du hast den Eierdieb gefangen."

Die heutige Jagdbeute konnte sich sehen lassen. Wie würden die Eltern staunen, wenn sie vom Feld kamen!

Jetzt tobten sich die Jungen im Stroh aus. Was für ein Spaß, wenn man trotz der känguruhartigen Sprünge immer wieder auf dem Bauch landete!

Plötzlich wurde die Scheune von einem Blitz erhellt, und gleich darauf grollte ein Donner. Beim Spielen hatten die Kinder das heraufziehende Gewitter nicht bemerkt. Aber sie hatten keine Angst.

Da rief auch schon Erna, Kurts ältere Schwester: „Kurt, Alfred, kommt sofort vom Heuboden herunter!"

„Warum denn?" fragten die Jungen.

„Herrgott, es donnert und blitzt doch!" schrie sie.

Die beiden lachten: „Aber das können wir doch von hier oben viel besser hören und sehen!"

Ärgerlich ging Erna zurück ins Haus und brabbelte vor sich hin: „Es ist leichter, einen Sack voll Flöhe zu hüten als solche Lausbuben."

Die Erinnerungen von Kurt Blank hat seine Ehefrau, Ingeborg Blank, nach Erzählungen und biographischen Aufzeichnungen aufgeschrieben.
Weitere Texte von Ingeborg Blank finden Sie in: „Pimpfe, Mädels & andere Kinder. Kindheit in Deutschland 1933–1939" und „Lebenserinnerungen 1945–1950" der Reihe **ZEITGUT**.

[Zepkow, Mecklenburg;
1925]

Magda Riedel

Osternester

Ein Hauch von Frühling lag in der Luft, in den Ästen der schlanken, sprießenden Birken sangen die Vögel. Gänseblümchen und Krokusse schoben ihre Köpfchen aus dem grünenden Rasen. Ich war sieben Jahre alt, meine Schwester Irma sechs. Der obligatorische österliche Besuch unserer etwa gleichaltrigen Cousine Elisabeth und unseres Cousins Günter war für uns das aufregendste Ereignis des Jahres.

Schon tagelang vor dem Fest bedrängten wir ungeduldig unsere Mutter: „Wann kommen denn nun Günter und Elisabeth endlich?" Wir verbrachten unruhige Nächte, träumten vom Osterhasen und von bunten Eiern.

Einen Tag vor dem Fest kam unsere vielgeliebte Mine Koop, um Mutter bei den Vorbereitungen zu helfen. Die 80jährige, von uns Kindern Tante genannt, war unsere Zugehfrau. Seit drei Generationen war sie bei unserer Familie. Eine liebe, treue Seele, die immer zur Stelle war, wenn sie gebraucht wurde. Ihre braunen, von Falten umrahmten Augen blickten freundlich, ihr glattes, graues Haar war zu einem Knoten gebunden. Wenn wir Kinder sie mit Fragen bestürmten, war sie nie um eine Antwort verlegen und tröstete uns: „Der Osterhase ist doch schon unterwegs, ich habe ihn heute morgen auf dem Sperlingsberg gesehen."

„Ist das wahr?" wollte Irma wissen.

„Ja, natürlich, er hat zu Ostern so viel zu tun, da ist er

ganz eilig über den Berg verschwunden", war ihre Antwort. Am Samstag vor Ostern war es dann endlich soweit, die Nester für den Osterhasen wurden gebaut. Onkel Rudolf, der Vater von Günter und Elisabeth, ging mit der Kinderschar in den nahen Wald, um für den Nestbau das weicheste Moos zu suchen. Niemand zweifelte an Mutters Worten: „Der Hase muß weich und warm sitzen, er darf sich nicht erkälten."

Als wir Kinder endlich aus dem Haus waren, werkelten die Erwachsenen emsig in der Küche. Sie färbten die Eier, rührten Kuchen und bereiteten den Feiertagsbraten vor. Tante Koop sorgte für Ordnung. Tat sich etwas außerhalb der eingefahrenen Norm, hielt sie kurz inne, preßte die Lippen zusammen, und ihre scharfen Augen durchbohrten den Übeltäter. Sie fragte dann streng: „Is datt Ordnung?"

Beide Hände in die Seiten stemmend und mißbilligend den Kopf schüttelnd, rauschte sie dann ab.

Mutter war eine ruhige, besonnene Frau. Sie ignorierte die Äußerung. Aber ihre Schwägerin, unsere Tante Grete, schielte schelmisch zur Seite, gewann den Kampf gegen die aufkeimende Heiterkeit, nur die Grübchen zeigten sich in ihren Wangen. Sie gab vor, sie hätte die Worte nicht verstanden. Die Aktivitäten in der Küche verbreiteten eine Atmosphäre freudiger Erwartung. Indessen liefen wir Kinder, begierig suchend, im Gehölz von einem Fleck zum anderen. Hatten wir eine moosbewachsene Stelle entdeckt, hallte unser Jubelgeschrei weit durch den Wald und über die Felder.

„Das ist mein Moos, es ist das beste Moos für den Osterhasen", rief Günter.

„Nein, es gehört mir, ich habe es zuerst gesehen, es ist für mein Nest", entgegnete Irma.

„Ich will viele bunte Eier haben, ich mache mein Nest weich und rund, der Osterhase soll sich wie in einem Federbett fühlen", eiferte Elisabeth.

Onkel Rudolf war gefordert, er mußte so manche moosige Eigentumsanmaßung schlichten. Unter Gekreische und Ge-

Im „Sonntags-staat“:
Mit den beiden Haarschleifen und den hervorlugenden Spitzenhöschen – das bin ich. Der Pummel auf dem Korbstuhl ist meine jüngere Schwester Irma. Die Aufnahme entstand zwischen 1922 und 1924.

töse wurde der Handwagen vollgeladen. Vetter Günter fühlte sich erwachsen und stark, aber der Schweiß rann ihm von
der Stirn, als er den mit Hacken und Schaufeln beladenen
Handwagen hinter sich herzog. Bei den Sandwehen spielte
Onkel Rudolf ein Pony, schnaufend zog er den Karren durch
die Sandwehen über den Berg und Günter schob kräftig.

Uns gegenseitig schubsend und knuffend, rannten wir in
den Garten, jeder versuchte, den besten Platz für sein Nest
zu ergattern. Wildwuchernde Gänseblümchen und Vergiß-
meinnicht wurden auf die Nestränder gestreut. Als Mutter
zur Begutachtung in den Garten kam, fragte sie: „Und wer
baut das Osternest für Hans? Er ist doch noch zu klein, um
es selbst zu tun." Hans war unser behinderter Bruder.

„Siehst du es nicht, es ist dahinten in der Ecke", dabei zog
ich sie am Schürzenzipfel über den Rasen.

„Das gefällt mir aber gar nicht, da muß noch mehr Moos hinein und lege auch ein paar Gänseblümchen dazu, wie auf dein Nest", bestimmte Mutter.

Cousinchen Elisabeth flötete: „Der Osterhase soll sich freuen, er muß immer wieder in unseren Garten kommen und uns Ostereier bringen."

Nachdem unsere Nester jeder Kritik standgehalten hatten, rief Irma: „Jetzt gehen wir zu Tante Koop und bauen uns dort auch ein Osternest."

Und auf ging es zur zweiten Etappe auf den Sperlingsberg. Die rundgeschnittenen Buchsbaumstauden hielten wir Kinder für den geeignetsten Platz. „Dort wird der Hase von der Katze nicht gestört", meinte Günter.

„Ja, dahinein dürft ihr eure Osternester bauen", stimmte Tante Koop zu.

Wir veranstalteten einen Wettlauf, wer den schönsten Busch zuerst erreichte, verteidigte ihn wie ein Krieger. Bis zum Abend waren wir emsig beschäftigt. Dann zogen wir Tante Koop aufgeregt am Rock, sie sollte unsere mühsam gebauten Nester begutachten. War der Gartenweg noch mit Moosresten verschmutzt, zog sie die Stirn in Falten und sagte streng wie immer: „Is datt Ordnung?"

Hatten wir alles sauber gefegt, bekam jeder einen Bonbon. Zufrieden taumelten wir nach Hause und krochen müde in unsere Betten. Die Nacht wollte kein Ende nehmen. Noch vor Morgengrauen schlich ich mich vor die Haustür. Der Mond verbarg sich hinter dichten Wolken, Nebeldunst lag auf den Gräsern. Lauthals rief ich: „Osterhase, wo bist du?"

Eine Kuh brüllte, und das Stampfen der Pferde auf dem Steinfußboden im Stall klang in meinen Ohren wie Paukenschläge. Dann umgab mich eine unheimliche, geisterhafte Stille. Angst beschlich mich. Ich hastete zurück ins Haus. Die Tür fiel krachend ins Schloß. War ich das?

Schnell legte ich mich wieder hin und vergrub meinen Kopf im Kissen.

Am Ostermorgen weckte uns Großmutter und zog uns unsere Sonntagskleidung an. Günter wirkte in seinem weißen Matrosenanzug richtig erwachsen. Er reckte sich stolz und stellte sich auf die Zehenspitzen, er wollte uns Mädchen beeindrucken. Nachdem wir unsere Milch getrunken hatten, ergriffen wir die bereitgestellten Körbchen. Wir überschlugen uns fast, als wir über den Hof in den Garten liefen. Zielstrebig eilte jeder auf sein Nest zu, neugierig wurden die Eier gezählt: „Hast du auch so viele Schokoladeneier wie ich?" fragten wir uns gegenseitig.

„Aber dein Schokoladenosterhase ist größer als meiner", argwöhnte Irma.

Die Eltern waren langsam nachgekommen. Sie hatten Hansi und die dreijährige Ursel, die Schwester von Günter und Elisabeth, an den Händen und führten beide zu ihren Osternestern. Mutter tröstete Irma und sagte: „Zähle einmal deine Eier, dafür hast du ein Schokoladenei mehr."

Nachdem die Nester geplündert waren, begann das Wettsuchen. Meister Lampe hatte bunte Eier im Gebüsch und auf dem Rasen verloren. Zur Belustigung der Erwachsenen durchstöberten wir mit Jauchzen und Kreischen den Garten. Hatte einer von uns ein Ei gefunden, wurde es jubelnd hochgehalten und schnell verschwand es im Körbchen.

„Kommt, wir gehen jetzt zu Tante Koop!" rief Günter. Frühstück war heute für uns uninteressant, wir brausten los in Richtung Sperlingsberg. Tante Koop hatte den Hasen natürlich frühmorgens laufen gesehen. Sie hatte auch beobachtet, wie er die Nester füllte.

„Wo ist Rudi?" war meine erste Frage. Rudi war ihr neunjähriger Pflegesohn.

„Er wollte zu Otto", entgegnete Mine Koop, „er will sehen, ob sein Freund Ostereier in seinem Nest hat."

„Aber warum denn, hat der Osterhase denn Rudis Nest nicht gefunden?" wollte Irma wissen.

„In seinem Nest lagen nur abgenagte Knochen, der Oster-

Ein „verräteri-sches" Bild aus späteren Jahren. Wer von uns Kindern hätte das geahnt? Die Eltern kosteten die Schokoladen-eier, bevor sie sie ins Nest legten!

hase hat dort wohl gefrühstückt", behauptete Mine Koop. Sie erwähnte die Katze nicht, die in der Sonne vor der Haustüre saß. Tante Koop fuhr fort: „Rudi war ungezogen, er hat gestern abend behauptet, es gäbe keinen Osterhasen. Der Hase hat das gehört, er stand gerade vor unserem Fenster."

„Und deshalb hat er Rudi bestraft", folgerte Elisabeth.

Günter warf sich stolz in die Brust: „Das ist ja auch kein Wunder, ärgert man den Osterhasen, legt er eben nur Knochen ins Nest."

Unsere Körbchen waren bis zum Rand gefüllt, Meister Lampe hatte uns reichlich bedacht. Wir verabschiedeten uns mit den Worten: „Wir besuchen dich alle heute nachmittag zum Kaffee." Irma drehte sich noch einmal um und verlangte: „Du mußt aber richtigen Bohnenkaffee kochen!"

„Aber natürlich, das mache ich doch immer für euch!" rief Tante Koop uns hinterher.

[Wörth/Sauser, Elsaß – Kloster Molsheim –
Herzberg/Elster – Bocka, Thüringen;
1925–1934]

Liselotte Kronberg

Bei den Großeltern

Irgendwann in diesen Tagen muß meine Schwester Marlies
geboren worden sein. Mein Vater lag zu dieser Zeit in Halle
im Elisabeth-Krankenhaus und war dem Sterben nahe. Tante
Marie, die Schwester meines Vaters, kam aus Frankreich und
wollte mich zu den französischen Großeltern holen. Vaters
Angehörige waren Franzosen geworden.*) Wir fanden uns
am Bett meines Vaters ein, um uns zu verabschieden. Daß es
ein Abschied für immer war – ein Kind von fünf Jahren faßt
das noch nicht.

So kam ich dann in Vaters Elternhaus nach Wörth zu Menschen, die ich noch nicht kannte. Alles war wunderschön und
sehr weitläufig. Platz für viele Menschen und doch lebten
hier nur drei alte Leutchen und das Personal. Viele Tiere
und ein riesiger Obst- und Gemüsegarten, vor dem Haus ein
Park mit einem großen Pavillon – das war mein Spielfeld.

---

*) Meine Vorfahren beiderseits waren Elsässer. Nach dem I. Weltkrieg
wurden alle Elsässer, die nicht Franzosen werden wollten, aus ihrer Heimat ausgewiesen. So auch meine Großeltern mütterlicherseits mit ihren
fünf Kindern. Alle, außer meiner Mutter, gingen nach Bocka, Thüringen. Sie aber wollte zu ihrem Verlobten, meinen späteren Vater. Er war
deutscher Offizier gewesen, sein Regiment wurde in Wernigerode/Harz
aufgelöst. Hier heirateten meine Eltern in der Schloßkirche, hier wurde
ich 1920 geboren. Nachdem mein Vater einen Zivilberuf gefunden hatte,
zogen wir nach Herzberg, Sachsen.

Meinem Tatendrang waren keine Grenzen gesetzt. Ich konnte mich beschäftigen, wo und wie ich wollte, aber immer allein. Nicht mit jedem durfte ich spielen, hinzu kam noch die Verständigungsschwierigkeit. Aber bald sprach ich besser Elsässer-Deutsch als Hochdeutsch und es fand sich auch ein Spielgefährte für mich, der Sohn eines Notars, Beni. Wir haben sehr gesittet gespielt, immer tadellos angezogen.

Eines Abends saßen wir im Garten, sahen den Glühwürmchen zu und beobachteten die vorbeifahrende Kleinbahn. Da kam das Telegramm, daß mein Vater nicht mehr lebte. Für meine Mutter, die ja noch sehr jung war und eben erst ihr zweites Kind geboren hatte, mußte es furchtbar gewesen sein. Erinnern kann ich mich nur noch an die Aufbahrung meines Vaters im Park seines Elternhauses in Wörth, denn er wollte in der Heimat begraben sein, und an die Musik zum Begräbnis. All die großen Blumenrondells im Park waren in meiner Vorstellung Gräber, zu denen ich ging und kniete, bekleidet mit Sachen, die ich aus zahlreichen Schränken des Obergeschosses entnommen hatte und mit einem Sonnenschirm bewaffnet.

Großvater, der einmal Bürgermeister gewesen war, züchtete im Park Rosen. Ich half ihm oft beim Okulieren der Rosen, ebenfalls im Garten bei den großen Spargelfeldern.

Die Villa hat mir ungeheuer imponiert. Großmutter hatte ein riesiges Bett mit einem Himmel. Einmal durfte ich bei ihr schlafen, weil ich mich in meinem großen Zimmer wegen eines Gewitters sehr fürchtete. Mein Zimmer war ganz in rosa gehalten. Es hatte einen Balkon, auf dem ich oft stand und die Nachbarn beobachtete. Mit denen durfte ich keinen Kontakt aufnehmen, warum wohl? Einmal schaffte ich es doch und brachte auch prompt Läuse mit heim.

In diese Zeit fallen auch Besuche bei meiner Patentante im Kloster Molsheim. Für ein kindliches Gemüt sind das gewaltige Eindrücke: Die Zimmer der Pensionärinnen, dem Kloster war eine höhere Töchterschule angeschlossen, die

Klavierkabinette, der Besuch bei der steinalten Äbtissin, deren Nachfolgerin meine Tante wurde, – und nicht zuletzt die Pracht der Kirche. Unsere Kirche in Wörth hatte ich ja schon oft zu Gottesdiensten erlebt. Man hatte mir die riesigen Fenster gezeigt und das goldene Altargerät, das Vaters Familie der Kirche gestiftet hatte.

Als die Großeltern Goldene Hochzeit hatten, kam meine Mutter aus Deutschland mit meiner kleinen Schwester zu Besuch nach Wörth. Sie war sehr krank gewesen, meine andere Oma hatte sie gepflegt.

Im Haus der Großeltern gab es auch einen Saal. Mein Zimmer lag direkt daneben. Ich hatte ihn längst auf meinen Streifzügen besichtigt. Allerdings waren die roten Polstermöbel verhängt, aber die vielen Spiegel mit breiten Goldrahmen und der Tisch, reich mit goldenen Früchten verziert, haben einen großen Eindruck auf mich gemacht. Die Jalousien waren geschlossen, nur durch die Ritzen drang das Licht. Wer sollte auch Feste feiern? Das einst so volle Haus war leer, Onkel Wilhelm gefallen, Tante mère Marie-Alice im Kloster, mein Vater tot, Onkel Hermann in Strasbourg verheiratet, nur Tante Marie war bei den Eltern geblieben.

Nun, zur Goldenen Hochzeit, kam die Pracht ans Licht des Tages. Zu diesem Fest wimmelte das Haus voller Menschen, und ich – außer Marlies das einzige Kind der Familie – sollte ein französisches Gedicht aufsagen und einen Rosenstrauß überreichen. Das Verschen wollte nicht in meinen Kopf. Meine Mutter, resoluter als meine Großeltern, verpaßte mir mit dem Flederwisch die nötige Nachhilfe. In einem neuen Pariser Modellkleid stand ich im Musiksalon auf einem Stuhl. Es muß dann wohl geklappt haben. Aber mich hat das Auto mit Fahrer aus Grenoble, das den Verwandten von Großmutter gehörte, viel mehr interessiert.

Mutter und Marlies fuhren wieder weg und ließen mich allein zurück. Es kehrte wieder Stille ein. Ich stand an der Parkpforte und sah sehnsüchtig auf die Straße oder saß im

Pavillon und sah zu den Zigeunern, die nicht weit vom Haus einen Platz hatten, auf dem sie bei der Durchfahrt durch den Ort übernachten durften.

Mittags bekam ich regelmäßig einen Eierbecher voll selbstgekelterten Wein. Großvater holte stets vor dem Essen einen Krug voll Wein aus dem Keller, der zum Essen getrunken wurde. Das Haus besaß ein Bad und ein Wasserklo, für mich ein unfaßbarer Luxus.

Am französischen Nationalfeiertag erlebte ich mein erstes Feuerwerk. Ich wußte mich nicht zu fassen vor Freude, und anschließend durfte ich auf dem Rummel noch mit Kinderautos fahren. Nicht etwa Marke „Immertrampler" – so ein Ding hatte ich selber. Es muß wohl schon elektrisch gewesen sein. Die Großeltern bekamen mich kaum davon weg. Es gab da auch ein Musikabhörgerät mit einer Tabelle der aktuellen Hits. Man warf eine Münze ein, hielt einen der Hörer ans Ohr und hörte das Gewünschte. Mich Zwerg ließen sie nur kurz ran. Die gängigen Stücke waren: „Plaisir d'amour" und „Parlez moi d'amour" – heute immer noch modern.

Aber dann war es soweit, ich mußte zur Schule. Meine Mutter holte mich heim nach Deutschland. An die Schule konnte ich Einzelgängerin mich gar nicht gewöhnen – und dann meine Sprache! Dauernd mußte ich vor: Liedchen singen und Verschen aufsagen. Natürlich auf Elsässer-Deutsch und alle wunderten sich, aber erst recht über meine Kleider. So kurz, so elegant. Mutti hat da bald Abhilfe geschaffen, und ich ging wie alle anderen mit einer Schürze zur Schule.

Ich hatte keine Lernschwierigkeiten. Nur unter Kinder wollte ich anfangs nicht, viel lieber spielte ich für mich allein. Mutti war mit den Apothekersleuten von gegenüber befreundet. Der Provisor, der in der Apotheke beschäftigt war, hatte eine Tochter, der ich mich anschloß. Auf den großen Böden in den Kammern, in denen die Heilkräuter aufbewahrt wurden, trieben wir uns zu gern herum. Und den großelterlichen Park ersetzte mir der Garten hinter der Apotheke.

1927/28: Im ersten Schuljahr probten wir für eine Aufführung den Schneeflockenreigen, für den wir dann mit weißem Kreppapier verkleidet wurden. In der ersten Reihe, die zweite von links, bin ich, wie alle anderen mit Schürze.

Wir wohnten in der Torgauer Straße 2, drei Treppen hoch. Gefallen hat mir an dieser Wohnung die unmittelbare Nähe der Kirche mit dem großen, bewohnten Kirchturm. Zu allen Feiertagen war Turmblasen, und ich sah die Bläser ganz nahe. Brannte es irgendwo, so blies der Türmer nach allen vier Himmelsrichtungen in das Feuerhorn. Und abends konnte man das Licht aus seiner Wohnung in der Höhe sehen.

Wir hatten immer ein Dienstmädchen. Das Wasser mußte vor dem Haus am Brunnen und die Kohlen aus dem Keller geholt werden. Unsere Marie kam aus Grochwitz, dem Dorf, aus dem wir auch unser Gemüse bezogen, und zwar vom Grafen Pallombini. Er war wohl ein Freund des Vaters gewesen. Marie war ein Juwel. Sie nahm uns Kinder auch mit nach Hause und behielt uns, wenn Mutter einmal im Jahr nach Frankreich fuhr. Sie hatte ja dort ihre Heimat, ihren Bruder, die Schwiegereltern, das Grab des Mannes und alles, nach dem sie sich ein Leben lang wohl gesehnt hat.

Nun, da meine Schwester größer geworden war, wurden wir bei Muttis Reisen oder in meinen Sommerschulferien nach Bocka, zu Muttis Eltern, geschickt. Diese Aufenthalte zählen zu meinen schönsten Kindheitserinnerungen.

Ich hatte einen Großvater, der mir meinen Vater ersetzte, der sich von früh bis spät mit uns Kindern beschäftigte, der es verstand, nicht nur die Natur, die Tiere, sondern auch die Literatur, ernst oder heiter, die Musik – kurzum alles, was ein Gemüt formt und bereichert, – nahe zu bringen. Wir hatten zwar sehr bald ein Radio, aber der Gesang und die fröhliche Gemeinsamkeit gingen der Familie über alles.

Wenn man das Haus der Großeltern betrat, kam man in einen quadratischen Raum, von dem eine Treppe in das Obergeschoß und mehrere Türen in die Räume des Erdgeschosses abgingen. Hier war die Küche, deren Herd, einen großen, in die Wand gemauerten Ofen, mit mehreren verschließbaren Ofenröhren im Wohnzimmer, beheizte. Daneben stand ein großer lederner Ohrensessel, der Platz des Großvaters. Hier saßen wir auf seinen Knien und hörten die Lieder und Geschichten, die mir unvergeßlich blieben.

Im Zimmer hing eine Lampe mit einer breiten Perlenborte, einstmals wohl eine Petroleumlampe. Bei ihrem Abbau erhielt ich zu meinem Entzücken die Perlenborte und fädelte nun Ketten für alle Puppen und für mich. Die Puppen hatten Wildlederbälge, lange, überlange Beine, Porzellanköpfe und wundervolle Kleider. Was brauchte ich da Spielkameraden, ich hatte vollauf mit mir zu tun!

Neben dem Wohnzimmer lag der Salon. Er war getäfelt, hatte Parkett und eine Holzdecke. Von dort ging es wieder in den Vorraum, in dem ein jedes Jahr erneuerter Erntekranz mit bunten Bändern hing. Gegenüber war das Gewölbe, die Speisekammer. Hier gab es alle Herrlichkeiten der französischen und der Thüringer Küche, vor allem gab es Omas unübertroffenen Streuselkuchen. Oft durfte ich mit Oma zum „Kaffee", wenn in einem der Bauernhöfe ein Fest war. Der Thüringer Kuchen erschien zu solchen Gelegenheiten in riesigen Mengen auf dem Tisch. Er wurde auf großen Blechen gebacken und auf wagenradgroßen Holzbrettern aufbewahrt.

Zu einer Familie hatten wir besonderen Kontakt, da die Großeltern dort das Trinkwasser holen mußten. Am Haus gab es nämlich nur einen Schöpfbrunnen, der kein Trinkwasser lieferte. Bei besagter Familie, deren Bauernhof durch eine große Wiese, durch die ein Bach floß, von unserem Haus getrennt war, holten wir das Wasser, aber auch Eier und Butter. Diese Butter war sehr schön geformt und hatte obenauf ein Butterkleeblatt – und sie „schwitzte".

Eine kleine Sensation war der wöchentlich erscheinende Brötchenmann. Mit einem Handwagen, davor ein Hund, zog er mit Geklingel durch das Dorf. Und dann gab es frische Brötchen mit „schwitzender" Butter.

Ich hatte eine Extratasse, gelb, Steingut, eine grüne Bogenkante faßte die Tasse ein und zwei weiße Hühner mit schwarzem Schnabel und rotem Kamm, dazu der passende Teller. Großmutter trank an Wochentagen aus einem weißen Schüsselchen mit altrosa Blumen. Großvaters Schnurrbarttasse war weiß mit silber. Sonntags tranken wir aus dem Service mit den Glockenblumen, das ich noch habe, es war ein Hochzeitsgeschenk für meine Großmutter von ihren Freunden.

Sie erzählte mir auch, daß sie früher alles Küchengerät aus Zinn und Kupfer besessen hätte. In den schweren Jahren nach dem Krieg kamen fliegende Händler, die den Frauen diese Herrlichkeiten für ein Butterbrot abschwatzten. Sie hatten das Argument des „ewigen Putzens" parat und gaben dafür Steingutgeschirr.

Das Haus hatte einen durchgehenden Boden. Dort trocknete Oma viele Arten von Kräutern, Äpfel, Birnen und Pflaumen in großen Gazebeuteln. Dieser Geruch, besonders wenn die Sonne den Raum aufgeheizt hatte, ist mir unvergeßlich.

Ich war oft hier oben, denn im Kämmerchen standen meine Spielsachen: Kaufmannsladen, Puppenstube und vieles andere. Das Dörrobst hatte es mir angetan.

Zwischen Wohnhaus und Wirtschaftsgebäude, eingefaßt von einem breiten Plattenweg, lag Omas Garten: Blumen, Strauchobst und Erdbeeren. An der anderen Seite des Hauses war Opas Garten: Gemüse und Obstbäume. Am Haus war auch ein großer Backofen, in dem der frühere Besitzer sein Brot gebacken hatte.

Das alles fand mit Großvaters Tod ein Ende. Großmutter zog in das obere Stockwerk des Hauses. Viele der riesigen alten Möbel, die Betten, in denen drei Leute schlafen konnten, der oft bewunderte Nippes – wo ist damals nur alles hingekommen? Im Winter haben wir die Ahne, wie wir sie nun nannten, stets zu uns nach Halle geholt.

(Weitere Erinnerungen dieser Autorin finden Sie im Band „Jugend 1933–1939" der Reihe **ZEITGUT***.)*

[Berlin-Neukölln – Königsberg, Neumark – Neudamm –
Raduhn/Oder*);
1925–1932]

Elisabeth Siemionow

Meine Tanten 1 und 2

Gewiß war ich kein Wunschkind und außerdem mitten in
die Inflationszeit hineingeboren. Ich hatte eine Mutter und
einen Vater, aber Eltern hatte ich eigentlich keine. Kaum
war ich zwei Jahre alt, erkrankte meine Mutter an TBC. Um
ihr die Möglichkeit zu geben, sich in Sanatorien zu kurieren,
sprangen ihre beiden älteren Schwestern ein, die Mutter-
stelle für mich zu übernehmen. Meine Tante Nr. 1 war sehr
elegant, gut situiert und verheiratet mit einem Witwer, der
zwei Söhne in die Ehe gebracht hatte. Meine Tante Nr. 2
trug immer ihre Schwesterntracht mit Häubchen, sie war
fromm und nicht sehr hübsch.

Im Alter von 2½ Jahren holte mich Tante 1 zu sich. Sie
wohnte in einer neuen Siedlung in der Köllnischen Heide.
Auch mein Vater fand wohl diese Lösung gut, vielleicht sogar sehr gut. Das Haus war geräumig, der Garten groß:
Schnell hatte ich mich an die Anreden „Tante" und „Onkel"gewöhnt. Alle waren lieb zu mir, verwöhnten mich, und
ich glaube kaum, daß ich Mutter und Vater vermißte. Kurz
vor ihrem Tode erfüllte sich der letzte Wunsch meiner Mutter. Ich wurde im Herbst 1926 in Charlottenburg getauft.
Danach konnte sie beruhigt einschlafen, das meinte Tante 2.
Vom Vater wurde nicht gesprochen. Er war nicht mehr in
Berlin. Bald darauf erklärte ihn das Vormundschaftsgericht
für „verschollen". Eines Tages wurde ich einem Herrn vor-

---

*) heute Chojna – Dębno – Raduń/Odra in Polen.

gestellt, den ich gleich ins Herz geschlossen hatte. Er war mein Vormund und wohnte in der Nähe. Leider besuchte er uns viel zu selten. Er war ein vielbeschäftigter Architekt.

Nicht lange fuhr ich allein mit meinem Roller durch unsere ruhige Straße. Lilo und Evi gesellten sich bald dazu. Wir fuhren unsere Puppen im Wagen spazieren, spielten Murmeln, mit dem Reifen oder Kreisel. Später wagten wir uns zu dritt in den Schulenburgpark oder spielten auf dem Gelände der Pumpstation, wo Evi in einer vornehmen Wohnung ihr Zuhause hatte. Im Winter verbrachten wir oft die Nachmittage in ihrem großen Zimmer.

Eine Aufnahme aus dem Jahr 1931. Zwischen meinen Freundinnen Eva Brumby (links, später Schauspielerin) und Lilo Kürsten stehe ich, Elisabeth Joël.

Im Sommer wurde ich bei der Tante 2 abgegeben; denn meine Pflegeeltern verreisten mit ihren Söhnen an die Ostsee. Ich war ja noch zu klein.

Tante 2, Säuglingsschwester auf Rittergütern an der Oder, die von einer Gutsherrin zur anderen herumgereicht wurde, war immer sehr besorgt um mich. Jeden Husten beobachtete sie genau. Sie wog mich, um meine Gewichtszunahme zu überprüfen und brachte mir auch die ersten Gebete bei.

An meinem sechsten Geburtstag wurde ich in Neukölln eingeschult, und gerade dieser erste Schultag begann mit Tränen. Dabei hatte ich mich so auf die Schule gefreut! Die kleinen Mädchen mit ihren riesengroßen Schultüten guckten mich ganz komisch an. Ich war die Größte unter den ABC-Schützen und hatte die kleinste Tüte. Ich heulte und schämte mich. Schade, daß Lilo und Evi noch ein Jahr bis zu ihrer Einschulung warten mußten. Aber sie trösteten mich, sie würden bestimmt auch kleine, dafür sehr schwere Schultüten bekommen wie ich. „Die anderen Kinder geben ja bloß an", meinte Evi. Da war ich beruhigt.

In der 1. Klasse blieb ich nur bis zum Sommer. Tante 2 nahm mich wieder unter ihre Fittiche. Auf der Reise in die Neumark übernachteten wir in einem Gasthof in Wriezen. Danach ging's weiter mit dem Bummelzug nach Königsberg. Tante 2 arbeitete dort als Fürsorgeschwester, radelte oft über die Dörfer und besuchte spät abends noch Menschen in Not. Sie hatte nicht viel Zeit für mich – und ich bekam Scharlach. Zum Glück wohnten wir bei sehr lieben Leuten.

In Königsberg blieb ich länger als vorgesehen. Ich besuchte die Grundschule in der Kleinstadt und bekam im Herbst mein erstes Zeugnis. Es war gut, wurde aber nie mit der „Unterschrift des Vaters" versehen. – Vielleicht war mein Vormund die treibende Kraft dafür, daß ich meiner Schulpflicht wieder in Neukölln nachging. Ein Diphtherie-Verdacht mit wochenlangem Aufenthalt in einem Waisenkinder-Krankenhaus in Rummelsburg, an das ich die scheußlichsten Erinnerungen habe, ließ mich am Anfang des Jahres 1929 über 100 Unterrichtsstunden versäumen. Aber das Zeugnis machte mich am Ende doch glücklich. In meinem Lieblingsfach „Heimatkundliche Anschauung" hatte ich eine Eins.

In den Sommerferien ging es wieder zu Tante 2 in die Neumark, diesmal nach Neudamm, wo sie als Säuglingsschwester in einem Kinderheim arbeitete. Ich blieb erneut über die Ferien hinaus und kam in die 2. Klasse der Neudammer Grundschule. Die Schülerinnen waren alle braver als in Berlin. Ich wollte mich nicht von den anderen Kindern unterscheiden und wurde viel ruhiger.

Im Kinderheim fühlte ich mich wie zu Hause, ich half beim Fläschchen-Geben und beim Füttern der Kleinen, so daß Tante 2 mit Genugtuung feststellte, ich würde doch noch ein „richtiges Mädchen" werden. – In Berlin wollte ich es immer den beiden Jungen meiner Familie gleichtun, kletterte auf Obstbäume, spielte mit ihnen Fußball in der Königsheide oder half beim Fischen von Kaulquappen für die Molche und Sumpfschildkröten im Aqua/Terrarium. Gern schaute ich auch beim Bau mit den Stabilbaukästen zu.

Bei Tante 2 war alles anders. Sie nähte und strickte Puppensachen und schaute genau hin, ob ich auch mit den Puppen spielte. Sie erlaubte mir die Teilnahme an einer Theater-Aufführung am See, wo es nur so von Elfen und Kobolden wimmelte. Tante 2 bastelte für mich ein Elfenkostüm aus Papier, viel lieber wäre ich ein Kobold gewesen!

Aus Berlin kam die Nachricht, „das Kind müsse wieder in Neukölln in die Schule gehen." Tante 1 holte mich ab und bekam von ihrer älteren Schwester noch Ermahnungen in bezug auf Essen, Schlafengehen und Abendgebet mit auf den Weg. Die Umstellung vom Land- zum Stadtleben war zwar groß, aber bald hatte ich eine hübsche Freundin gefunden. Sie trug die Haare ganz kurz, was mir nicht erlaubt war.

Und dann lag ich mit einer echten Diphtherie wochenlang auf der Isolierstation im Krankenhaus Buch! Tante 1 packte mir meine Schulbücher ein, zu meiner Freude auch einige Kinderbücher. „Oberheudorfer Buben- und Mädel-Geschichten" las ich gleich mehrere Male hintereinander. Bis zum Ende des Schuljahres holte ich den versäumten Stoff nach. Wenigstens in „Heimatkundliche Anschauung" hatte ich wieder „meine Eins" trotz 131 versäumter Stunden.

Schloß Hohenkränig in der Neumark, heute Polen. In solchen branden-
burgischen Herrenhäusern arbeitete Tante 2, bei der ich die Sommerferi-
en verbrachte, als Säuglingsschwester.

In den großen Ferien wurde ich noch einmal zu Tante 2 gebracht, diesmal auf das Rittergut Raduhn an der Oder. Mit
den Dorfkindern stand ich oft am Fluß und sah mit an, wie
die Pferde mit Peitschenhieben von der Fähre auf das Ufer
getrieben wurden. Sie mußten vollbeladene Leiterwagen ziehen. Die Pferde taten mir furchtbar leid ...

Bis zum Beginn des neuen Schulhalbjahres kehrte ich nach
Berlin zurück. Das Jahr verlief gut. Ich verstand mich mit
meiner Schulfreundin. Das 3. Schuljahr begann ich endlich
in Neukölln, kein Wechsel drohte.

Lernen gefiel mir sehr, die Schularbeiten hingegen weniger, vor allem das Auswendiglernen. Bloß die Religionsstun-
den versetzten mich mitunter in Angst und Schrecken. Es
waren nicht nur die vielen, langen Strophen der frommen
Lieder, die wir auswendig hersagen mußten, es war die Geschichte von der Verurteilung und Kreuzigung Jesu. Mich

regte das sehr auf; ich fand alles so ungerecht. Die Kreuzigung nahm ich mir so zu Herzen, daß ich nachts davon träumte. „Laßt ihn am Leben! Er ist doch unschuldig!" schrie ich und lag schweißgebadet im Bett.

Auf dem nächsten Sonntagsspaziergang zum Plänterwald rief mich der Onkel zu sich heran und legte fest: „Du kommst in eine andere Schule, in eine ohne Religionsunterricht."

Wenige Wochen vor den Herbstferien wurde ich Schülerin einer „weltlichen Schule", in der Jungen und Mädchen in einer Klasse saßen. Das war schon alles sehr anders. Mit der Elektrischen fuhr ich nun täglich an meiner alten Schule am Herzbergplatz vorbei, sah meine Freundin Hand in Hand mit anderen Mädchen dem Gebäude zusteuern, und ich mußte weiterfahren in die doofe Schule mit den frechen Jungen!

Lilo und Evi waren entsetzt, als ich ihnen die neue Schule beschrieb. Beide Freundinnen waren der Ansicht, daß die Eltern dieser Schüler bestimmt die „Rote Fahne" lesen. Mir brummte der Kopf, zum Glück gab es bald Herbstferien.

Erst als Tante 2 ein ernstes Wort mit meinen Pflegeeltern sprach und die fehlende Schulerziehung anmahnte, kam es Ende des Jahres zur erneuten Umschulung. In die frühere Schule zu gehen, sträubte ich mich mit Händen und Füßen, ich schämte mich so. In der neuen Grundschule verlief das Winterhalbjahr reibungslos. Nur im Rechnen hatte ich viel nachzuholen, und das nahm ich sehr ernst. Schließlich wußte ich: Wenn ich im Lyzeum als Waise eine Freistelle bekommen wollte, mußte ich ein sehr gutes Zeugnis haben und eine Aufnahmeprüfung bestehen.

Im Frühling 1932 war der große Augenblick gekommen, auf den ich mich so gefreut hatte: Ich wurde Sextanerin im Käthe-Kollwitz-Lyzeum am Richard-Platz. Die Freistelle war bewilligt worden. Vom Religionsunterricht war ich befreit.

(Eine Fortsetzung der Geschichte sowie weitere Texte dieser Autorin finden Sie in: „Pimpfe, Mädels & andere Kinder. Kindheit 1933–1939" und „Wir wollten leben. Jugend 1939–1945" der Reihe **ZEITGUT***.)*

[Berlin-Charlottenburg;
1926–1928]

Erika Gaedike

Freundinnen

In unserem großen Garten ist Ursula immer willkommen.
Besonders in der Sommerzeit spielen wir fröhlich und mit
viel Phantasie „Kaufmannsladen". Aus dem Fenster des Gar-
tenhäuschens wird abwechselnd verkauft. Gemüse und Obst
dürfen wir hier ernten, das Blumenpflücken ist auch erlaubt.
Wir binden die Blumen zu kleinen duftenden Sträußen und
bieten sie zum Verkauf an. Die niedlichen Gebinde nimmt
Ursula am Abend mit nach Hause.

Am Gartentisch wird „gekocht", die Freundin zum Essen
eingeladen. Es schmeckt einfach köstlich! Es gibt geschabte
junge Möhren, ausgepalte*) Erbsen, Erdbeeren mit Zucker
oder Himbeeren.

Zu Weihnachten geht ein heißersehnter Wunsch in Erfüllung: Jede von uns entdeckt auf dem Gabentisch eine große
Puppe mit Porzellankopf und Glasaugen, die sich öffnen und
schließen. Die eine hat einen Kopf mit einer blonden Pagenfrisur, und die andere hat einen dunkelblonden Haarschopf.
War das ein Freude! Ursulas Großmutter und meine Tante
Käthe haben die Puppenkinder liebevoll benäht. Von der
Unterwäsche bis zum Mantel und passender Mütze, es fehlte nichts! Selbst Lackschuhe und Strümpfe waren vorhanden. Von nun an sind unsere Puppenkinder bei allen Spaziergängen und Spielen mit dabei. Im Sommer nehmen wir
sie natürlich mit in den Garten. Sie sitzen bei uns am Tisch

---

*) mundartlich für (Erbsen) aus den Hülsen/Schoten (Palen) lösen

und „naschen" von den Möhren, Erbsen, Kohlrabis, Erdbeeren und Stachelbeeren. Manchmal schenkt uns die alte Tante Lena vom benachbarten Garten eine Handvoll Himbeeren. Hm, die schmecken ganz besonders gut! Tante Lena wohnt mitten in Berlin, in der Köpenicker Straße. Dort gibt es kaum Sträucher und Bäume. Sie ist froh, wenn sie sonntags mit der Dampfbahn nach Charlottenburg fahren und die frische Luft in ihrem Gärtchen genießen kann.

Meinem Onkel gehört eine Gärtnerei in der Keplerstraße, und er hat den Verwandten einen Teil des Landes zur Nutzung überlassen. Hier werkeln auch meine Großeltern und meine Eltern. Wir Kinder sind glücklich in unserem Gartenparadies.

Immer wieder denken wir uns neue Spiele aus. Langeweile kommt nie auf. Eines Tages wird ein riesiges Wasserbassin durch ein neues ersetzt. Nun steht das alte wie ein großer Klotz umgedreht an einer freien Stelle. Es hat ausgedient und ist zu nichts mehr nutze. Oder doch? Wir holen eine Leiter und klettern auf das Bassin. Was für eine Aussicht haben wir von hier oben! Und einen neuen Platz zum Spielen haben wir auch. Wir fühlen uns dem Zeppelin, der Berlin überfliegt, ganz nahe. Jetzt haben wir einen eigenen Zeppelin. Die Puppen sind unsere Passagiere. Ursel und ich sind abwechselnd Pilot und Begleitpersonal.

Auch im Winter, wenn endlich Schnee gefallen ist, haben wir unseren Spaß. Aus alten, schmalen Brettern basteln wir uns Skier. Wir wickeln Schnur um Bretter und Stiefel, und los geht es über die verschneiten Wege. Lange Äste sind unsere Skistöcke. Es ist etwas abenteuerlich, denn die Schnüre halten leider nur eine kurze Strecke. Aber unermüdlich knüpfen wir die „Bindungen" neu zusammen.

Wenn wir meist fröhlich nach Hause kommen, gibt es vielleicht gerade unser Leibgericht: Wickelklöße mit geschmorten Birnen. Ein fester Mehlteig wird ausgerollt und mit Speck belegt. Das Ganze wird dann zusammengerollt und in etwa zehn Zentimeter lange Stücke geschnitten, die in Salzwasser gegart werden.

Im April 1928 ist es soweit: Ursula und ich werden eingeschult. Wir dürfen sogar nebeneinander auf der Schulbank sitzen. Der Lehrer hat wohl gleich erkannt, daß wir unzertrennlich sind. Oder haben unsere Eltern ihm einen Wink gegeben?

Meine Freundin Ursula (rechts) und ich auf einem Klassenfoto aus dem Jahre 1928. Zusammen besuchten wir die Grundschule in der Pestalozzistraße in Berlin-Charlottenburg.

Unser Schulweg ist weit und nicht ungefährlich. Wir müssen die damals schon stark befahrene Bismarckstraße in Charlottenburg überqueren. Unsere Mütter begleiten uns abwechselnd bis dorthin. Auf der Verkehrsinsel Wilmersdorfer Straße/Ecke Bismarckstraße steht ein freundlicher Verkehrspolizist, der uns zunickt, dann den weißbehandschuhten Arm ausstreckt und die Fußgänger die Straße überqueren läßt.

Eines Tages meint er zu unseren Müttern, wir beide könnten nun den Weg allein gehen, er würde ein Auge auf uns haben. Es klappt sehr gut. Sobald er uns kommen sieht, gibt er den Damm frei, wie die Berliner es nennen. Er beschützt uns wie ein Freund. Mit Knicks und Winken bedanken wir uns jedesmal bei ihm.

Wir gehen beide wirklich gern zur Schule. Besonders mögen wir den Deutschunterricht. Mit unserer „Bärenfibel" – auf der Titelseite ist der Berliner Bär abgebildet – lernen wir zunächst Buchstaben, dann Silben und schließlich ganze Wörter und kleine Sätze zu lesen.

Die meisten ABC-Schützen haben keine neuen Bücher. Die Eltern können für 50 Pfennige die gebrauchten Fibeln der älteren Schüler kaufen. Da durch die zunehmende Arbeitslosigkeit schon viele Familien in Not geraten sind, können manche Eltern auch diesen Betrag nicht aufbringen. In solchen Situationen hilft der Elternverein, eine Organisation der gegenseitigen Unterstützung.

Der Schulhausmeister kocht jeden Tag viele Kannen Kakao, den er in der großen Pause in unsere emaillierten Blechbecher verteilt, eine leckere und gesunde Frühstücksbeigabe für fünf Pfennige. Auch hierbei sorgt der Elternverein dafür, daß jedes Kind den Kakaotrunk bekommt. Niemand soll im Stich gelassen werden. Es hat sich eingespielt, daß bessergestellte Eltern bedürftige Kinder zum Mittagessen einladen. Diese Hilfsbereitschaft und der Zusammenhalt sind mir unvergeßlich geblieben. Ich erinnere mich, daß auch mein

Vater tatkräftig mitgeholfen hat, solche Unterstützungen zu organisieren.

Mein Bruder hat meine Fibel mit leuchtend rotem, durchscheinendem Papier eingeschlagen. Mit dem Buch unter dem Arm gehe ich oft zu meinem Onkel in die Gärtnerei. Wenn es draußen schon kalt ist, sitzt Tante Elsa in einem Treibhaus und pikiert Alpenveilchen. Sie setzt die winzigen Pflänzchen in größere Holzkästen. Der Geruch der frischen Blumenerde ist sehr angenehm. Im Treibhaus ist es warm und gemütlich. Ich lege ein Kissen auf ein Heizrohr, setze mich darauf und lese vor. Doch es klappt noch nicht so gut. Die Wörter kommen zögernd und stolpernd aus meinem Mund: „Hei – ni, Le – ne". Tante Elsa zeigt große Geduld und ermuntert mich, den Fibeltext ein zweites und ein drittes Mal zu lesen. Ich fühle mich wohl und geborgen hier.

Wenn meine Mutter mich dann abholt, ist es draußen oft schon dunkel. In der Küche liegen auf der Kochmaschine, wie in Berlin der Kachelherd heißt, rund um das Ofenrohr Äpfel, die brutzeln und einen köstlichen Duft in der Wohnung verbreiten. Langeweile kommt an den langen Winterabenden nie auf, auch wenn wir noch keinen Fernsehapparat kennen. Vater knackt Walnüsse, manchmal liest er mir aus Auerbachs Kinderkalender vor. Oft spielen wir gemeinsam „Schwarzer Peter" oder „Quartett".

Am nächsten Morgen machen wir uns, meine Freundin Ursula und ich, dick vermummt – an manchen Tagen haben wir minus 20 Grad – , wieder auf den Weg zur Schule. Wir bedanken uns wie immer an der Kreuzung bei „unserem Schupo". Im warmen Schulhaus angekommen, sind wir gespannt auf die nächste Unterrichtsstunde.

Seit langer Zeit leben Ursula und ich in weit voneinander entfernten Orten. Doch unsere Freundschaft, die vor mehr als 70 Jahren in dem Charlottenburger Mietshaus, wo wir beide gewohnt haben, begonnen hat, ist bis heute geblieben.

[Öschelbronn bei Herrenberg, Baden-Württemberg;
1926]

Lore Schwarzkopf

Die Visitation

Im Abstand von einigen Jahren fand in der Schule die Visitation statt. Da kam der Schulrat und prüfte den Kenntnisstand der Schüler und wohl auch die Unterrichtsleistung der Lehrer. Also wurde die Schule auf Hochglanz geputzt, das Ereignis warf schon wochenlang seine Schatten voraus. Es mußte mehr gelernt werden als sonst, denn welcher Lehrer hätte auch mit einer Schar von Dummen glänzen wollen?

Ich ging in die 3. Klasse, als wieder einmal Visitation war. Wir Schüler kamen in Sonntagskleidern und mit geputzten Schuhen – was bei Bauernbuben nicht selbstverständlich war! – zum Unterricht. Wir Drittklässler mußten zusammen mit den Viertklässlern einen Aufsatz schreiben, und zwar eine Bildbeschreibung. Was das Bild darstellte, weiß ich nicht mehr, aber es kam ein Eichhörnchen drin vor. Ich schrieb lustig drauf los, denn „Aufsatz" war ja mein Lieblingsfach. Wir hatten natürlich die deutsche Schrift gelernt, die viel schwieriger ist als die lateinische. So ist zum Beispiel das kleine „n" zweizackig auf und ab, und beim „ch" ist das „c" einzackig. Irgendwie müssen mich die drei Zacken irritiert haben, denn ich schrieb durchweg „Eich h ö r chen" statt Eichhörnchen, ohne es zu merken.

Mein Aufsatz gefiel dem Schulrat so gut, daß er mir das „Eichhörchen" ganz und gar verzieh und nicht als Fehler anrechnete. Unter dem Aufsatz stand „sehr gut"!

Meine Schulklasse mit Lehrer Kolb im württembergischen Öschelbronn bei Herrenberg. In der dritten Reihe von oben, die sechste von links bin ich, links neben dem Mädchen mit der hellen Schürze.

Dann las der Schulrat meinen Aufsatz der versammelten Gesellschaft vor, es waren nämlich außer den Schülern prominente Gäste da: der Bürgermeister, der Pfarrer und ein paar Gemeinderäte. Mir war es furchtbar peinlich, daß mein Werk so herausgestellt wurde!

Zum guten Schluß bekamen alle Schüler, die gescheiten und die dummen, einen Wecken und eine Rote Wurst, eine feine Cervelatwurst vom Schwein, etwa 10 cm lang und vier Zentimeter dick, die kalt und warm gegessen werden kann. Die hat auch den weniger Erfolgreichen geschmeckt und wurde gewiß als wohlverdient empfunden.

Abends mußte ich noch eine private Besorgung bei Kolbs machen, meine Mutter hatte mich geschickt. Da sprach mich Frau Kolb darauf an, daß ich vom Schulrat so gelobt worden sei. Es kam mir merkwürdig vor, daß Herr Kolb das seiner Frau erzählt hatte. Ja, das war ein guter Tag gewesen!

(Weitere Erinnerungen dieser Autorin finden Sie im Band „Jugend 1918 – 1933" der Reihe **ZEITGUT***.)*

[Tiefenbach im Fichtelgebirge;
1927]

Grete Brodmerkel

„*So eine Blamage!?*"

Meine Heimat ist das Fichtelgebirge. Das hufeisenförmige
Gebirge aus Granit umschließt eine Landschaft von vielfäl-
tiger Schönheit. Die Berge sind dicht bewaldet, in den sanften Tälern fließen klare Bäche. Reste von Burgen und Schlös-
sern sind zu sehen. Bizarre Felsformationen, Kirchenruinen,
Seen, viele Teiche, Äcker und Wiesen, einige kleine Städte
und viele winzige Dörfer prägen das Bild der Region.
   In einem dieser typischen Dörfer wuchs ich auf. In seiner
Mitte war ein weiter Platz, der Anger. Ein hoher, alter Baum
schützte vor Regen und vor der Sonne. In unserem Ort war
es eine gewaltige Kastanie, meistens aber stand in der Dorfmitte eine Linde. Der Dorfteich am Anger diente nicht nur
als Tummelplatz für Gänse und Enten, er war auch Karp-
fenteich und Löschwasserstelle für den Fall, daß ein Feuer
ausbrach. Es gab auch einen kleinen Friedhof sowie ein Wirts-
haus, einen außerordentlich gut bestückten Kramladen und
natürlich die Schule, in der alle Kinder des Dorfes von einem einzigen Lehrer unterrichtet wurden. Er wurde zwar
mittelmäßig bezahlt, aber vorzüglich mit Naturalien, je nach
Jahreszeit, versorgt.
   Der Winter in diesem Jahr war sehr kalt und schien mir
besonders lang. Es gab so viel Schnee, daß wir zeitweise nicht
bis zum nächsten Dorf kamen. Alle sehnten den Frühling
herbei. Schließlich wurde es doch wärmer, der Schnee schmolz

dahin, und die Natur erwachte. Herrlich strahlte die Sonne, wundervoll das Blau des Himmels. Wunderbar das Jubilieren der Vögel, der Duft der Blumen! Die Bienen beendeten ihre Wintersruhe, ihr Summen erfüllte die Luft. Schmetterlinge flogen von Blüte zu Blüte.

Die Frauen setzten zum Großputz an. Zuerst wurden die Öfen vom Ruß befreit, dann die Fenster und Gardinen gewaschen. Weil jetzt das Grau der Wände besonders deutlich zu sehen war, beschloß meine Mutter, diese zu weißen. Leider stürzte sie beim Kalken der Decke in der Küche so unglücklich von der Leiter, daß sie tagelang im Bett bleiben mußte.

Mein erster Schultag nahte. Meine Schultasche mit Schiefertafel und Griffeln sowie mein Kleid lagen schon bereit. Ich war aufgeregt. Was sollte nur werden? Alle Versuche meiner Mutter aufzustehen scheiterten an den starken Schmerzen, so daß sie schließlich meinte, ich solle zur Großmutter gehen und sie bitten, mich zur Schule zu begleiten. Ich zog mein neues Kleidchen an, ließ mir von der Mutter die Haare zu dicken Zöpfen flechten und marschierte los.

Der Weg zur Großmutter war zwar weit, aber mir gut bekannt. Oma war lieb, sie würde sicher mit mir kommen. Ich freute mich auf die Schule. Endlich durfte ich auch all das lernen, was meine Schwester Jette, die zwei Jahre älter war als ich, schon konnte. Beim Bauernhof der Großeltern angekommen, suchte ich sofort nach Großmutter. In der Küche, im Stall, im Garten, sie war nirgends zu finden! Langsam machte sich Verzweiflung breit, wollte ich doch nicht alleine diesen wichtigen Tag begehen. Laut rufend rannte ich am Hühnergarten vorbei in den Stadel, hier endlich fand ich meine fleißige Oma, die Heugabel in der Hand. Es sprudelte nur so aus mir heraus, denn inzwischen hatte das Schulglöckchen zu läuten begonnen. Großmutter verstand sofort. Sie band sich eine saubere Schürze um, strich sich die Haare glatt und nahm mich an die Hand. Mit dem letzten Ton des Glöckchens betraten wir das Klassenzimmer.

Hier war schon die gesamte schulpflichtige Jugend des Dorfes versammelt. Der Lehrer wies uns unsere Plätze zu und begann sogleich mit seiner Begrüßungsrede. Er sprach von einem neuen, sehr wichtigen Abschnitt unseres Lebens, der heute beginnen würde, und stellte die Schulanfänger namentlich vor. Wir machten einen Knicks, als unsere Namen genannt wurden. Die größeren Kinder grinsten albern, weil sie uns sowieso schon kannten. Außer mir wurden noch zwei Mädchen, die Frieda und die Berta, eingeschult. Ein außergewöhnlich starker Jahrgang in unserem kleinen Dörfchen.

Der Lehrer fragte, ob eine von uns Neuen vielleicht gerne ein Liedchen vortragen möchte. Berta meldete sich zuerst. Im Sitzen, mit gefalteten Händen und niedergeschlagenen Augen sang sie „Hänschen klein".

Mir war dieses Lied viel zu langweilig. Von Mutter kannte ich bessere Melodien. Als Köchin im „Hotel Weber" im benachbarten Bad Alexandersbad hörte sie, wenn dort Bälle stattfanden, viele flotte Weisen, die sie zu Hause nachsang, wobei ich sie kräftig unterstützte. Ich hatte mich inzwischen für ein Lied entschieden. Als Berta mit dem Singen fertig war und für ihren Vortrag gelobt wurde, meldete ich mich als nächste. Damit mich auch jeder sehen konnte, stand ich auf und schmetterte los:

„Ich hab mein Herz in Heidelberg verloren
in einer lauen Sommernacht.
Ich war verliebt bis über beide Ohren,
und wie ein Röslein hat mein Mund gelacht.
Und als wir Abschied nahmen vor dem Tore,
da hielt er zärtlich meine Hand.
Ich hab mein Herz in Heidelberg verloren,
mein Herz, das schlägt am Neckarstrand."

Meine kräftige Stimme füllte den Raum. Ich sah, daß meine Großmutter schmunzelte, obwohl dies ein absolut unmögliches Lied für eine Schulanfängerin war. Auch der Lehrer lächelte. Ich beendete das Lied in dem Bewußtsein, die richtige Wahl getroffen zu haben.

Der Lehrer klatschte Beifall und fragte mich, ob ich für seine Frau das Liedchen noch einmal singen würde. Ich war natürlich einverstanden, und er ging sie holen. Die Mütter der beiden anderen ABC-Schützinnen tuschelten heftig miteinander, meine Großmutter lehnte sich in ihrem Stuhl zufrieden zurück. Da die Familie des Lehrers im Schulhaus wohnte, waren sie schnell zur Stelle. Ich wiederholte meinen Gesang, meine Begeisterung war genauso groß wie beim ersten Mal.

Die Frau des Lehrers war sichtlich beeindruckt. Sie strahlte, drückte meine Hände und versicherte mir immer wieder, daß dies das schönste Lied gewesen sei, das sie je von einer Schulanfängerin gehört hätte. Die Begeisterung übertrug sich auf alle Schüler im Raum, es wurde richtig lustig.

Und so dachte niemand mehr daran, daß Frieda vielleicht auch gern etwas gesungen hätte. Sie saß als einzige mit leicht mürrischem Gesichtsausdruck auf ihrem Platz, als der Lehrer versuchte, wieder etwas Ruhe einkehren zu lassen. In herrlich heiterer Stimmung klang meine erste Schulstunde aus. Vor dem Schulhaus wartete die Frau des Lehrers auf mich. Sie beschenkte mich reichlich mit Süßigkeiten, Stiften und einem Büchlein. Beste Grüße an meine Mutter bestellte sie noch und wünschte gute Besserung.

Nachdem ich mit Großmutter noch eine gute Brotzeit gehabt hatte, machte ich mich beschwingt auf den Heimweg. Zu Hause berichtete ich voller Stolz davon, wie schön dieser wichtige Tag verlaufen sei. Ich verschwieg allerdings, was ich gesungen hatte. Mutter bestaunte meine Geschenke, fand sogar noch eine Haarschleife. Um so mehr wunderte sie sich über meine Schwester, die zornerfüllt zur Tür hereinstürmte und laut rief: „So eine Blamage! So eine Blamage!"

Diese Geschichte wurde von meiner Tochter, Gerda Distler, aufgezeichnet.

[Cunnersdorf, Sachsen – Hirschberg*), Riesengebirge;
1927–1931]

Margot Linke

Der Großvater

Meine Familie fuhr jedes Jahr von Sachsen aus ins Riesengebirge, um den Großvater zu besuchen. Wir Kinder freuten uns auf diese herrliche Zeit. Das Haus lag abseits der Straße. Eine lange Pappelallee führte uns in das parkähnliche Grundstück mit großen, alten Bäumen, die zum Klettern einluden. Und es gab einen Teich mit Fischen, quakenden Fröschen, in der Sonne liegenden Salamandern und wunderschönen Libellen. Die Buben hatten die größte Freude, wenn sie uns in den Teich hineinschmeißen konnten. Nun, um eine Revanche waren wir nicht verlegen.

Die Hauptsache aber war unser Opapa. Er war ein gütiger, stiller Mensch. Kein Großvater, wie man ihn heute anstrebt. Er hatte nichts von dem heutigen Wunschbild: vital, sportlich, jugendlich usw. Nein, er war eigentlich immer ein alter Herr. Wie alt er war, wußte ich damals nicht.

In seinem schwarzen Anzug lief er immer herum. Wenn er seine Fuchsien auf dem Balkon züchtete, trug er eine große Leinenschürze, ebenso, wenn er in seiner kleinen Werkstatt bastelte. Am Sonntag zog er den festlichen Schwarzen an, denn der Gottesdienst wurde im Haus abgehalten. Seine Töchter mit Familien kamen, und es wurde musiziert und gesungen. Ich durfte ihm die Noten am Harmonium umblättern. Ich kannte keine Noten, aber er verstand es, mir das Gefühl zu geben, daß ich ganz wichtig war.

---

*) heute Doksy in Tschechien

*Großvater
Heinrich
(1863–1940)
mit seinen
drei Enkel-
kindern.
Die Kleinste
bin ich.*

Oft zeigte er mir seine Briefmarkensammlung. Gemeinsam suchten wir dann auf dem Globus das Land, aus dem die Marke kam. Geschichten fielen ihm ein, oftmals die reinsten Schauermärchen. Die vom Rübezahl mochte ich am meisten, der kleine Berggeist gehört ja ins Riesengebirge. Er half den armen Menschen in ihrer Not.

Nach einem Stadtbummel waren wir müde, und auf dem Heimweg wurden wir immer langsamer. Da hatte ich eine Idee, wie wir in Schwung kommen könnten. Ich sang:

> *„Klotz, Klotz, Klotz vorm Bein,*
> *Klavier vorm Bauch.*
> *Wie lang ist die Chaussee?*
> *Rechts steh'n Pappeln*
> *links steh'n Pappeln,*
> *in der Mitte Pferdeappeln.*
> *Klotz, Klotz ...“*

Opapa hopste nach dem Takt, er vergaß, daß er einen Stock hatte und eigentlich hinkte.

(Weitere Texte dieser Autorin finden Sie in: „Kindheit in Deutschland 1914–1933, Teil 2“ und „Lebenserinnerungen 1939–1945“ der Reihe ZEITGUT.)

Manfred Dessau

Meine Freundin Rosi

In ganz jungen Jahren schaute ich zu ihr auf. Ich habe sie
wohl mehr geliebt als meine Mutter. Ihr Blick war so geduldig, so stoisch und zufrieden, daß ich mich einfach zu ihr
hingezogen fühlte. Wir waren fast unzertrennlich, obwohl
Rosi vier Beine hatte und von den Erwachsenen als Kuh bezeichnet wurde. Ich war kein Kind vom Lande, sondern weil-
te meist besuchsweise dort. Das bunte Treiben in der Großstadt gab meinem fünfjährigen Dasein keine Rätsel mehr auf.
Mit Rosi war das anders.

Wenn sie ihren mächtigen weißbraunen Kopf zu mir her-
abneigte, um mich verständnisvoll anzubrummen, war unsere Zuneigung vollkommen. Während mich ihr treues Auge
musterte, erstarb ich regelmäßig in stiller Bewunderung über
ihre hornbewehrte, gewaltige Größe.

Die Magd namens Marka war ein Unikum. Beim Melken
verstand sie es, zielsicher den Milchstrahl in meinen Mund
zu lenken. Kuhwarme Milch, erklärte sie, sei besonders gesund. Nur etwas störte mich bei Marka, sie band den herrlichen Kuhschwanz beim Melken fest, so daß sich Rosi der
zahllosen Fliegen nicht mehr erwehren konnte.

Als einmal die Fliegen besonders lästig waren, brummte
Rosi und trat nervös nach hinten. Das führte dazu, daß die
getreue Marka ihr Gleichgewicht verlor, im Mist landete und
nur mühsam den Melkeimer retten konnte. Sie schimpfte,

doch ich stand auf Rosis Seite und lachte. Bis auf weiteres wurde mir der Milchstrahl entzogen.

Ich fand das ungerecht, denn hätte Marka den Kuhschwanz nicht angebunden, wäre sie nicht in den Dreck gefallen. Meine fünfjährige Logik ging noch nicht weiter. Liebe macht bekanntlich blind, und ich liebte Rosi abgöttisch.

Bei uns Kindern war der Sonntag nicht sehr beliebt. Das lag einfach daran, daß Mutter mir eine schwarze Sammethose und ein weißes Hemd überzog und befahl, mich gesittet zu benehmen. Daß es anderen Kindern ähnlich erging, vermochte mich nicht zu trösten.

Nicht genug damit, auch das sonntägliche Mittagsmahl mußte gesittet eingenommen werden. Ich durfte die Suppe nicht schlürfen, obwohl sie heiß war. Das Messer nahm man mir aus der Hand, wenn ich versuchte, die harten Kartoffeln zu schneiden. Und vom Mandelpudding erhielt ich regelmäßig zu wenig, obwohl ich ihn für mein Leben gern aß. Die Welt war voller Ungerechtigkeiten!

Mein einziger Lichtblick an solchen Tagen war die unumstößliche Regel, daß sich die Erwachsenen nach dem Mittagsmahl zur Ruhe legten, natürlich nicht, ohne uns Kinder vorher aufzufordern, leise und gesittet zu sein. So beschloß ich, meiner Rosi einen Sonntagsbesuch abzustatten.

Wie immer, wenn ich Rosis gesund duftenden Stall betrat, den sie mit anderen, für mich jedoch uninteressanten Rindviechern teilte, drehte sie ihr schönes Haupt zu mir. Ich trat dann zu ihr und erzählte ihr die Erlebnisse des Tages. Meist wackelte sie zustimmend mit den Ohren oder ließ ein befriedigendes Brummen aus ihrer mächtigen Brust ertönen.

An dem fraglichen Sonntag war Rosi besonders lieb. Sie leckte mir mit ihrer rauhen Zunge über das Gesicht und sabberte mein weißes Hemd voll, was einige grüne Flecken hinterließ. Rosi war nämlich noch nicht mit ihrem Mittagessen fertig. Überhaupt war mir aufgefallen, daß Rosi zu viel fraß, nämlich unausgesetzt. Marka hatte mir zwar gesagt, daß dies bei Kühen üblich sei, aber ich hatte an den Mandelpudding denken müssen und glaubte ihr nicht.

Als mein Versuch, mit Hilfe eines Melkschemels auf ihren Rücken zu gelangen, mit einem Sturz in den Mist endete, beschloß ich, Rosi auf andere Weise am Fressen zu hindern. Mein Sonntagsstaat hatte ohnehin gelitten. Also kletterte ich auf die Mauer vor Rosi, in die die Futtermulden eingelassen waren. Rosis Trog war noch leidlich gefüllt, dennoch bestahl ich die anderen Rindviecher und füllte Rosis Freßkorb mit duftendem Klee auf. Aber erst sollte sie einmal eine Freßpause einlegen, und deshalb nahm ich kurzerhand von ihrer Freßmulde Besitz.

Mein Wunsch, einmal bei Rosi zu schlafen, sollte sich erfüllen, denn ein weicheres Polster war nicht denkbar. Hinzu kam, daß mich Rosi immer wieder mit ihrem warmen Atem liebevoll anblies und ihre großen Augen seelenvoll auf mir ruhen ließ. Die Stallwärme und das verständnisvolle Benehmen von Rosi ließen mich selig entschlummern und von ihr träumen, bis mich aufgeregte Stimmen erwachsener Menschen jäh in die Wirklichkeit zurückrissen.

„Mein Gott, wo kann bloß der Junge stecken? Es ist ihm doch hoffentlich nichts passiert?" Diesen Aufschrei meiner Mutter vermochte ich nicht zu ertragen. Also richtete ich mich auf. Zugegeben, ich hatte damals ein etwas ungutes Gefühl, denn ich war zum ersten Male bei meiner Freundin erwischt worden. Hinzu kam, daß sich meine Kleider in einem unbeschreiblichen Zustand befanden.

Aber merkwürdigerweise freuten sich die Erwachsenen über mein Auftauchen ungemein. Nur meine Mutter behauptete, ich würde stinken. Jedenfalls entkleidete sie mich bis auf die Haut und steckte mich in die Badewanne. Ich fand diese Prozedur überflüssig und brüllte meinen Protest laut heraus. – Dabei hatte ich doch nur verhindern wollen, daß sich Rosi überfraß! Eine große Portion Mandelpudding wurde mir auch nicht erlaubt.

[Berlin-Charlottenburg;
1928–1934]

Lisa Stimmelmayr

Große Wäsche

„Ohne Fleiß kein Preis" stand wie zum Trost auf den selbst-
gehäkelten Borten in den Wäscheschränken der Mütter und
Großmütter. Stück für Stück der gemangelten Pracht war
nach allen Regeln der Kunst verstaut: je ein Dutzend im Bündel, möglichst vier Dutzend von jeder Sorte. Körperhandtü-
cher, Geschirr-, Messer- und Fenstertücher wurden so über-
einandergelegt, daß die eingestickten Verwendungszwecke
sichtbar waren. Daneben Kopfkissen mit bestickten Einsät-
zen, Bettbezüge, Laken, lange, offene Hosen, Nachthemden,
bestickte Untertaillen, Tischdecken und Servietten – mit Mo-
nogramm und Nummer – unverwüstlich, so daß Kinder und
Enkel davon noch profitieren konnten.

Meine Großmutter hatte mit dem Sticken ihrer Aussteuer
begonnen, als sie 16 Jahre alt war und meinen Großvater
kennenlernte. Geheiratet wurde erst vier Jahre später, als
die Aussteuer fertig war.

Heute können wir uns gar nicht mehr vorstellen, wie mühsam einst das Wäschewaschen war! In unserem großen, für
damalige Verhältnisse sehr modernen Eckhaus in der Köni-
gin-Luise-Str. 2/3 schräg gegenüber dem Schloß Charlottenburg gab es dafür die über unserer Wohnung gelegene Waschküche und den Trockenboden. Einmal im Monat mieteten
wir sie für mehrere Tage. Es kam eine Waschfrau, denn keine Hausfrau konnte diese schwere Arbeit allein verrichten.

Die Hausordnung

2. „Der unnötige Aufenthalt vor den Haustüren, auf Höfen, Treppen und Fluren ist nicht gestattet ... Auch muß überhaupt im Hause jedes störende Geräusch, starkes Türwerfen, lärmendes Treppenaufsteigen, Spielen und Lärmen der Kinder, Zänkerei vermieden werden. Das Gehen in Holzpantinen ist auf Fluren und Treppen, wie in der Wohnung verboten. Sind mehrere Aufgänge zur Wohnung vorhanden, so dient die Vordertreppe nicht zur Benutzung für Bedienstete, Verkäufer und Lieferanten.

4. „Wäsche darf nur in der Waschküche gewaschen und gespült und auf dem Trockenboden getrocknet werden, der nicht länger als zwei Tage bei jeder Wäsche benutzt werden darf. Säuglingswäsche, Strümpfe, Kragen, Stulpen, Taschentücher in geringen Mengen dürfen in geringen Mengen in der Wohnung gewaschen, aber nicht getrocknet werden. Die Bestellung der Waschküche und des Trockenbodens wird der Reihenfolge nach, soweit sie frei sind, ... angenommen. Mieter hat Waschküche nebst Zubehör und Trockenboden am letzten Tage der gestatteten Gebrauchszeit sorgfältig gereinigt zurückzugewähren. Für die Benutzung der Waschküche hat Mieter für jeden Waschtag 30 Pfennig zu zahlen. Das Waschen und Trocknen der Wäsche für nicht im Hause Wohnende, sowie die Benutzung der Badewanne und des Abwaschtisches zur Wäsche ist verboten."

Ein Ausschnitt aus der Hausordnung zu unserem Mietvertrag vom 21. Dezember 1919. Das Verhalten der Bewohner im Haus Königin-Luise-Straße 2/3 in Berlin-Charlottenburg, unter anderem auch das Wäschewaschen, waren genau geregelt. In diesem schönen, alten, „hochherrschaftlichen" Haus wohne ich noch heute.

Sobald bei der Portiersfrau für den Schlüssel quittiert worden war, begann der Transport der Waschgefäße nach oben. Wir Kinder, meine Spielkameraden und ich im Alter von acht bis zwölf Jahren, mußten helfen, machten aber meist ein Gaudium daraus. Wir versuchten, ein Paar Holzpantinen zu ergattern, um damit über den Fußboden zu poltern. Da es verboten war, wurden sie uns eiligst weggenommen. Der

Krach hätte die anderen Mieter verärgern können, die Nachbarn, zu denen wir ein gutes Verhältnis hatten. Nicht zu stören, wurde uns als Pflicht gegenüber anderen Menschen anerzogen.

Verboten war es auch, unbeaufsichtigt in der Burschenkammer zu kramen. Die Waschfrau, die hätte aufpassen können, hatte keine Zeit dazu. Wir bettelten zwar, aber wir wußten auch, daß es ihr unmöglich war, weil sie mehrmals in den Keller gehen mußte, um Holz und Kohlen die sechs Treppen heraufzuholen. Anderntags heizte die Waschfrau den Ofen unter dem Kupferkessel. Vorher prüfte sie, ob er auch recht glänzte, denn das gehörte zur Standesehre!

Im Sommer waren diese Vorbereitungen für uns unterhaltsam und vergnüglich und für alle Beteiligten leidlich zu ertragen. Im Winter jedoch bereitete der Waschtag nur Unbehagen. Man fror jämmerlich! Es mußte mit kaltem Wasser eingeweicht werden, weil die Warmwasseranlage, die unsere Wohnungen mit fließendem Heißwasser versorgte, leider nicht bis in die Waschküche hinaufreichte. Erleichterungen für das Dienstpersonal waren damals nicht üblich.

Erst, wenn das Feuer brannte, erwärmte sich der Raum, dann beschlugen die trüben Fensterscheiben, und der Dampf quoll unter dem riesigen Holzdeckel hervor.

„Geh weg, sonst verbrühst du dich!" klang es durch den Nebel, und nasse Wäsche klatschte in die Zinkwanne neben dem Ofen. Erst die Wäsche, dann das Wasser, das mit dem Eimer darübergegossen werden mußte, weil der Kessel keinen Abfluß besaß. Während alles etwas abkühlte, ruhte sich die Waschfrau auf einem dreibeinigen Hocker aus. Danach rubbelte sie sich auf dem Waschbrett die Hände wund.

Und weiter ging es. Klarkochen mit „Sil", die Buntwäsche, die selten farbecht war, trennen, die Wäsche mit violetten Papierstreifen, die beim Anfassen mit feuchten Händen schon färbten, bläuen. Dann wurde ein Kartoffelmehlaufguß durchgeseiht, damit keine Klümpchen an die Wäsche gelangten, wenn damit Kragen und Manschetten gestärkt wurden. Das Auswringen, auch der großen Stücke, geschah mit den Händen, weil es mit der Wringnudel ebenso anstrengend war.

Das Schlimmste im Winter aber war das Aufhängen der Wäsche auf dem eisigen Trockenboden. Die Wäschestücke erstarrten in wenigen Minuten. Beim Aufhängen durften wir nicht helfen, weil wir noch zu klein und zu ungeschickt waren. Ein einziges, auf den schmutzigen Holzboden gefallenes Wäschestück – und die schreckliche Prozedur hätte von vorn beginnen müssen!

Meine Mutter brachte zum Aufwärmen heißen Kaffee herauf und half der Waschfrau. In diesem Moment entwischten wir durch eine Tür auf die Hintertreppe, eine Wendeltreppe, führte, die unten an der Gartenseite des Hauses endete. Das war der „Aufgang für Dienstboten und Lieferanten". Es erhöhte den Reiz dieser Treppe, daß unsere Schritte mit den Holzschuhen auf den Steinen dröhnend widerhallten.

Natürlich durften wir dort nicht spielen. Wenn wir uns aber leise verhielten und hinter vorgehaltener Hand kicherten, statt laut zu lachen, wozu es immer Gründe gab, konnten wir wenigstens ein paarmal über die zum Geländer hin sehr schmal werdenden Stufen balancieren. Wir wurden aber schnell entdeckt und zurückgerufen. Natürlich hörten wir auf die Erwachsenen. Ich kann mich nicht erinnern, daß wir uns in einer bestimmten Situation je ernsthaft widersetzt hätten.

Wenn die Wäsche von der Leine genommen wurde, war sie noch lange nicht schrankfertig. In der Wohnung wurde sie in Roll- und Plättwäsche getrennt. Letztere mußte Mutter sich gleich vornehmen, solange sie noch klamm war. Wenn das Bügeln aus Zeitmangel nicht sofort möglich war, mußte jedes Stück später erst eingesprengt werden. Mutter mühte sich ab, denn „bügelfrei" war noch ein Fremdwort.

Zum Mangeln gingen wir in ein nahegelegenes Seifenge-

schäft. Abscheulich, aber unabänderlich! Wir waren angemeldet! Der Wäschekorb mußte vorsichtig die Treppe hin-
untergetragen werden. Einer ging rückwärts voraus und hielt
den Korb mit ausgestreckten Armen an einer Seite, der andere lief gebückt und faßte an der anderen Seite an. So blieb
der Korb in der Waagerechten. Aufwärts war es noch be-
schwerlicher. Der Korb durfte nicht in die Schräge gelangen,
sonst wären die Wäschestücke verrutscht und zerknittert.

Das Rollungetüm befand sich in einem Nebenzimmer des
Seifenladens. Dort war es dunkel und kalt, und es roch nach
billigem Seifenpulver. Vor dem Fenster stand der Ablagetisch
mit einer Spezialvorrichtung für die Kaulen, lange Rundhöl-
zer, um die die Wäschestücke auf Rolltüchern, die wir mit-
brachten, so platzsparend wie möglich gewickelt wurden. Das
wollte gekonnt sein! Wehe, wenn sich etwas verschob, sich
eine Falte bildete oder das Muster einer Spitzendecke sich
an anderer Stelle eindrückte! Dann hieß es: Noch einmal von
vorne! Während Mutter die Kaulen bewickelte, drehte ich
die Handkurbel. Sodann rollte der schwere Wagen, der Ober-
bau des Monstrums, hin und her. Als die beiden ältlichen
Damen, die Inhaberinnen des Seifenladens, die Handrolle
durch eine elektrische ersetzten, war die Prozedur zwar ein-
facher, aber gleichzeitig langweiliger geworden.

Meist bat ich meine Spielkameraden, mich doch während
der Rollstunden im Seifenladen zu besuchen. Wenn sie dann
tatsächlich kamen, störte das meine Mutter, so daß sie uns –
wie von mir gehofft – bald hinausschickte. Dann mußte ich
nur noch beim Heimtragen der Wäsche helfen.

*(Weitere Erinnerungen dieser Autorin finden Sie im Band „Kindheit 1933–
1939" der Reihe* **ZEITGUT***.)*

[Lojewo, Kruszwica bei Inowrocław*);
1929–1938]

Rosemarie Kirschke

Erinnerungen an Lojewo

Am schönsten war der Park im Frühjahr und im Sommer,
denn damals gab es noch richtigen Frühling mit ersten lau-
en Winden im März, denen zwar immer noch frostige Tage
folgten, aber es war schon dieses Ahnen da, ein ganz eigener
Geruch lag in der Luft, die Vogelstimmen mehrten sich, und
nicht lange, dann kamen die ersten Störche aus dem Süden
zurück. Auf dem Dach unseres Speichers hat viele Jahre lang
ein Storchenpaar genistet und seine Jungen aufgezogen. Nahrung fanden sie genug in der Umgebung, denn es gab feuch-
te Wiesen und Moore, wo wir dann bei Spaziergängen die
schönen, großen Vögel gravitätisch dahinstolzieren sahen.
Für uns damals ein ganz alltägliches Bild, es gehörte in unsere Landschaft hinein, und dennoch entzückte es uns immer aufs neue.

An den Sommerabenden, wenn die Hitze des Tages noch
über dem Park lag, verströmten blühende Jasminbüsche ihren süßen Duft, und von den Akazien in ihren weißen Blü-
tenkleidern wehten betäubende Wolken herab. Manchmal gab
es beinahe verwunschene Abende, wenn es so still war, daß
man meinte, die Stille hören zu können. Dann geschah es
auch, daß eine Nachtigall zu schlagen anfing, aber das waren auch zu jener Zeit schon seltene Augenblicke. Dafür rief
am Tage der Kuckuck wohl zum hundertsten Male, ohne daß
wir ihn je zu sehen bekamen.

---

*) Die Kreisstadt Inowrocław, südwestlich von Toruń, hieß vor dem Ersten Weltkrieg
und von 1939-1945 Hohensalza.

Am meisten aber liebte ich das zauberhafte Flöten des Pirols, dieses scheuen, aber wunderschönen Vogels, den wir ab und zu wie einen gelbschwarzen Blitz aus dichtem Geäst auffliegen sahen. Nie wieder habe ich seither sein unvergleichliches Lied gehört, und wenn ich an Lojewo denke, dann taucht als erstes der Pirol mit seiner Melodie darin auf.

Im Winter lag der Park unter einer dichten Schneedecke, nur die Wege wurden stets freigeschaufelt. Sehr zum Bedauern für uns, denn wir Kinder rodelten so gern die abschüssigen Wege zum See hinunter. Sonst gab es ja weit und breit keine Möglichkeiten zum Rodeln in unserem flachen Land.

War der See dick zugefroren, dann kamen die Fischer und schlugen Löcher ins Eis, in die sie ihre Netze auslegten, die oben auf der Eisdecke mit Pflöcken beschwert wurden. Uns gab das Eis neuen Vorrat für den Eiskeller, der sich in der äußersten Ecke des Parks befand. Elektrische Kühlschränke kannten wir nicht, und so wurde in den Behälter ganz oben im Eisschrank täglich eine Portion Eis hineingelegt. Unter dem Boden des Eisschranks hing eine flache Wanne, die das getaute Eiswasser auffing.

Im Winter wurde auch das trockene Schilf geschnitten und zu einem großen Schober aufgeschichtet. Damit wurden die Dächer der Ställe und auch einiger Häuser im Dorf neu gedeckt oder ausgebessert. Auch der Eiskeller hatte so ein schilfgedecktes, tief heruntergezogenes Dach, denn es schützte nicht nur vor Kälte sondern auch vor der Sommerhitze.

Wie bei allen Landkindern, so war auch für uns vier Geschwister, meine drei Brüder und mich, die Schule ein Problem. Es gab zwar eine Schule in unserem Dorf, benannt nach einem bekannten polnischen Dichter, Stanislaw Przybyszewski, der in Lojewo geboren worden war. Aber es war eine rein polnische Schule, und noch hatten wir diese Sprache ja nicht gelernt. Sie wurde erst ab der zweiten Grundschulklasse unterrichtet, und das auch nur in den deutschen Schulen, die es in größeren Städten durchaus noch gab.

Das Problem lösten unsere Eltern dadurch, daß zunächst der Dorfschullehrer jeden Nachmittag ins Haus kam und zuerst mich, später auch meinen jüngeren Bruder unterrichtete. Es war ein sogenannter „Deutsch-Pole", der fließend Deutsch sprach und uns daher auch deutsche Rechtschreibung beibringen konnte.

Im zweiten Schuljahr begann das Erlernen der polnischen Sprache, und es gab ein weiteres, für mich sehr interessantes Fach, die Heimatkunde. Lehrer Aleksandrzak erzählte uns aus der deutschen Schulchronik, die im Dorfschulhaus aufbewahrt wurde. So erfuhr ich, daß unser Gut einst eine Domäne war, also ein Klostergut. Anfang des 19. Jahrhunderts, als Napoleon siegreich nach Osten zog, verteilte er großzügige Geschenke an verdienstvolle Generäle, und so erhielt General Oudinot die Domäne Lojewo in der ehemaligen preußischen Provinz Posen. Der General konnte natürlich das Gut nicht selbst bewirtschaften und setzte einen Verwalter ein, das war Kazimierz Jeszke. Sein Grab auf dem katholischen Friedhof im Nachbarort Gòra war noch bis zum Jahre 1945 gut erhalten, die Inschrift lesbar.

Von Herrn Aleksandrzak lernte ich auch eine polnische Sage, die aus unserer Nachbarschaft erzählte, vom Goplosee, an dessen nördlichem Ende unser Gut gelegen war, und dem Mäuseturm in Kruszwica. Damals habe ein tyrannischer Fürst namens Popiel geherrscht. Er verlangte von seinen Untertanen solche hohen Abgaben, daß eine Hungersnot ausbrach, er selbst aber schwelgte im Reichtum. Durch einen Aufstand gelang es, Popiel zu stürzen, und man warf ihn in den Schloßturm. Dort aber lebten Hunderte von Mäusen, die sich über das Korn hergemacht hatten, das im Turm lagerte. Die Sage berichtet, die Mäuse hätten den tyrannischen Fürsten aufgefressen.

Den Mäuseturm in Kruszwica gab es zu unserer Zeit immer noch, er war ein beliebtes Ausflugziel. Man konnte ihn auf einer engen Holztreppe im Inneren des Turmes bis zur höchsten Spitze besteigen. Von oben hatte man eine herrliche Aussicht auf die weite Landschaft und den langgestreckten See mit seinen schilfbewachsenen Ufern und winzigen kleinen Inselchen mitten darin. Wie oft sind wir mit Gästen dorthin gefahren, um ihnen wenigstens eine Sehenswürdigkeit unserer sonst nicht gerade abwechslungsreichen Heimat zu zeigen.

Unser Park, von dem das Gutshaus umgeben war, grenzte an das nördliche Ende des Goplosees. Es ist ein 36 Kilometer langer See, durch den ein kleines, aber recht langes Flüßchen fließt, die Netze, die wiederum durch den Bromberger Schiffahrtskanal mit der Weichsel und damit mit der Ostsee verbunden ist.

Unser Lojewo bestand aber nicht nur aus dem Gut sondern auch aus dem dazugehörigen Dorf. Es war ein sogenanntes Straßendorf, durch das eine gepflasterte Straße zum Gutshof und, wollte man nicht gerade zu uns, weiter zu den Nachbardörfern und schließlich bis nach Kruszwica führte. Allerdings war diese Straße nicht bis zu ihrem Ende gepflastert, sie verlief schließlich kurz vor Kruszwica ein Stück am Seeufer entlang; je nachdem, wie hoch der Wasserstand gerade war, platschten die Pferde in das aufspritzende Wasser. Denn natürlich fuhr man im Pferdewagen, obwohl unser Vater damals auch schon ein Auto hatte, aber auf solchen Straßen war man mit einem Auto im wahrsten Sinne des Wortes verloren.

Bis zum Jahre 1930 galt bei uns noch das alte preußische Gesetz, nach dem der Gutsvorstand auf die polnische Republik vereidigt werden mußte. Das bedeutete für ihn, bestimmte Polizeibefugnisse zu haben, aber auch eine Sorgepflicht gegenüber seinen Untergebenen. Später wurden diese sogenannten Gutsbezirke aufgelöst und zu Sammelgemeinden unter einem Schulzen (= szoltys) vereinigt.

Unser Vater wurde in den Gemeinderat gewählt, und dank seiner guten polnischen Sprachkenntnisse auch zum Vorsitzenden des Schulvorstandes. Da der Dorfschullehrer mit seiner Familie auch im Schulhaus wohnte, gehörte auch seine Wohnung unter die Obhut unseres Vaters. Denn zur Sorgepflicht eines Gutsbesitzers gehörte die Erhaltung und, wenn nötig, Instandsetzung der Arbeiterhäuser im Dorf, in denen alle unsere Gutsarbeiter mit ihren Familien wohnten. Außerdem gab es noch zwei selbständige polnische Bauern mit ihren Gehöften, zu denen wir immer eine gute Beziehung hatten, die auch auf gegenseitiger Hilfe beruhte, wenn diese erbeten wurde.

Vater hatte von Anfang an dafür gesorgt, daß jedes der Arbeiterhäuser einen Vorgarten bekam, in dem Blumen gezogen wurden. Gemüse und Kartoffeln wurden hinter dem Haus angepflanzt, so daß die Dorfstraße immer ein optisch hübsches Bild bot. Für Ordnung und Sauberkeit stand Vaters Sinn, und alle richteten sich gern danach.

Als ich viele Jahre nach dem letzten Krieg unser Dorf besuchte und mit einigen noch lebenden ehemaligen Gutsarbeitern sprechen konnte, bedauerten diese es sehr, daß die Ordnung und Sauberkeit nun nicht mehr so gepflegt werden. Man sah es auch an den fehlenden Vorgärten, wo es früher während der Sommermonate grünte und blühte.

Vater ließ auch nach und nach in den Wohnungen Holz-
fußböden einziehen, denn die meisten hatten vorher nur
Lehmböden gehabt, die einfach festgestampft und dann mit
Sand bestreut wurden. Je zwei Familien besaßen hinter dem
Haus einen Stall für Schweine und Hühner oder Ziegen und
einen Schuppen für Torf und Holz, Kohlen und Heu, wobei
die Brennmaterialien das Deputat waren, das ihnen neben
ihrem Lohn für ihre Arbeit zustand. Wer eine sogenannte
Deputat-Kuh besaß, durfte sie in einem gemeinsamen Stall
im Dorf unterbringen.

Im Krankheitsfall oder bei Geburten ließ Vater auf seine
Kosten den Arzt oder die Hebamme holen. Zur jährlichen
Feier der Kommunion im vier Kilometer entfernten Gòra
wurden die Kinder auf einem großen, mit Bänken bepack-
ten und festlich mit Grün geschmückten Leiterwagen gebracht. Ebenso stellte Vater bei Beerdigungen einen Wagen
zur Verfügung, mit dem der Sarg nach Gòra gefahren wurde. An den meisten Beerdigungen nahm Vater als „Patron"
des Dorfes teil, soweit es seine Zeit erlaubte.

Als unsere Eltern im Jahre 1923 das Gut übernahmen,
gab es noch keinen elektrischen Strom, und man benutzte
Petroleumlampen. Ich kann mich noch dunkel an diese ewig
blakenden, nicht gerade sehr hellen Lampen mit den großen
gläsernen Schirmen erinnern.

Dann ließ Vater mitten auf dem Hof eine elektrische Zen-
trale bauen, in dem mit einem Generator Strom erzeugt
wurde. Die Leitungen wurden in unser Haus und sämtliche
Ställe gelegt. Mitten auf dem Hof stand eine besonders helle
Lampe auf einem sehr hohen Mast, die brannte die ganze
Nacht hindurch, um etwaige Einbrecher abzuschrecken.

Natürlich gab es auch einen Nachtwächter, der mit zwei
Hunden jede Nacht um das Haus herum und auf dem ganzen Hof die Runde machte. Er sah auch in den Ställen nach,
ob dort alles in Ordnung war. Für ihn stand neben dem großen Hoftor, das nachts fest verschlossen wurde, ein kleines

Häuschen zur Verfügung, in dem er sich zwischen seinen Runden ausruhen und bei Regen und Kälte Schutz suchen konnte. Ich kann mich aber nicht erinnern, daß jemals ein Einbrecher in die Nähe unseres Hofes gelangt wäre.

Wir hatten auch eine eigene Wasserversorgung, denn auch an Wasserleitungen über Land mangelte es damals noch. Im Dorf gab es eine Pumpe, und meistens waren es die Frauen, die das Wasser holten. Sie trugen an jeder Seite zwei Eimer, die mit Ketten an einem Querholz befestigt waren, das über ihrer Schulter lag. Auf dem Hof gab es einen Brunnen, aus dem das Wasser gepumpt wurde und durch unterirdische Leitungen in unser Haus und die Ställe floß.

Als Wasserpumpe diente der Göpel oder auch Roßwerk genannt, vor das ein Pferd oder auch ein Ochse gespannt wurde, die dann die vier kreuzweise angebrachten Balken im Kreis herum ziehen mußten, bis das Reservoir auf dem Dachboden unseres Hauses und anschließend auf dem Heuboden über dem Kuhstall aufgefüllt war. Als sichtbares Maß hierfür diente eine riesige Meßlatte, die außen an Haus und Kuhstall angebracht war. Sie mußte so groß sein, damit sie auch von unten erkennbar war. Mitunter wurde das Roßwerk auch durch die Lokomobile ersetzt, die sonst als Antrieb zum Dreschen benutzt wurde. Eine Lokomobile ist eine Dampfmaschine, bei der jedoch die erzeugte Kraft nicht auf die Räder umgesetzt wird, sondern auf den Antrieb eines Motors. Daher vermochte die Lokomobile auch nicht aus eigener Kraft fahren, sie mußte von mindestens vier Pferden von einer Stelle zur anderen bewegt werden. Pferde waren es deshalb, weil es damals bei uns noch keine Zugmaschinen wie Traktoren gab.

Unser Park, von dem das Wohnhaus umgeben war, grenzte an den Goplosee, und zwar an sein nördliches Ende. Es ist ein 36 Kilometer langer See, durch den ein kleines, aber recht langes Flüßchen fließt, die Netze. Durch den Bromberger Kanal gelangten die Schiffe in die Weichsel und von dort aus in die Ostsee. So war eine ideale Wasserstraßenverbindung von uns bis an die Ostsee vorhanden, und sie wurde zum Transport von Kartoffeln und Getreide benutzt, da dieser Weg billiger war als der zu Lande. Vermutlich hat der Transport etwas länger gedauert, das weiß ich nicht. Jedenfalls war es für uns Kinder immer eine kleine Sensation, wenn so ein großer Lastkahn hinter unserem Gutshof vor Anker ging. Der See war mit etwa acht Metern tief genug für so ein Schiff.

Am Parkufer hatten wir eine winzige Badebucht, mit feinem Sand aufgeschüttet, rechts und links von Schilf umgeben. Sogar einen hölzernen Steg gab es, an dessen Ende ein Sprungbrett etwa drei Meter über dem Wasser die mehr oder weniger mutigen Schwimmer zum Springen lockte. War es noch nicht warm genug zum Baden, dann ruderte uns Vater mit dem alten Kahn auf den See hinaus, oder wir durften nacheinander mit ihm im Kajak unsere sportlichen Fähigkeiten beim Paddeln beweisen.

Wenn ich heute rückblickend diese Zeit meiner Kinder- und Jugendjahre betrachte, so erscheint sie mir im Vergleich zur Gegenwart paradiesisch. Gar nicht einmal wegen des materiellen Hintergrundes, sondern vielmehr wegen einer unbedingten Sicherheit, in der wir uns geborgen fühlen konnten. So wie die Natur in ständig gleicher Gesetzmäßigkeit das Leben und Arbeiten auf dem Lande bestimmte, so verlief auch unser Leben in einem von innerer Ruhe und Sicherheit geprägten Gleichmaß.
Unseren Kindern und Enkeln ist dieses Gefühl nur schwer zu vermitteln, da sie in der Hektik und Unruhe unserer heute so schnellebigen Zeit aufwachsen müssen. Schade, denn sie wissen nicht, was ihnen entgangen ist.

Hans Wagner

Potsdamer Erkundungen

Im Norden Potsdams, nördlich des Parks von Sanssouci, liegt das Bornstedter Feld. Es diente der Potsdamer Garnison schon vor dem ersten Weltkrieg als Übungs- und Exerzierplatz. Es wird am Ostrand durch einen 200 Meter breiten Mischwald aus mächtigen Eichen und schlanken Buchen gegen die Nedlitzer Chaussee abgeschirmt, die nach Norden führt. Dieses Wäldchen ist der Schragen.

Die Beamten- und Soldatenstadt hatte in den 20er Jahren große Schwierigkeiten, ihren Staatsdienern Wohnungen anzubieten. So entschloß man sich, den südlichen Teil des Schragens abzuholzen und dort Wohnungen zu bauen, die den Beamten vorbehalten sein sollten. Es entstand eine 500 Meter lange Siedlung von Reihenhäusern mit je fünf Zimmern, zwei Mansarden, einem kleinen Vorgarten und einem großen Garten hinter dem Haus, den man durch eine helle Loggia erreichen konnte. In einem Potsdamer Stadtführer dieser Jahre ist sie als „aus schmucken Häusern bestehende Siedlung Vaterland" erwähnt, ein dem stockkonservativen Potsdam durchaus angemessener Name. – In unserer alten Heimat hätte man so eine Siedlung sicher „Solidarität" oder „Vorwärts" getauft.

Hierher zog nun die Familie des Schulrates aus Breslau mit der Tochter, die gerade die Sexta bewältigt hatte, und dem vierjährigen Sohn ungeklärten Glaubens – aufgrund ei-

---

*) heute Wrocław in Polen

nes Streits zwischen meinem Vater und dem Pfarrer meines
Geburtsortes Bütow in Hinterpommern wurde ich nicht getauft – in das Haus Am Schragen 56, dem vorletzten der Siedlung. Es war der 1. Oktober 1925. Wenn auch der spätere
Vorgarten und der Gemüsegarten noch in völliger Wildnis
dalagen, so mußte es uns doch im Vergleich zu der düsteren
Stadtwohnung in der Breslauer Tauentzienstraße als das
Paradies erscheinen. Aber auch das soll ja am ersten Tag
nicht gleich komplett gewesen sein. Direkt am Wald, unmittelbar am für Riesen dimensionierten Spielplatz, dem Bornstedter Feld, von allen anderen noch zu schildernden Herrlichkeiten ganz zu schweigen, war das neue Zuhause ein
Paradies. Ein Paradies, in das jeden Morgen der Milchmann
mit seinem Wagen, der von einem Schimmel gezogen wurde,
einfuhr. Nachdem er mit einer großen Glocke gebimmelt
hatte, füllte er aus einem Riesenfaß die Milchkannen. Nebenbei nahm er auch die täglich anfallenden Kartoffelschalen mit, um seine Kühe damit bei Laune zu halten.

Am ersten Tag konnten wir die Wohnung nur über Bohlen erreichen. Das war eher ein Problem für die Möbelträger
als für uns. Das Gelände vor und hinter dem Haus wurde
von einem säuerlich riechenden Mann, dessen dickes, rotes
Haar unter einer speckigen Mütze hervorquoll, emsig bearbeitet. Er nannte das „rigolen". Nach kurzer Zeit war hinter
dem Haus ein Garten mit streng abgezirkelten Beeten und
Wegen entstanden. In der hintersten Ecke wurde eine große, tiefe Tonne in die Erde versenkt und auch gleich – wiederum vom Milchmann – mit Jauche gefüllt. Sie sollte bei
der Konfirmation der Tochter noch eine Rolle spielen.

Nun war meine Mutter vornehmlich damit beschäftigt, diesem alten Waldboden Pflanzen aller Art anzuvertrauen. Es
wurden Bäume gepflanzt, die einem schon allein beim Nennen so schöner Namen wie „Cox Orange" oder „Williams
Christ" das Wasser im Mund zusammenlaufen ließen. Ein
herrliches Jungenleben konnte beginnen.

Auch der gute Hausgeist hatte gewechselt. Liesbeth, die mich in Breslau in eigener Regie im Nichtschwimmerbekken getauft hatte, bekam von ihren Eltern den strikten Befehl, Schlesien nicht zu verlassen, schon gar nicht in die Nähe des sündigen und verrufenen Berlin.

So kam also Alma aus Anklam in Vorpommern zu uns. Sie sprach das dort übliche gedehnte Deutsch sehr langsam. Daß sie aus Vorpommern, ich aber aus Hinterpommern stammte, war für uns der Anlaß zu vielen Disputen, welches wohl das schönere Pommern und die schöneren Pommern seien; ich weiß nicht, ob ich ihr jemals gestanden habe, daß mein Aufenthalt in Bütow nur 14 Tage gedauert hat. Alma war ein großes, grobknochiges Mädchen mit Händen wie Schaufeln, einem stets rotglänzenden, großporigen Gesicht. Die aschblonden, langen Haare waren zu zwei Zöpfen geflochten, die wie ein Adventskranz auf ihrem Kopf drapiert waren. Es sah sehr putzig aus und gefiel mir. Wir waren in den beiden Mansardenzimmern untergebracht. Die Isolierung von der übrigen Familie behagte uns.

Alma war eine gelehrige Schülerin, die Kunst der perfekten Haushaltsführung zu erlernen. Eine Fingerübung auf dem Weg dahin bedeutete für sie ein Glöckchen, das meine Mutter auf dem Eßtisch plazierte, um Alma, ohne sie rufen zu müssen, an den Tisch zu locken. Da meine Schwester sich meiner Vorliebe für Senf (Diese resultierte aus meinem „Lutschleiden". Ja, ich gebe zu, ich habe bis zum Schulbeginn mit großem Vergnügen gelutscht und keinen der Daumen bevorzugt. Der Versuch meiner Mutter, das Lutschen durch dickes Bestreichen der Daumen mit scharfem Senf zu verhindern, schlug fehl. Im Gegenteil, ich lernte den Mostrich lieben und bin bis heute ein begeisterter Fan geblieben.) – angeschlossen hatte und bei fast jeder Mahlzeit danach verlangte, wurde das Glöckchen vornehmlich dann zum Scheppern gebracht, wenn der Mostrich fehlte.

Bei einem feierlichen Damenkränzchen, die Kollegenfrauen meines Vaters waren geladen, war die Kaffeesahne zu Ende gegangen, die Glocke wurde betätigt. Da erklang die erschrockene Stimme Almas aus der Küche: „Jott, ich Dammel, der Mostrich fehlt", und sie brachte ihn mit schuldbewußtem Gesicht auf einem kleinen Silbertablett. Meiner Mutter stieg eine starke Rötung ins Gesicht, die Damen gaben sich gemäßigt amüsiert.

Größere Festlichkeiten standen an. Mein Vater lud seine nächsten Mitarbeiter samt Gattinnen zu einem kleinen Empfang ein. Dabei sollte der Filius als Prachtstück der Familie präsentiert werden. Neue Kleidung, vor allem eine über die Knie reichende Hose, war notwendig.

Eine Einkaufsfahrt nach Berlin ins Kaufhaus des Westens sollte mir hochwertige Fabrikate – von Bleyle – bescheren. Die Verkäuferinnen bauten Berge von Matrosenjacken und -hosen, was damals große Mode war, vor uns auf. Die vorgelegten Stücke wurden von mir sofort durch Befühlen begutachtet. Sie kratzten und waren außerdem so schwer, als hätten sie einen Bleikern. Ich verkündete meiner Mutter, diese Sachen nicht zu wollen. Mir schwebte etwas Leichtes aus Baumwolle vor, das vor allem nicht kratzen durfte. Der Blick meiner Mutter war vernichtend. „Was verstehst du schon von Baumwolle? Das hier ist ausgezeichnete Wollqualität, haltbar und solide", was die Verkäuferin nickend bestätigte.

Also mindestens probiert werden mußte, da half alles nichts. Die Matrosenjacke wurde über mich gestülpt, in die Hose, die mir bis unter das Knie ging, wurde ich hineingehoben. Ich erstarrte im selben Augenblick: jede Bewegung jagte mir Schauer durch den ganzen Körper. Zu ertragen war das Zeug nur, wenn man völlig regungslos dastand. Ich heulte, bat darum, mir das nicht anzutun, mir was Leichteres zu kaufen. Je mehr ich mich sperrte, desto mehr schien meine Mutter von der Richtigkeit ihrer Wahl überzeugt. Der Verkäuferin sagte sie, der Junge würde sich schon daran gewöhnen. Also einpacken, zahlen, nach Hause. Hier wurde vor dem großen Ereignis kein Wort mehr darüber verloren.

Als der Tag, dem ich entgegenzitterte, gekommen war, bekam Alma neben ihren vielfältigen Aufgaben in der Küche auch den Auftrag, mich zu kostümieren. Da ich mich diesem Akt durch Flucht in den Keller entzog, und sie mich suchen mußte, geriet sie in Zeitnot. Eine Stunde vor Ankunft der Gäste hatte sie mich aber in meinem Zimmer arretiert und die beiden Kleidungsstücke griffbereit auf dem Bett zu liegen. Meine Gegenwehr war so groß, daß sie meine Schwester zu Hilfe rufen mußte. Zu sagen, sie hätten die Kratzbluse und die Kratzhose über die entsprechenden Körperteile gestreift, wäre eher untertrieben. Nein, sie zwängten mich hinein, eine hielt mich fest, die andere zurrte das drahtbürstige Gewebe an mir fest.

Viel lieber hätte ich gar nichts angezogen als den kratzigen Bleyle-Matrosenanzug! Aber aus dem Alter war ich nun doch schon heraus...

Ich schrie nicht nur wie am Spieß, sondern merkte erneut, daß das Kratzgefühl am geringsten war, wenn ich starr, ohne jede Bewegung, mit leicht nach vorne gewinkelten Armen dastand. Mir fiel der große, ausgestopfte Braunbär im Empfangssalon der Villa des Herrn Abramowitz ein. Das war der

Besitzer des Kaufhauses Hirsch in Potsdam, bei dem mein Vater einmal in der Woche Skat spielte, und der mir viele meiner Fragen mit dem Satz: „Bin ich Jesus, wächst mir ein Kornfeld aus der flachen Hand?" beantwortete. Das imponierte mir sehr. Und noch mehr eben dieser Bär, der in meiner jetzigen Haltung in der Halle stand. Auf seinen Unterarmen lag ein silbernes Tablett, das als Ablage für die Visitenkarten der Gäste diente. Diese Rolle – völlig reglos dazustehen – könnte ich heute auch spielen.

Die beiden Damen nahmen den erstarrten Knaben wie eine Schaufensterpuppe unter die Arme, transportierten ihn über die Treppe nach unten und stellten ihn in unserem, etwas bescheidenen Flur auf, wo die ersten Gäste bald zu erwarten waren. Meine Mutter sah mich giftig an und zischte, daß ich bald ins Bett verschwinden müßte, wenn ich mich weiter so anstellte. Das war für mich ein Hoffnungsschimmer und Ansporn, meine steife Haltung beizubehalten.

Der erste, der erschien, war Reg. Medizinalrat Dr. Meier nebst Gattin: groß, dick, das Gesicht von Schmißnarben zerfurcht, gelegentlich das Monokel im rechten Auge. Das benutzte er jetzt, um mich betroffen zu mustern. Er war wohl überrascht, daß der Kollege Wagner das Handikap eines behinderten Sohnes hatte, und fragte meine Mutter, ob sie eine schwere Geburt gehabt hätte, und ob ich schon sprechen könnte. Das erste verneinte sie, die zweite Frage konnte sie bejahen, wobei sich ihr Gesicht leicht rötete.

„Tja" sagte der Medizinmann, „wahrscheinlich Spastiker, an Schulbesuch in absehbarer Zeit wohl nicht zu denken, üben, viel üben, Heilgymnastik, Sport und Bewegung." Sprach's und ging betrübt zum kalten Büfett.

Als dann Frau von Zitzewitz kam, mich betroffen musterte und streichelte und meine Mutter tröstend in die Arme nahm, war deren Geduld wohl am Ende. Nach einem wütenden Blick, der an meiner Haltung freilich nichts änderte, rief sie Alma: „Bringen Sie den Jungen sofort ins Bett!"

Ich war Alma beim Transport in die Mansarde sehr behilflich, indem ich beim Treppensteigen wenigstens die Knie
beugte. Gemeinsam rissen wir das Drahtgewebe von meinem Leib, dann ging sie noch schnell in die Küche, um einen
meiner Seelentröster zu holen. Das war eine braune Flasche
mit einem gelben Etikett und einem schnuckeligen Nuckel,
durch den ich einen kräftigen Schluck zu nehmen gewohnt
war. –

Man müßte mal nachprüfen, ob der Name „Maggi" von
„magisch" kommt! Ich halte es auch nicht für einen Zufall,
daß die Herstellerfirma dieses Elixiers in den 80er Jahren
ihr 100jähriges Jubiläum feiern konnte, just als der Hersteller der Kratzpullover Pleite machte. –

Noch ein kräftiger Schluck, ein Kapitel aus der „Häschenschule", von Alma mit vorpommer'schem Charme vorgele-
sen, und der Trubel im Erdgeschoß war vergessen. Ich schlief
in einen neuen Potsdamer Tag, von dem der nächste immer
noch schöner war als der vergangene.

Dieser verunglückte Empfang hatte Konsequenzen. Zwar
waren die Kleidungsstücke aus dem KaDeWe vom Tisch –
wohl die erste größere Fehlinvestition meiner Mutter – aber
die Bezeichnungen „spastisch" und „zurückgeblieben" konnte sie nicht auf sich sitzen lassen. Als Bauerntochter wollte
sie kein krankes Kalb in ihrem Stall.

Also hieß es: Schwimmunterricht. Ich war wohl der jüngste Freischwimmer, den das Potsdamer Hallenbad in diesen
Jahren ausgebildet hat.

Daß ich auch der jüngste Teilnehmer der Tanzschule in
der Großen Weinmeisterstraße war, glaube ich indes nicht.
Sicher aber war ich der Schüler, der es am wenigsten lange
aushielt, in schwarzem Trikot und Tanzschuhen hinter der
Tamburin schlagenden Lehrerin leichtfüßig, Fußspitzen immer schön auswärts, hinterher zu hüpfen. Dazu noch als einziger Junge unter zehn Mädchen, das machte ich nicht mit!

Es traf sich gut, daß sich gegenüber diesem Musentempel

das „Hexenhäuschen" von Opa Röhr befand, der hauptsächlich Gärtner, im Nebenberuf aber Rektor einer Schule und Englischlehrer war. Er wohnte in einem Holzhäuschen inmitten eines großen, üppigen Gartens, in dem der Anteil blühender Pflanzen überwog. Wenn man ihn besuchte, hatte er immer eine Gartenschürze um, eine Hacke, Gießkanne oder Schere in den erdigen Händen, irgendwelche botanische Namen vor sich hinmurmelnd. Er war stets beschäftigt: band den Phlox zusammen, der so stark duftete, schnitt die abgeblühten Triebe des Rittersporns ab, brach abgeblühte Rosen aus oder zupfte hier und da ein Unkraut, wobei ihn der scharfe Hahnenfuß besonders ärgerte.

Opa Röhr war ein leidenschaftlicher Vermehrer, ein Reproduktionsfanatiker, der immer noch ein freies Plätzchen fand, um eine Zwiebel aus seiner Schürzentasche, ein paar Samenkörner, einen Ableger oder einen Steckling der Erde anzuvertrauen. Einmal im Jahr fuhr er nach England, von wo er sich als Stammgast von Rosengärtnern in Kent neue Züchtungen mitbrachte. Auch diesmal komponierte er für meine Mutter, die er offensichtlich sehr mochte, einen prächtigen Blumenstrauß, den ich ihr nach dem „ausgefallenen" Tanz- und Hüpfspektakel als Trostpreis mit schönen Grüßen überbrachte.

Zur Pflanzzeit und in der Hochzeit des Rittersporns machte Opa Röhr mit meiner Mutter und mir auch Ausflüge nach Bornim, wo der Blumenzüchter Förster seine große Gärtnerei hatte, in der er uns jede Neuzüchtung der blauen Riesen persönlich vorstellte. Sie hatten alle wunderbare Namen wie „Völkerfrieden", „Gletscherwasser", „Finsterahorn", „Stichflamme", „Tropennacht", „Perlmutterbaum" und „Kirchenfenster", sogar „Dein blaues Wunder" gab es. Als ich nach vielen Jahren wieder nach Bornim kam, war Förster gestorben – die Gärtnerei ein volkseigener Betrieb, die Zucht des Rittersporns nach Erfurt verlagert. Die schöne Erinnerung aber blieb.

Inzwischen war die Siedlung „Vaterland" vollständig bewohnt. Spielkameraden gab es für mich reichlich. Direkt neben uns wohnte der Archivrat Demeter. Er soll der beste Kenner der deutschen Militärgeschichte gewesen sein. Die einzige Tochter, Inge, ein hübsches, blondes Mädchen, war so alt wie ich. Ihre Mutter erregte durch den täglichen Besuch eines Masseurs die Aufmerksamkeit der Nachbarschaft.

Inge war mein erster und wichtigster Partner bei der Erforschung der nächsten Umgebung. Gleich hinter dem Haus begann das Bornstedter Feld. Im tiefen märkischen Sand mit einigen lichten Gehölzgruppen warteten sehr aufregende militärische Unterstände und geheimnisvolle Funde wie leere Patronenhülsen und Attrappen von Handgranaten auf unsere Besitznahme. Übungsanlagen wie Kletterwände, Stacheldrahtverhaue und hölzerne Nachbildungen von „Tanks", wie damals die Panzerwagen hießen, waren unsere liebsten Spielplätze. Und, was ganz wichtig war, nur selten störten übende Soldaten unsere Spiele.

Der Schragen gehörte ebenfalls zu unseren auserkorenen Orten. Seine schönen, alten Bäume spendeten im Herbst so viel Laub, daß man bis zu den Knien darin versank. Wir nutzten es aber auch als Handelsware, indem wir es – pro Sack fünf Pfennige – an die begeisterten Hobbygärtner der Siedlung verkauften. Frau Demeters Warnung, beim Gehen durch tiefes Laub könnte man Kinderlähmung bekommen, blieb unbeachtet.

Unserer Wohnung gegenüber befand sich die geheimnisvolle „Russische Kolonie", etwa zehn, aus dicken braunen Balken gebaute, einzeln stehende Holzhäuser mit roten Geranien vor den Fenstern, umgeben von einem riesigen eingezäunten Garten mit Apfelbäumen. Durch die lichte Hecke konnte man gelegentlich große Männer mit langen Bärten beim geruhsamen Spaziergang beobachten. Das sollten die Nachkommen kriegsgefangener russischer Soldaten sein, denen ein preußischer König die Häuser geschenkt hatte, damit die Soldaten im Lande blieben und die Männerchöre des Königs durch ihre Bässe bereicherten.

Außer Inge und mir waren noch Hilmar Blum und Walter Koch nebst ihren Schwestern an unseren Erkundungen beteiligt. Die neu erworbenen Roller machten uns beweglich und die Gegend unsicher. Jeder Kindergeburtstag wurde ausgiebig gefeiert.

August 1928. Inge Demeters Geburtstag. Die Mädchen haben sich für das Foto extra feingemacht. Vorne links liege ich, neben mir Hilmar Blum und Walter Koch. Die zweite von links ist Inge Demeter.

Nur Veit Valentin, ebenfalls in unserem Alter, wollte mit uns nichts zu tun haben. Er siezte uns und betitelte uns mit „meine Damen und Herren", vor allem verbot er uns, im Winter den winzigen Hügel vor dem Haus seiner Eltern mit dem Schlitten hinunterzufahren. Er war der einzige Sohn des später nach Amerika emigrierten Historikers gleichen Namens, Verfasser einer bekannten Weltgeschichte.

Es waren schneereiche Winter in Potsdam, und die ganze Horde – mit Ausnahme von Herrn Valentin, der hatte ja seinen Privathang – rodelte in Bauchlage den Pfingstberg hinunter, an der zwiebeltürmigen russischen Kapelle vorbei. Vor der stand manchmal der langbärtige Pope und winkte uns freundlich zu.

1926 wurde meine Schwester konfirmiert. Dazu waren große Vorbereitungen getroffen worden. Die Gästeschar füllte das Haus: Ilses Freundinnen, Freunde der Eltern, an der Spitze Opa Röhr. Als Ungläubiger war ich von der kirchlichen Zeremonie befreit, wurde aber durch ein spektakuläres Ereignis im Garten voll entschädigt. Nach einer üppigen Kaffeetafel entstand das allgemeine Bedürfnis, sich die Füße zu vertreten. Also erging man sich im Garten, in dem gerade die Osterglocken blühten. Die Herren schmauchten ihre Zigarren, die Damen bewunderten den gärtnerischen Fleiß. Opa Röhr gab wertvolle gärtnerische Tips, zupfte hin und wieder unauffällig ein Unkräutlein aus.

Das Ereignis Konfirmation sollte nun auch dokumentiert werden, und Vater stellte das Fotostativ auf. Die Herrschaften wurden gebeten, sich so zu plazieren, daß alle auf das Bild kamen. Das war, ohne auf die Beete zu treten, nur in der hinteren Ecke möglich, wo der beim Einzug installierte Jauchekübel stand. Um den herum postierten sich nun die zehn Gäste auf engstem Raum, mein Vater gab die letzte Positionsempfehlung.

Ilse fühlte sich offensichtlich im Kreise der Erwachsenen – trotz ihres prächtigen Konfirmationskleides – als Hauptperson des Tages nicht gebührend beachtet und stellte sich mit beiden Füßen auf den Rand der in die Erde versenkten Tonne. Vater hatte den Auslöser noch nicht betätigt, da gab es einen lauten Krach, Flüssigkeit spritzte, Ilse tauchte schreiend in die Tiefe!

Der Rand der wohl etwas morschen Tonne war gebrochen, meine Schwester stand bis zum Nabel in der Jauche. Die

Kleider der Gäste waren mehr oder weniger befleckt, was man mehr roch als sah. Großes Geschrei, unsicheres Gelächter, Gebrüll der triefenden Ilse, die von Alma zur Entsorgung und Renovierung sofort in die Waschküche und ins Bad verbracht wurde. Es dauerte ziemlich lange, bis sie mit neuem, bei weitem nicht so festlichen Kleid und verheultem Gesicht zu den Gästen zurückkam. Diese hatten unterdessen mit Taschentüchern an ihrer Kleidung herumgerieben. Als ich mir die Bemerkung erlaubte, daß sie noch stinke, bekam ich einen Schubs und einen bösen Blick meiner Mutter. Die Gesellschaft zog sich wieder ins Haus zurück, wo Alma schon das „Trostbuffet" gerichtet hatte.

Kein Wunder also, daß es von der Konfirmation keine Bilder im Familienalbum gibt. Dafür gibt es eins von meinem ersten Schultag, mit Riesentüte, kurzer Hose, Baumwollhemdchen und – wen wundert's – mit fröhlichem Gesicht. Aber das war erst ein Jahr später. Bis dahin nahm mich mein Vater gelegentlich zu Schulinspektionen mit. Ich erinnere mich an Templin und Rheinsberg. Der livrierte Fahrer, der große Dienstwagen, ein NAG – das hat mir großen Spaß gemacht. Mein Vater wollte wohl die Schullust in mir wecken. Ich durfte auf der hintersten Bank an Probeunterrichtsstunden teilnehmen, und er erreichte sein Ziel: ich wurde neugierig und sehnte den ersten Schultag herbei.

Auch die „Roten Falken" stellte mir mein Vater vor, die Jugendorganisation der Sozialdemokraten. Er tat es wohl in der stillen Hoffnung, daß ich Gefallen daran fände und ein zuverlässiger Verteidiger der jungen Republik würde.

Ein mäßig verwildertes Gartengelände mit einem kleinen Häuschen irgendwo in Potsdam, am hölzernen Eingangstor die Aufschrift „Brüder zur Sonne, zur Freiheit", die mir mein Vater vorlas, dazu eine flatternde rote und eine schwarz-rotgoldene Fahne – das sollte ein Bollwerk der Republik sein? Ich wurde den „Tanten" vorgestellt, lieben, herzlichen Damen verschiedenen Alters und Gewichts, die hier das Sagen hatten. Etwa 20 Kinder beiderlei Geschlechts, meist jünger als ich, wurden von ihnen betreut.

Zum Empfang wurde mir Grießbrei mit Himbeersoße angeboten. Oh weh, das war schon gar nicht mein Geschmack, und süße Nudeln auch nicht. Nun war ja die Verpflegung eigentlich nicht der Zweck meines Hierseins. Aber die tänzerische Gymnastik und das Fangespiel, die Wippe und die Schaukel, Blindekuh und das Kanonsingen, immer unter der Aufsicht der Tanten, war auch nicht das, was ich mir als Freizeitbeschäftigung vorgestellt hatte. Es blieb bei dem einmaligen Besuch, was mein Vater respektierte.

Da gefielen mir die „Adler und Falken", von denen mein Freund und ich „gekeilt" wurden, schon besser. Mit Zelt, Hordentopf und Erbswurst wanderten wir zum Kloster Lehnin. Wir bauten uns ein Floß, schwammen im Colpinsee, sangen am Lagerfeuer und waren mit der Welt zufrieden. Das war allerdings erst 1930, kurz bevor die schöne Potsdamer Zeit zu Ende ging. Als ich mich nach Jahren für die Geschichte der „Bündischen Jugend" interessierte, mußte ich feststellen, daß die „Adler und Falken" dem rechten politischen Spektrum angehörten. Davon haben wir damals nichts gemerkt.

Ostern 1927 wurde ich in der Volksschule am Brandenburger Tor eingeschult. Der Weg dorthin dauerte zehn Minuten: durch die Jägerstraße, an der großen Kaserne vorbei, wo die Soldaten meistens mit ihren Pferden beschäftigt waren. Nach Hause gingen wir, wenn es nicht so eilte, oft durch den Park von Sanssouci, über den Ruinenberg, an der berühmten Mühle vorbei, die als Musterbeispiel für den Gerechtigkeitssinn des „Alten Fritz" immer wieder herhalten mußte.

Ich weiß nicht, warum ich von den Lehrern nur noch Herrn Schenk, den Klassenlehrer des ersten Schuljahres, bildlich vor Augen habe. Er war ein gütiger, immer freundlich lächelnder Mann mit rötlich-blonden Haaren. Der Lehrer Blütgen ist mir nur noch durch seine im Zeugnisheft dokumentierte, gestochene Sütterlinschrift in Erinnerung, und Lehrer Neye schließlich gab bevorzugt ungerade Noten. So hatte man im Rechnen nicht „gut", sondern „gut und geringer" und im Schreiben „genügend und besser". Meinen Vater amüsierte die Note in Betragen: „Sehr gut und besser", was wohl etwas übertrieben war.

Von allen Schulkameraden in Potsdam kann ich mich nur noch an einen erinnern, der neben mir saß und in den vier Jahren mein unzertrennlicher Freund wurde. Er war ein großer, schlanker Junge mit schmalem Gesicht, blonden Haaren und einer Nickelbrille. Was mir von Anfang an besonders gefiel, war sein wunderbarer Geruch, dessen Herkunft ich nicht definieren konnte. Erst als er mich zu seinen Eltern nach Hause einlud, wurde alles klar: Die Familie Feist betrieb in der Spandauer Straße eine Getränkegroßhandlung. Im großen Hof standen die mit leeren Bierflaschen gefüllten Kästen. Die leeren Flaschen lieferten wohl die eine Geruchskomponente. Die zweite Quelle war der große, offene Pferdestall, in dem vier belgische Kaltblüter standen und mit ihrem verdauten Hafer die zweite Komponente lieferten. Vor dem Stall lag ein hoher Haufen dampfender Pferdeäpfel.

Neben Bier und Pferdemist gab es bei Feists aber auch große Fässer mit Brause und – für die besseren Stände – auch Flaschen mit Limonaden und Fruchtsäften. Die Firma Feist war für mich, was Geruch und Geschmack betrifft, das Größte. Selbstverständlich konnten wir uns jederzeit selbst bedienen. Die ab und zu dazu gereichten Matzen konnten, da sie ja nach nichts schmeckten, den Genuß nicht stören.

Hier war ich gerne, und von hier aus startete manche Unternehmung mit Sally, um endlich den Namen meines Wohltäters und Freundes zu nennen. Entweder rollerten wir durch die Große Weinmeisterstraße, an der schrecklichen Tanzschule vorbei, wo das Tamburin bis auf die Straße zu hören war, an Onkel Röhrs Hexenhäuschen mit dem immer blühenden Garten vorbei, zum Heiligen See. Für fünf Pfennige setzten wir zum Königswald über, dessen duftende Kiefern den Sandstrand säumten. Hier aalten wir uns in der Sonne und protzten mit unseren Schwimmkünsten. Oder wir erkundeten den südlichen Teil der Stadt.

So wohnten wir 1928 als Rollertouristen dem großen Ereignis bei, als die drei Flieger Köhl, von Hünefeld und Fitzmaurice auf dem Templiner See landeten. Die drei hatten als erste mit dem Flugzeug den Atlantik von Ost nach West überquert und waren gekommen, die Ovationen der begeisterten Potsdamer entgegenzunehmen.

Der 1. Mai war in Potsdam ein Familienfeiertag, der immer nach dem gleichen Muster ablief. Schon am Abend vorher herrschte Aufregung. Die Familie rüstete sich für den Maiausflug nach Werder, der kleinen Inselstadt an der Havel, die in dieser Zeit in ein Meer blühender Kirschbäume getaucht war. Man fuhr mit dem Schiff, um sich dann in einem der vielen Gartenlokale niederzulassen. Überall gab es Schilder mit der Aufschrift: „Hier können Familien Kaffee kochen." Für die Maiausflügler war das kein Thema, sie wollten unter den blühenden Kirschbäumen die berühmten Werderschen Fruchtweine genießen. Es gab wohl keine Obstsorte, aus der die Werderschen Obstbauern keinen Wein gemacht hätten. Daß der nicht „von Pappe" war, ließ sich am Gehverhalten der abendlichen Heimkehrer ablesen.

Wir Kinder wurden mit einer Faßbrause abgefunden und konnten deshalb auch gefahrlos an den Ufern der Havel spielen. Die Erwachsenen saßen an langen, einfachen Holztischen, erzählten, lachten, sangen und tranken. Manche packten Stullen aus, andere bestellten gebratene Fische mit Kartoffelsalat, Soleier, Buletten oder ein Kotelett. Ich entdeckte hier meine Liebe zu Sülze mit Bratkartoffeln und Senf. Am späten Abend, bei Dunkelheit, setzten sich die torkelnden, nicht selten singenden Männer mit ihren Familien wieder in die Schiffe, die nach Potsdam zurückfuhren.

Silvester 1929 wurde die Familie von Herrn Abramowitz

eingeladen, an der Silvesterfeier seiner Schwester Li teilzunehmen. Tante Li war eine zierliche, schlanke Person mit
dunklen Augen, schmalem Gesicht und kurzen, dunklen
Haaren. Pagenkopf nannte man das damals, und manchmal
saß ein topfförmiger Hut auf demselben. Die enganliegen-
den Kleider reichten ihr knapp bis zu den Knien. Sie rauchte sehr viele Zigaretten (Muratti) mit einer langen Zigarettenspitze. Sie besaß im Berliner Grunewald eine prächtige
Fachwerkvilla. Woher sie das viele Geld hatte?

„Von uns", sagte mein Vater. Er bezog sich wohl auf meine Mutter, die immer, wenn sie im Kaufhaus Hirsch in Potsdam einkaufte, sagte: „Ich muß mal wieder Tante Li unterstützen".

In der Villa herrschte reges Treiben, als wir bei einbre-
chender Dunkelheit dort ankamen. Es wimmelte von Gästen,
die alle sehr fröhlich und nur teilweise der deutschen Sprache mächtig waren. Eine Kapelle war unentwegt beschäftigt, den Gästen die neuesten Tänze zu spielen: Boston,
Charleston, Rumba und wie sie alle hießen. Für Ilse war das
eine gute Gelegenheit, ihre Tanzstundenkenntnisse anzu-
wenden, für mich als Zuschauer eher eine mit Lärm verbun-
dene, groteske gymnastische Übung. Mir hatte es mehr das
kalte Büfett angetan. Hier habe ich zum ersten Mal Krab-
ben und Langusten gesehen und gegessen. Das war der Beginn einer Bekanntschaft, die ich heute noch hege und pflege. Jedesmal, wenn ich mich dem Genuß dieser Meeresfrüchte
hingebe, kommt mir die Erinnerung an jenen Jahreswech-
sel und an die laute Villa im stillen Grunewald.

Für den Lärm sorgten nicht nur die unermüdlichen Musiker, sondern auch die Unmassen von Knallbonbons, die geöffnet wurden, und das mitternächtliche Feuerwerk, das den
Berliner Himmel erhellte. Danach wurden wir drei Kinder
in ein großes Zimmer mit vielen Betten verwiesen, wir hatten den Schlaf sehr nötig. Am nächsten Morgen fuhr Tante
Li mit einem weißen zweisitzigen Mercedes-Cabriolet vor,

um uns Kinder in den Lunapark zum Wellenbad zu fahren. Das war die erste Konfrontation mit einer Form des Badens, die ich erst nach vielen Jahren an den Meeresstränden wieder genießen konnte.

Der Ausflug in die vornehme Welt war beendet, es ging zurück ins gut-bürgerliche Potsdam, das etwa zu dieser Zeit seinen politischen Skandal hatte. Der betraf den Chef meines Vaters, den Regierungspräsidenten, einen grundsoliden preußischen Beamten, der sich den Luxus geleistet hatte, in zweiter Ehe eine Südamerikanerin zu heiraten. Als diese eines Tages der Polizei und der Versicherung den Diebstahl des gesamten Familiensilbers anzeigte und um die Überweisung der Versicherungssumme bat, durchsuchten Detektive das Haus und fanden das säuberlich verpackte Edelmetall auf dem Speicher, wohin es ein Domestike auf Anordnung der gnädigen Frau gebracht hatte. Der Regierungspräsident bat sofort um seine Entlassung, die ihm gewährt wurde. Das waren noch Zeiten!

In der Schule machte mir das Lesen den größten Spaß. „Gut und besser", wie Herr Neye attestierte. Hier sah ich auch am schnellsten einen Erfolg. Schon nach einem Jahr waren die geliebte „Häschenschule" und ähnliche Tierromanzen auf dem Regal nur noch Erinnerung an eine Zeit, in der ich noch „klein" war und Alma als Dolmetscherin brauchte. Ich las gern, viel und auch sehr schnell. „Emil und die Detektive" müssen es wohl gewesen sein, die ich als erste in Eigenlesarbeit kennenlernte. Klar, daß beim Nachspielen Inge Demeter das Pony Hütchen und ich den Emil dargestellt haben. Damit begann eine langjährige Freundschaft zu Kästners Büchern. Aber auch „Lederstrumpf", „Der Wildtöter", „Huckleberry Finn" und deren Heldentaten feierten im Schragen Auferstehung, und bald zierte der erste „Karl May", dem noch viele folgen sollten, das noch etwas schmale Bücherbord.

An den Stummfilm kann ich mich nicht mehr erinnern.

Er wurde uns viel später, bereits als Historie, vorgestellt. Waren es „Kohlhiesels Töchter" oder die „Drei von der Tankstelle", die erstmals von der Leinwand mit mir sprachen? Beeindruckt haben mich auch der „Blaue Engel" mit Marlene Dietrich und Emil Jannings sowie die junge Frau Riefenstahl, frierend, eingeschneit am Piz Palü.

Vor der Reichstagswahl im September 1930 wollten Sally und ich unsere Väter von unserer Fortschrittlichkeit überzeugen. Wir rollerten bei mehreren Umzügen durch die Stadt mit, um begeistert den Slogan: „Achtung, Achtung, hier ruft der Rote Sender, wählt Liste 1 am 14. September" zu skandieren. So ganz passend war der Reim ja nicht – und das Ergebnis auch nicht.

Unerbittlich kam Ostern 1931 näher und damit meine Vertreibung aus dem Paradies. Denn dann sollte ich schon Sextaner in Breslau sein. Der Abschied war lang und schmerzlich, obwohl Opa Röhr mit einem Riesenstrauß Narzissen auf dem Bahnsteig stand.

(Weitere Texte dieses Autors finden Sie in den Bänden „Kindheit 1933–1939, Teil 2" und „Lebenserinnerungen 1939–1945" der Reihe ZEITGUT)

Jan Eilers

Das Objekt meiner Träume

Bum-tatata, bum-tatata trommelte es über uns in der Wohnung. Die Söhne der Familie Spark waren arbeitslos, sie wußten keine bessere Beschäftigung, als mit den Händen auf den
Tisch zu klopfen: Bum-tatata, bum-tatata. Vor 70 Jahren dasselbe Problem wie heute: Millionen Arbeitslose.

Ich war acht Jahre alt. Mein Vater hatte Glück, er war bei
der Deutschen Reichsbahn beschäftigt. Das Gehalt aber war
so mager, daß wir – wie viele andere auch – den größten Teil
des Ernährungsbedarfs durch Eigenanbau im Garten dek-
ken mußten. Wenn auch das nicht ausreichte, wurde ein
weiteres Stückchen Land in der Nähe gepachtet, man nannte es „Pfand".

Wir hatten von Gustav Gütebier ein Pfand an der Straße
„Haarenfeld" in Bloherfelde, einem Stadtteil von Oldenburg,
bekommen. Haarenfeld war einst Urstromtal gewesen, von
dem der Fluß Haaren übriggeblieben war. Das Gelände lag
tief, war demzufolge morastig.

Auf dem Grundstück unseres Nachbarn Fritz Baumann
wuchs nichts außer Sumpfpflanzen. Aber er wußte sich zu
helfen. Er stellte ein Schild auf: „Schuttabladen erlaubt und
erwünscht!" Das Wort Umweltschutz kannte man noch nicht.
Heutige Umweltschützer wären entsetzt gewesen, was dort
alles landete! Obenauf, sozusagen als Mutterboden, brachte
die Obstsaftfabrik Wille obenauf Treber und Maische. Der

Geruch war unbeschreiblich! Das Planieren des Schuttes und der Obstrückstände besorgte ein Arbeitsloser. Sein Lohn: Er durfte sich aus dem Müll herausfischen, was er wollte.

Bevor das Stück Land völlig eingeebnet wurde, half ich dem Mann bei der „Schatzsuche". Meine wertvollste Beute: Motorrad-Prospekte. Ich sah sie mir alle der Reihe nach genau an. Beim Vergleich der Typen kam ich zu dem Schluß, daß mein künftiges Motorrad nur eine BMW sein konnte. Nur sie hatte Kardan-Antrieb und einen Viertakt-Motor. Zwar wußte ich nicht, was ein Viertakter war, aber immerhin, vier war mehr als zwei.

Im Jahre 1928 ereignete sich eine Sensation: Der Atlantik wurde zum ersten Mal mit einem Flugzeug in Ost-West-Richtung, also von Europa nach Amerika, überquert. Die Flieger Köhl, von Hünefeld und Fitzmaurice überflogen mit der einmotorigen Junkers W 33 „Bremen" den Ozean.

Wolfgang von Gronau machte mit seinen Eismeer-Flügen im Jahre 1928 das Flugboot Dornier „Do 15 Wal" bekannt. Auch sie besaß zwei Flugmotore von BMW, BMW VI, 12 Zylinder, 600 PS.

Was mich dabei besonders interessierte, war die Tatsache, daß der Motor, der sich trotz Gewitter, Hagel und Sturm 36 Stunden bewährt hatte, der Flugmotor BMW IV war. Also noch ein guter Grund, daß nur eine BMW für mich in Frage kam!

Genau 20 Jahre später wäre mein Traum fast in Erfüllung gegangen. Zu dieser Zeit mußte man besonders genau mit seinem Geld rechnen. Bei der Währungsreform 1948 erhielt jeder 40 DM. Davon gab ich allein 25 DM für eine neue Fahrradbereifung aus.

Eines Tages dann ergab sich für mich überraschend die Gelegenheit, eine alte, aber immerhin eine BMW zu erstehen. Ein DP, was Displaced Persons hieß, das waren ehemalige Zwangsarbeiter, die aus irgendwelchen Gründen nicht in ihre Heimat zurückkehren konnten, wollte mir dieses Motorrad für 450 Mark verkaufen.

Geld von der Bank gab es natürlich nicht, keine müde Mark. Aber wie es der Zufall wollte, hatte der DP einen Kumpel, der mir das Geld leihen konnte.

Am Morgen des denkwürdigen Tages war ich stolzer Besitzer einer BMW geworden – am Abend hatte ich zu meiner großen Enttäuschung nur noch einen Haufen Schrott!

Es stellte sich nämlich heraus, daß das Kardan-Gehäuse voller Risse gewesen war, die fein säuberlich mit Kitt und Silberbronze übertüncht worden waren. So hatte man mich hinters Licht geführt. Der DP-Verkäufer war natürlich verschwunden, der Geldgeber aber nicht.

Der Traum vom eigenen Motorrad war geplatzt, die Schulden aber waren geblieben!

(Weitere Erinnerungen dieses Autors finden Sie in den Bänden „Pimpfe, Mädels & ander Kinder. Kindheit in Deutschland 1933–1939“, „Jugend 1933–1939“ und „Deutsch-deutsche Geschichten“ der Reihe **ZEITGUT**.*)*

[Köln;
1929–1933]

Franz Schladt

Arbeitslos

Es mag 1929 oder 1930 gewesen sein, so genau weiß ich das
Jahr nicht mehr. Ich weiß aber, daß ich noch nicht lange in
einer unteren Klasse der Volksschule die Schulbank drückte. Mein Vater war Architekt und unterhielt ein Architek-
tenbüro, als ihn und damit unsere Familie die große Krise
erfaßte. Die Weltwirtschaftskrise hatte ihren Anfang mit dem
Bankenkrach in den Vereinigten Staaten genommen und
schwappte jetzt auf Europa über. Natürlich begriff ich die
Zusammenhänge nicht, aber die Folgen spürte ich Tag für
Tag mehr.

Unser Haushalt bestand aus fünf Personen: das waren meine Eltern, meine Schwester, etwas älter als ich, und mein
Patenonkel Karl. Ihn muß ich besonders erwähnen, weil er,
in einer festen Position, über geregelte und sichere Einkünf-
te verfügte, und wiederholt das schwankende Fundament
der Familie stabilisierte, nachdem mein Vater sein Büro hatte schließen müssen, und nun einer von Millionen Arbeitslosen war.

Wann immer es möglich war, nahmen wir das Frühstück
gemeinsam ein. Was lag näher, als daß die politische Lage im
allgemeinen und die prekäre Lage meiner Eltern im besonderen erörtert wurde? Wie meine Mutter es nannte: Es wurde politisiert. Ich saß mit roten Ohren dabei und sog Namen
wie Hindenburg, Brüning, Thälmann und Hitler mit dem

Duft von Malzkaffee ein, der anstatt von Bohnenkaffee auf dem Tisch dampfte. Heute weiß ich, wie schwer es meiner Mutter gewesen sein muß, sich mit „Muckefuck" zufriedenzugeben. Es kann ihr auch nicht leicht gefallen sein, immer nur „Vierkantbutter", sprich Margarine und Rübenkraut, als Brotaufstrich anbieten zu können, obwohl das Warenangebot reichlich genug war.

Nach den Jahren der Inflation blühte die Deflation. Waren gab es im Überfluß, nur fehlte das Geld, um all die Herrlichkeiten zu erstehen. Das war so gekommen: Eine der zahlreichen Regierungen, sie wechselten fast so oft wie das Wetter, hatte eine geniale Formel für die Arbeitslosenunterstützung gefunden. Eine Reichsmark pro Tag und Person. Das machte für uns 7 x 4 = 28 Mark pro Woche aus.

Die Kaufkraft war selbstverständlich eine andere, Zigarettenfirmen – sehr beliebt waren „Eckstein" oder „Halpaus" – warben mit dem Slogan „Sagten Sie 6?" „Nein, 3 $1/_3$", womit gesagt sein sollte, daß drei Zigaretten der besagten Marke für einen Groschen zu haben waren anstatt für 6 Pfennige pro Stück. Ähnlich teuer – oder sollte ich sagen billig – waren Apfelsinen, und ein Pfund Butter kostete 80 Pfennige. Zum nackten Überleben mag das Geld gereicht haben. Alles, was darüber hinausging, war für uns unerschwinglicher Luxus.

Das Geld wurde wöchentlich bei den Arbeitsämtern gegen Vorlage eines Berechtigungsscheins ausgezahlt. Mein Vater war, wie alle andern in seiner Lage, genötigt, seine Unterstützung abzuholen und den Schein abstempeln zu lassen. Sie gingen „stempeln". Jede Woche von neuem. Ich habe die schier endlosen Schlangen vor den Ämtern Kölns noch immer vor Augen.

Die Zeit ging dahin. Ein schlechtes Jahr wurde von einem noch schlechteren abgelöst. Vater war seinem Wesen nach ein sensibler Mensch. Ich merkte als Kind die Veränderungen genau, ohne sie zu verstehen. Vater wurde immer verschlossener und sprach immer weniger. Mitunter verschwand er tagelang in dem Zimmer, wo er seinen Zeichentisch aufgestellt hatte, und fertigte Zeichnungen und statische Berechnungen von Projekten an, die futuristisch und realitätsfremd waren. Er entwarf unter anderem förderbandartige Bürgersteige zur Erleichterung der Fußgänger. Oder er holte seine Mandoline heraus und spielte den ganzen Tag Lieder, mit denen er während des Krieges seine Kameraden unterhalten hatte.

Besorgniserregend aber war der Umstand, daß er immer häufiger das Haus mit unbekanntem Ziel verließ und erst spät in der Nacht oder am frühen Morgen zurückkam.

Dennoch waren wir Arbeitslose der ersten Klasse. Dank Onkel Karl. Er arbeitete im Presseamt der Messe und war auf aktuelle Informationen angewiesen. Daher hielt er eine Tageszeitung, das „Kölner Tageblatt". Er hatte auch ein Rundfunkgerät beschafft, und wir profitierten davon. Wir lasen und hörten täglich von gewalttätigen Ausschreitungen, von Straßen- und Saalschlachten. Ich erlebte eine wirre Zeit, in der die Polizei hilflos zwischen den Fronten paramilitärischer Organisationen der Parteien agierte. Namen wie Stahlhelm, SA, Rotfrontkämpferbund und andere waren mir so geläufig wie „Bläck Fööss", „Take That" und 1. FC den Kindern von heute.

Natürlich brachte die Anwesenheit von Onkel Karl nicht nur Vorteile. Er bewohnte das Zimmer, das ursprünglich als Kinderzimmer vorgesehen war. Wir Kinder schliefen bei den Eltern und wurden oft Ohrenzeuge ihrer Dispute. Unfreiwillig wurde ich mit ihren Sorgen konfrontiert, ohne dafür die notwendige psychische Reife zu besitzen. Oft habe ich meine Mutter nachts weinen hören, während sie tagsüber ihren Kummer von uns fernzuhalten versuchte; oder ich wurde wach, wenn Vater nachts nach Hause kam.

Eines Nachts war es dann soweit. Vater muß in einem bedauernswerten Zustand gekommen sein. Gesehen habe ich

ihn am folgenden Tag; auch seine Kleider. Sie waren verschmutzt und teilweise zerrissen. Vaters Gesicht zeigte blaue
Flecken, seine Nase mußte geblutet haben. Was er meiner
Mutter, wenn auch im Flüsterton erzählte, habe ich erst lange Zeit später richtig erfaßt.

Das allwöchentliche, stundenlange Anstehen vor dem Ar-
beitsamt und die entwürdigende Behandlung durch manche
Beamte, die oftmals die Unterstützung mit dem Gehabe von
Almosenverteilern auszahlten, hatten bei meinem Vater und
vielen andern das Vertrauen zerstört. Von diesem Staat und
seinen Regierungen war keine Besserung der Verhältnisse
zu erwarten. Da brauchte doch nur ein Demagoge aufzutre-
ten und dieser anfälligen Masse die Parole auszugeben: „Ich
gebe euch Arbeit und Brot." Sie wäre ihm gefolgt, denn
schlechter konnte es für die meisten Menschen nicht mehr
werden.

Vater hatte sich einer Organisation angeschlossen, die sich
Technische Nothilfe oder so ähnlich nannte. Ihr Ziel war es
angeblich, die staatlichen Stellen im Fall einer Katastrophe
zu unterstützen. Allen Mitgliedern hatte man versprochen,
daß sie vorrangig in ihren Berufen eingesetzt würden, sobald sich eine Gelegenheit ergäbe. Vater sah einen Hoffnungsschimmer am Ende des Tunnels. Er hatte aber nicht erkannt,
daß es sich um eine Tarnorganisation der NSDAP handelte,
die insgeheim die Wiederaufrüstung Deutschlands vorbereiten sollte. Als Vater die wahren Ziele der Gruppe durchschau-
te, wollte er, den das Erlebnis der Materialschlachten des
Ersten Weltkriegs zum Pazifisten gemacht hatten, der Organisation den Rücken kehren, und die Nazis hatten ihn auf
ihre Weise daran zu hindern versucht. Mit Sicherheit kann
ich es nicht sagen, aber vielleicht war es dieses Schlüsselerlebnis, das Vaters späteres Verhältnis zu den Nationalsozialisten prägte.

Moderne Jugendpsychologen stellen fest, daß Kinder ihre
eigenen Verdrängungsmechanismen entwickeln. Im Klartext

1929:
Beim Spielen mit
Marga, Doris und
Lothar vergaß ich
(links) die Sorgen
zu Hause.

heißt das für mich: Wir spielten einfach und bescheiden. Beim Spiel mit meinen Freunden vergaß ich die häuslichen Sorgen. Ich fühlte mich nicht ausgegrenzt, obwohl ich keine elektrische Eisenbahn, keinen Wipproller und keinen „Holländer" – ein wunderbares Fahrzeug übrigens – vorweisen konnte. Im Gegenteil, ich fühlte mich wie der König vom Nürburgring, wenn mir Freund Fritz seinen „Holländer"*) für eine Runde auslieh.

Aus der Not heraus waren wir erfindungsreich. Eine leere Garnrolle aus Mutters Nähkasten, dazu ein Knopf, ein Gummiband und ein Streichholz, und wir bauten uns ein Fahrzeug, das sich auch ohne Batterie und Fernsteuerung bewegte. Wir stibitzten aus der Schule ein Stück Kreide, malten die Felder auf den Straßenasphalt und spielten Hüpfekästchen. Wenn wieder einmal Wahlen oder Volksabstimmungen anstanden, und uns die Plakate von Dutzenden von Parteien allenthalben anstarrten, rangelten wir als „Sozis" mit den „Nazis", oder als „Kommunisten" mit den „Deutschnationalen". Das war doch mal was anderes als immer Räuber und Gendarm zu spielen!

---

*) vierrädriges Kinderfahrzeug, das durch Hin- und Herbewegen einer Deichsel angetrieben wird. – Erst Jahrzehnte später wurde der Go-cart „erfunden".

Glücklich waren wir, wenn wir einmal einen ausrangierten Tennisball vor die Füße bekamen. Unser Reservetorwart hieß Fritz Herkenrath. Er war Reservetorwart, weil er der weitaus jüngste, keineswegs aber der schlechteste von uns war. Viele Jahre später hütete er das Tor der deutschen Nationalmannschaft unter Sepp Herberger.

Auf einer Schiefertafel lernten wir Lesen und Schreiben. Manchmal half der Stock des Lehrers nach, aber fast alle lernten, richtig zu schreiben. Bücher brauchte ich damals nicht viele, drei Stück, um genau zu sein. Gottseidank, denn die Eltern mußten sie kaufen und bezahlen. Arbeitslos hin oder her. Welche Regierung hätte sich den Luxus von Lernmittelfreiheit erlauben können? Natürlich versuchte jeder, das Rechenbuch, das Lesebuch und die Schulbibel von älteren Schülern gebraucht und zum halben Preis zu bekommen. Das gelang nicht immer, weil viele Bücher in der Familie blieben und von jüngeren Geschwistern übernommen wurden. Wie segensreich wirkte sich doch die „Typenkonstanz" der Schulbücher aus!

Die Sommerferien begannen stets am 1. August. An diesem Tag wurde in einer Feierstunde der Verfassung von Weimar gedacht, und danach, wenn die Zeugnisse verteilt worden waren, ging es ab in die Ferien; das heißt nach Hause. Da war nichts mit Verreisen. Meine Eltern sind in all den Jahren nicht ein einziges Mal in die Ferien gefahren. Wovon auch, etwa von 28 Reichsmark?

Aber so schlimm empfand ich das gar nicht. Die meisten meiner Freunde blieben auch zu Hause. Aus der ganzen Straße verreisten eigentlich nur zwei Familien.

Die eine Familie verreiste, weil die Freifahrscheine genutzt werden mußten, die den Reichsbahnbediensteten jährlich zustanden. Wer hätte eine solche Möglichkeit nicht genutzt?

Die andere Familie war keine „richtige" Familie. Zwei unverheiratete Lehrerinnen hatten ein Kind adoptiert. Für sie waren Reisen mit Sozialprestige verbunden, und deshalb

wurde ihre Abreise zu einem gesellschaftlichen Ereignis, das
wir Kinder aus geziemendem Abstand verfolgten. Ein Mann
in Reichsbahnuniform holte das Gepäck ab und verstaute es
auf einem Bollerwagen. Dann erschienen die Damen in de-
zenter, aber modischer Reisekleidung und folgten würdevoll
ihrem Gepäck. Margot, die Adoptivtochter, hatte uns längst
verraten, daß das Ziel der Reise Misdroy sei. Misdroy, was
für ein geheimnisvoller, fast exotischer Name für mich! Wie
hätte ich ihn je vergessen können?

Wir aber, die Heimattreuen, die nicht verreisen konnten,
spielten wie bisher oder sammelten in den Wäldern Buchek-
kern und Eicheln für die Tiere im Zoo. Denen ging es auch
schlecht. Futter war teuer und daher knapp. Oder wir halfen den Bauern bei der Kartoffelernte, wenn die Ferien soweit reichten. War das schön, abends am offenen Feuer eine
Handvoll Kartoffeln zu braten! Wir waren bescheiden und
doch auch wieder zufrieden.

1933 war ich zehn Jahre alt geworden, und meine Eltern
machten sich Gedanken, wie es schulisch mit mir weitergehen sollte. Der Übergang auf das Gymnasium, die Höhere
Schule, stand an. Nur, wie sollte das gehen? Monatlich war
ein Schulgeld von 20 Mark zu zahlen. Dazu kam das Fahr-
geld für die Straßenbahn. Und all die neuen Bücher! Nein,
es ging nicht. Vielleicht im nächsten Jahr, wenn Vater eine
neue Stelle finden würde. Wenn ... Er fand nicht.

Onkel Karl aber fand eine Lösung. Er wollte das Schulgeld solange zahlen, bis ich eine Freistelle bekäme. Eine Freistelle, ein Stipendium, wurde Schülern bei guten Leistungen frühestens nach einem halben Jahr gewährt. Also war
ich zum Fleiß verurteilt, weil ich die Freistelle bekommen
mußte. – Und ich bin nicht, welch ein Wunder für heutige
Jugendpsychologen, an dem Leistungsdruck zerbrochen.

Es dauerte noch bis 1935, ehe mein Vater eine neue Beschäftigung fand.

Manfred Dessau

Dufte Dinge um eine Stadt

Mir liegt es noch in den Ohren, das singende Zwitschern der Rauchschwalben, wenn sie an den warmen Sommerabenden tief über die Hausdächer zogen. Damals gab es Pferde, die den Menschen in Treue dienten. Meist waren es Rösser von beachtlicher Größe und Stärke. Was die hinterließen, roch würzig. Nicht wenige Menschen sammelten die Roßäpfel als Dünger für ihre Gärten und behaupteten fest, daß ihre Tomaten erst dadurch ihren besonderen Wohlgeschmack erhalten würden. Auch die Schwalben labten sich an den Roßäpfeln, denn sie enthielten unverdaute Haferkörner. Nicht genug damit, um derartige Dunghaufen schwirrten meist bunt schillernde Fliegen, den Schwalben als sättigende Beilage serviert.

Überhaupt waren die windstillen Sommerabende überreich an Gerüchen. Aus den Häusern kam der Duft von Bratkartoffeln mit Speck, und wenn im Juni die Rosen aufbrachen sowie die Linden ihren süßen Odem verströmten, dann war dies für mich eine Orgie an Wohlgerüchen. Sie verbanden sich mit einem Gefühl von Feierabend, denn die Menschen kehrten von der Arbeit heim, ganz friedlich.

Das war in Bautzen durchaus nicht immer der Fall, schon gar nicht an den Wochenenden. Da gingen die Bürger dieser Kleinstadt mit Fäusten aufeinander los, als gehöre dies zu ihrem Brauchtum. So war das, als ich Ende der zwanziger

Jahre dort als Knabe lebte. Nicht etwa, daß ich etwas gegen diese Schlägereien gehabt hätte, ganz im Gegenteil, ich erwartete sie jeweils mit Spannung. Wenn sich die Nazis mit den Kommunisten prügelten oder die Leute vom Stahlhelm mit den Reichsbannern, dann war wenigstens was los in der Stadt. Erschien die Polizei, trat meist Ruhe ein. Niemand wollte der Schuldige gewesen sein, doch das interessierte die Polizisten weniger. Wer nicht weglief, wurde festgenommen.

Derartige Demonstrationen fand ich aufregend, paßten sie doch hinsichtlich Dramatik durchaus in die mittelalterliche Kulisse von Bautzen.

Der Gasthof „Zur Sonne" war ein sogenanntes Vereinslokal. Wenn ich mich recht erinnere, war es die Trutzburg der Reichsbanner. Nach jeder Schlacht trafen sich die Kämpfer dort zum Bier, ein fröhliches Lied auf den Lippen, um gegenseitig ihre Wunden zu verbinden. Das ließ mich zu dem Schluß kommen, daß man es in dieser Stadt mit der politischen Gesinnung nicht sehr ernst nahm. Mein Verständnis war in dieser Hinsicht noch nicht entwickelt.

Immerhin, der Geruch von Männerschweiß und Jod läßt auch heute noch meinen Puls schneller gehen.

Auf meinen Streifzügen durch Bautzen stellte ich bald fest, daß jeder Stadtteil seinen eigenen, spezifischen Geruch hatte. In der Nähe der Kaserne roch es nach Stiefelwichse und Urin, während es in der Kaiserstraße mehr nach Veilchen duftete ... Dort gab es einige elegante Geschäfte, die nur von vornehmen Damen betreten werden durften. Aus dem Vestibül des Kinos kam der Duft von Kaffee, und wenn dann noch ein Kraftfahrzeug die Luft mit Benzingeruch schwängerte, erschien mir der Dreiklang geradezu perfekt.

Schnell lernte ich, daß Gerüche von der Jahreszeit abhingen. War es nämlich kalt und auf den Straßen lag Schnee, dann duftete es auf der Straße zum Bahnhof durchdringend nach Eßkastanien. Ein schwarzhaariger Mensch unheimlichen Aussehens röstete die Dinger auf einem offenen Holz-

Die Stadt meiner Kindheit: Das mittelalterliche Bautzen.
Eine alte Ansichtskarte zeigt die Alte Wasserkunst (um 1560 gebaut) an
der Ortenburg und die Michaeliskirche.

kohlengrill und brüllte, vor Kälte von einem Fuß auf den anderen tretend, „Maroni! Maroni!"

Für einen Groschen erhielt ich drei Stück, um sie so schnell als möglich in meine Hosentaschen zu versenken. Es blieb mein Geheimnis, daß ich auf diese Weise auf die albernen Handschuhe verzichten konnte, denn die waren nur für Mädchen.

In unserer Schulklasse, wo es gewöhnlich nach Fußbodenöl roch, wurde jeden Winter ein verbissener Wettbewerb ausgefochten. Sieger war derjenige, der am längsten in Kniestrümpfen erschien. Blaugefrorene Knie waren untrügliche Zeichen von Mannbarkeit.

Natürlich ging meine Mutter mit diesem Ritual nicht konform. Vielmehr zog sie mir lange, wollene Strümpfe an, die nicht nur kratzten, sondern auch noch an weibische Gummibänder geknöpft wurden, welche an einem sogenannten Leibchen hingen. Diese mütterliche Fürsorge hatte zur Fol-

ge, daß ich auf meinem Wege zur Schule im nächsten Hausflur verschwand und die Strümpfe herabrollte. Zehn Kälte-
grade kosteten mich ein Lächeln, wenn auch ein kühles.

Ging es auf Weihnachten zu, dann duftete es in der Wen-
dischen Straße besonders köstlich. In einem der Schaufenster der Konditorei Lehmann, die Ecke Hauensteinergasse
gelegen war, drehte sich über kleinen Gasflammen ein Baumkuchen. Ich drückte mir die Nase platt, wenn der Konditor
in seiner hohen, schneeweißen Mütze zur Kelle griff und den
flüssigen, goldgelben Teig über das langsam wachsende
Baumkuchengebilde goß. Der süße Vanillegeruch drang ver-
führerisch durch Straßen und Gassen. Schon am Kornmarkt
erschnupperte ich, ob sich bei Lehmanns ein Baumkuchen
drehte, und ich meine Schritte beschleunigen mußte.

Unten an der Spree, im Stadtteil Seidau, roch es mehr nach
Fisch und Kohl und, wie ich glaubte, auch nach alten Klei-
dern der Armut. Indessen mochte das eher mit dem Obdach-
losenheim zusammenhängen, welches dort gelegen war. Eines schönen Sommertages stand es in hellen Flammen, und
die Löschzüge der mehr oder weniger freiwilligen Feuerwehr
gellten durch die Straßen.

Wir Kinder aber hatten auf einem vorspringenden Felsen
genau über der Brandstätte einen Logenplatz gefunden. Mit
von Rauch tränenden Augen verfolgten wir das Geschehen.
Nur ein ungewisses Gefühl von Pietät und Respekt hinderte
uns, bei jedem Auftauchen eines blanken Feuerwehrhelms
in Händeklatschen und lauten Jubel auszubrechen. Jedenfalls gab es für uns an den Folgetagen reichlich Gesprächs-
stoff über den Großbrand.

Was Armut war und bedeutete, wußte ich freilich nicht.
In unserer Familie war ein festes oder gar regelmäßiges Taschengeld nicht üblich. Mutter gab mir ab und zu einen Groschen, was mir ein Gefühl von finanzieller Unabhängigkeit
vermittelte. Es bedurfte eingehender Überlegungen, ehe ich
mich entschied, die Münze auszugeben. Nicht selten geschah

es für Kuchenrändel. Mein Bäcker, der meine Kundschaft schätzte, gab mir für den Groschen eine volle Tüte, darunter auch Kuchenreste mit sehr viel Zuckerguß und Mohn. Derartige Einkäufe erfolgten gewöhnlich an Waschtagen, weil es dann Kohlsuppe oder Graupen gab, Gerichte, die ich weniger schätzte. Wenn ich dann keinen Appetit mehr hatte, geriet meine Mutter regelmäßig in Sorge. Sie ließ sich meine Zunge zeigen und schob mir mitunter den Fiebermesser unter den Arm. Ich aber zog eine leidende Miene und schwieg beharrlich – aus taktischen Gründen.

Nur an Sonn- und Feiertagen gab es Fleisch. Dann ließ sich gut auf Kuchenrändel verzichten. Manchmal änderte sich meine Geschmacksrichtung, und ich erstand eine Portion Hering in Gelee. Wegen der Abwechslung wurden auch klebrige Himbeer- oder grüne Waldmeisterbonbons nicht verschmäht, und bei besonderer Hitze tat es manchmal sogar eine Eiswaffel.

Meine Mutter pflegte auch entfernte Verwandte. Darunter waren ein paar sehr dicke Menschen, die einen Fleischerladen betrieben. Sie beglückten mich aus purer Zuneigung mit einem Paar Wiener Würstchen zum Spottpreis von zehn Pfennigen. Kurzum, was Armut war oder gar Hunger, wußte ich wirklich nicht. Ich hätte den ganzen Tag von einem Groschen leben können, zumindest im Sommer und Herbst, wo sich außerhalb der Stadt jede Chaussee mit Obst schmückte, und in den Gärten die schönsten Tomaten reiften.

Am besten roch es zur Zeit des Jahrmarktes, im weiteren Umkreis der Schießbleiche. So hieß der große Platz am Schützenhaus. Dort bauten die Schausteller ihre Buden und Zelte auf. Türkischer Honig, Fischsemmeln, Zuckerwatte, Orangen, gebrannte Mandeln, Pfefferkuchen und Bier ergaben eine Duftorgie, die durch die am Platzrand gelegene Bedürfnisanstalt noch eine besondere Würze erhielt.

Einer der ersten Marktstände gehörte einem Produzenten von Speiseeis. Damals wurde die kalte Erfrischung noch in Handarbeit hergestellt. Die Eismaschinen mußten per Kurbel in Gang gesetzt werden, was nicht nur Geduld, sondern auch Kraft kostete, denn das Drehwerk sollte nicht nur rühren, sondern auch Stücke von Stangeneis zerkleinern. Es gab genug kräftige Jungen, die sich für eine Eiswaffel fast die Arme ausrissen.

Nicht vergessen sei das österliche Eierschieben vom Proitschenberg hinab ins Spreetal. Bei diesem alten sorbischen Brauch roch es allerdings mehr nach Orangenmarmelade als nach hart gekochten Eiern, denn Südfrüchte kullerten besser als Eier. Wie man sieht, der Brauch war geblieben, nur der Gegenstand hatte sich geändert. Einige Jahrzehnte später gab es zwar noch Eier, aber keine Orangen mehr. Diese Südfrüchte gewährte ein gewisser Honecker seinem Volk nur einmal im Jahr.

Noch viel später fiel eine Mauer. Nach über vierzig Jahren konnte ich auf den Spuren der Jugend durch mein altes Bautzen wandern. Gewiß, die Stadt war mittelalterlich geblieben, aber man hatte sie verkommen lassen, ihr den Charme geraubt. Sie hatte ihr Fluidum, ihre vertrauten Gerüche verloren. Es drehte sich kein Baumkuchen mehr. Sogar die Rauchschwalben waren abgezogen, weil es keine Roßäpfel gab. In den verlassenen Hausruinen roch es nach Verfall und Moder...

Nur im hohen Balkengeflecht der Petrikirche war eine Ahnung des Duftes hängengeblieben, der mich einige Jahre glücklicher Jugend begleitet hatte, eine Hoffnung auf die Zukunft, die immer erneut Leben aus Ruinen blühen läßt.

(Weitere Erinnerungen dieses Autors finden Sie in dem Band „Kindheit in Deutschland 1914–1933, Teil 2" der Reihe **ZEITGUT***)*

[Niemes, nahe Böhmisch Leipa*);
1929]

Margarete Kubelka

Ein Puppenwagen für Samantha

Es war gegen Ende der 20er Jahre, und die Arbeitslosigkeit in unserem Land hatte einen Höhepunkt erreicht. Bei einem wachsenden Teil der Bevölkerung war Schmalhans Küchenmeister, und das Geld war immer knapper.

Meine Eltern waren nicht gerade wohlhabend, aber mein Vater hatte ein sicheres Einkommen, und wir konnten uns hin und wieder auch ein wenig Luxus leisten oder was man damals dafür hielt. So kam es, daß ich zu meinem siebenten Geburtstag einen Puppenwagen geschenkt bekam, eine geradezu fürstliche Erwerbung, zumal es sich dabei nicht um ein primitives Gestell aus Holzgeflecht handelte, sondern um eine Miniaturausgabe eines echten Kinderwagens mit all seinen vorzeigbaren Attributen.

Ich wurde von meinen Spielkameradinnen sehr darum beneidet und fuhr stolz meine beiden Puppen darin spazieren: die Porzellanpuppe Lotte mit den echten Haaren und das Puppenbaby „Bubi", dem freilich das Zeichen seiner Männlichkeit fehlte, das ich aber kategorisch zum Jungen ernannt hatte. Wenn ich für kurze Zeit ins Haus ging, um zu essen oder die Toilette aufzusuchen, pflegte ich den Puppenwagen nicht mit hineinzunehmen, sondern nur an die Hauswand zu stellen.

Eines Tages nun war ich von einem solchen Kurzbesuch im Haus zurückgekehrt und hatte bereits den Wagen ein paar

*) heute Mimon, nahe Česká Lipa, Tschechische Republik

Meter vorangeschoben, als ich einen Blick hineinwarf, um nach meinen „Kindern" zu sehen. Mir stand vor Schreck fast das Herz still: Lotte und Bubi waren verschwunden, und an ihrer Stelle lag da ein armseliges Puppengeschöpf aus Stoff mit aufgesticktem Mund und Augenschlitzen, sicher von einer Mutter handgefertigt!

Mit Abscheu und Entsetzen riß ich die Puppe aus dem Wagen und rannte weinend zu meiner Mutter.

„Jemand hat Lotte und Bubi gestohlen", schluchzte ich, „und dafür dieses gräßliche Ding in den Puppenwagen gelegt."

Meine Mutter nahm den Wechselbalg in die Hand und betrachtete ihn nachdenklich.

„Reg dich nicht auf", sagte sie dann, „wahrscheinlich sollte das nur ein dummer Spaß sein, und der alberne Spaßvogel tauscht die Puppen wieder aus. Laß den Wagen einfach draußen stehen und warte erst mal ab."

Die Befolgung dieses Ratschlages fiel mir schwer. Ich ging in mein Zimmer und begann, in meinen geliebten Märchenbüchern zu blättern. Aber all die Feen, Nixen und Königstöchter verweigerten mir diesmal die gewohnten Freuden. Ich grübelte darüber nach, wie es wohl meinen beiden Puppenkindern ergehen mochte, ob der Dieb sie wohl gut behandeln oder sie achtlos in eine Ecke werfen und vielleicht sogar Lottes Kleider beschmutzen oder zerreißen würde.

Nach einer Stunde, die mir endlos erschien, rannte ich aus dem Haus und sah in den Puppenwagen. Und da lagen sie wieder: Lotte und Bubi, als wären sie nie weggewesen!

Zwar war meine Erleichterung groß, aber tief in meinem Innern blieb ein Rest, der sich nicht zufriedengeben wollte. Ich wollte herausfinden, wer mir das angetan hatte, und legte mich auf die Lauer, um die Täterin beim nächsten Mal zu erwischen. In unserem Vorgarten stand ein verzweigter Haselstrauch, und hinter den setzte ich mich, aufmerksam das Geschehen auf der Straße beobachtend.

Etwa eine halbe Stunde später schob sich eine kleine Gestalt an den Häusern entlang und blieb schließlich vor meinem Puppenwagen stehen. Ich erkannte sie gleich: Es war die Mimi, ein dürftiges, armseliges Ding aus meiner Schulklasse, die in der letzten Reihe saß und kaum je den Mund auftat, nicht bei dem üblichen Geschwätz unter Schülern und schon gar nicht, wenn sie eine Frage des Lehrers beantworten sollte. In den Händen hielt sie das Ding aus Stoff, das in meinem Puppenwagen gelegen hatte.

Mit einem wilden Satz sprang ich aus meinem Versteck hervor und schrie: „Du warst das also! Du hast meine Puppen weggenommen und dieses grausliche Balg dafür in den Wagen gelegt. Na warte!“

Mimi sah mich aus großen Augen an und sagte kleinlaut: „Es ist wegen Samantha.“

„Samantha?“, wiederholte ich fragend.

„Das ist meine Puppe. Sie heißt Samantha. Meine Mutter hat den Namen einmal gelesen, und er gefiel ihr so gut. Sie sagte, wenn sie ihn damals schon gekannt hätte, hätte sie mich Samantha genannt.“

Das leuchtete mir ein – Samantha war auf alle Fälle schöner als Mimi.

„Ja, und weil Samantha nie in einem Puppenwagen ausgefahren wird, habe ich ihn mir einmal kurz geborgt. Als du neulich aus dem Haus kamst, bin ich so erschrocken, daß ich gleich weglief und meine Puppe in deinem Wagen vergessen habe.“

„Und was hast du mit Lotte und Bubi gemacht?“

„Ich habe sie unter euren Birnbaum gesetzt, dort hatten sie es gut und sahen auf das Beet mit den Stiefmütterchen. Du hast sie nur nicht gesehen.“

Ich sah abwechselnd meine Puppen, Mimi und Samantha an und wußte nicht, was ich zu der ganzen Geschichte sagen sollte. Mimi stand da wie ein Häuflein Elend, und ich sah mit einem Mal, was ich nie gesehen hatte: ihre magere, für

ihr Alter viel zu kleine Gestalt, die schäbige, mehrfach ge-
flickte Kleidung, das blasse, hagere Gesicht mit den viel zu
großen Augen. Und obwohl ich erst acht Jahre alt war, dämmerte in mir eine Ahnung, daß es Dinge und Lebensumstän-
de gab, die außerhalb meiner Erfahrungen lagen.

Eine heiße Welle von Mitleid und auch so etwas wie Zuneigung zu Mimi und sogar zu Samantha überflutete mich,
und ich sagte verlegen: „Na ja. Ist ja nicht so schlimm."

Und dann setzte ich in einem Anfall von aufkeimender
Großmut hinzu: „Du kannst dir meinen Puppenwagen
manchmal ausborgen. Aber du mußt es mir vorher sagen."

Mimi erstarrte zu einer Art Denkmal aus Verblüffung und
ungewohnter Freude. „Danke" sagte sie nicht, das gehörte
nicht zu ihrem Wortschatz, sie hätte wohl auch selten dazu
Gelegenheit gehabt.

Dann gingen wir nebeneinander her, ein ungleiches Paar,
aber in Eintracht und Frieden.

[Pfaffenhofen-Weiler, Schwaben;
um 1930]

Wilhelm Schäfer

Der Karle

Es war an einem Nachmittag im Spätsommer. Ich stand nach dem Erledigen meiner Hausaufgaben mit einigen anderen Schulbuben etwas gelangweilt auf der Dorfstraße herum. Einen Sportplatz oder eine Jugendeinrichtung kannte man damals auf dem Lande nicht. Unsere Mitarbeit in der Landwirtschaft war nun nicht mehr nötig, denn die Heu- und Getreideernte war gerade vorbei. Viele der kleinen Landwirte hatten durch die Wirtschaftskrise jener Jahre ihren Nebenerwerb in der Industrie verloren. Nun konnten sie sich ganz ihrer Landwirtschaft widmen und hofften auf einen guten Weinherbst.

Für uns war es eine willkommene Abwechslung, als plötzlich ein Zigeunerwagen ins Dorf hereingefahren kam. Fröhlich liefen wir hinterher in der Erwartung, daß die Zigeuner hinunter zum Bach fahren würden, wo in unserem Dorf der Rastplatz für sie war und zur Sommerzeit ihre Wagen häufig standen. Wir Kinder schauten dann immer gern zu, wenn die Zigeuner Weidenkörbe flochten oder die damals üblichen großen, schwarzen Regenschirme flickten. Manchmal spielten wir auch mit den Zigeunerkindern, die in einer fremden, uns unbekannten Sprache redeten, was ihnen etwas Geheimnisvolles aus fernen Ländern gab.

Die Zigeunerfrauen gingen barfuß ins Dorf, und die Haustüren der Dorfbewohner standen ihnen immer offen. Meistens bekamen sie ein großes Stück vom selbstgebackenen Brotlaib, der in den großen Taschen ihrer weiten Röcke verschwand. Eine Zigeunerfrau mit leeren Händen aus dem Haus zu schicken, galt als ein böses Omen.

Diese Zigeunerromantik fand ein jähes Ende, als das Dritte Reich kam. In meinen letzten Schuljahren erlebte ich, wie immer seltener Zigeunerwagen in unser Dorf kamen; oft rasteten sie nicht einmal mehr und fuhren durch das Dorf, als hätten sie es eilig. Später kamen dann keine Zigeunerwagen mehr. Wo waren sie geblieben? Keiner wußte es.

Der Zigeunerwagen fuhr an jenem Spätsommertag aber nicht, wie wir gehofft hatten, hinunter zum Rastplatz, sondern zog nur durch das Dorf. Als wir nun so hinter dem Wagen herliefen, entdeckten wir bald einen großen Holzkäfig, der hinten am Wagen befestigt war. Durch ein Drahtgitter sahen wir darinnen ein graues Pelztier hin und her hüpfen. Es war so groß wie ein Fuchs, und ab und zu wusch es seine Vorderpfoten in einem Wassertrog, der im Käfig stand. Keiner von uns hatte je ein solches Tier gesehen!

Die Neugier wuchs, und einer von uns fragte den Fuhrmann, was er denn für ein Tier im Käfig habe. Der antwortete kurz: „Das ist ein Waschbär."

Alles staunte, war es doch eine kleine Sensation, einen Waschbären in unserem Dorf zu haben. An dem fremden Tier konnten wir uns nicht satt sehen, und ehe wir uns versahen, hatten wir den Wagen weit über das Dorf hinaus, bis zur Brücke an der Katzenbach, begleitet. Hier war die Gemarkungsgrenze unseres Dorfes, und darüber hinaus ging man nicht. Also kehrten wir um.

Alle waren nun etwas aufgekratzt ob des soeben Erlebten. Keinem von uns war es eilig, ins Dorf zurückzukehren, wo uns wieder nur der langweilige Alltag erwartete. Wir hüpften im Spiel über den Straßengraben und warfen mit Steinen nach den grünen Äpfeln an den Straßenbäumen, was natürlich niemand sehen durfte.

Plötzlich rief der Karle: „Hier ist eine Dole, da schlüpfe ich durch!"

Alle sprangen zu ihm hin. Der Karle stand im Straßengraben neben einer Auffahrt, die von der Straße über den Graben zu einem Acker führte. Durch diese Auffahrt war am Fuße des Grabens ein Abzugsrohr (Dole) gelegt worden, durch das bei Regenwetter das Wasser floß; heute war alles trocken. Die Dole hatte einen Durchmesser von ungefähr 30 Zentimetern und war drei Meter lang.

Wir standen nun um den Karle herum, und weil die meisten ein ungläubiges Gesicht machten, sagte er von neuem: „Ich schlüpfe durch diese Dole."

Der Karle war vielleicht zwölf Jahre alt und sehr schlank, so mochte man es ihm wohl zutrauen. Uns anderen grauste es ein wenig, aber keiner sagte etwas. Eine neue Sensation erwartete uns, und Karle war der Held des Tages. Da alles schwieg, zog Karle seine Jacke aus, und nur mit Hemd und Hose bekleidet, die Arme voraus, schob er sich in die Dole. Als seine Füße darin verschwunden waren, sprangen wir auf die andere Seite der Auffahrt und blickten gespannt auf den Ausgang der Dole.

Eine Weile herrschte große Stille, dann plötzlich hörte man ein kräftiges Husten aus der Dole, gleich danach noch einmal, und dann hörte es gar nicht mehr auf. Der ausgetrocknete Sand und Staub in der Dole war durch das Robben aufgewirbelt worden, und der Karle kam in Atemnot. Dann kam ein Hilferuf von Karle. Emil, der größte und längste von uns, hüpfte in den Graben und streckte seinen dünnen Arm in das Rohr, aber erst, als er auch noch die Schulter nachschob, hielten wir Umstehenden es für möglich, daß er den Karle fassen konnte.

Einige bange Minuten vergingen, bis der Emil den Karle unter größter Anstrengung so weit aus der Dole gezogen hatte, daß der Kopf sichtbar war. Das Gesicht des Karle war ganz rot angelaufen und mit Staub bedeckt. Auch seine Haare waren voller Staub. Als der Karle endlich auf den Beinen stand, hustete er noch ein paarmal, dann klopfte er mit der Hand den Staub von Hemd und Hose. Kein Jubel brach aus, uns allen saß der Schreck in den Gliedern, und kleinlaut gingen wir nach Hause.

Ungefähr sechzig Jahre später wartete unweit der Stelle jenes Geschehens wieder der Tod auf den Karle. Dieses Mal behielt er die Oberhand. Der Karle bekam einen Herzinfarkt, fiel vom Fahrrad und war tot. Damals aber hatte der Karle einen Schutzengel.

(Weitere Texte dieses Autors finden Sie in den Bänden „Kindheit 1933–1939, Teil 2" und „Lebenserinnerungen 1945–1950" der Reihe **ZEITGUT***.)*

[Ein Dorf in der Lausitz;
1930]

Manfred Dessau

Grüne Heringe

Der kleine Junge hieß Poling. Ob er polnischer Abstammung war oder sein Familienname so lautete, kümmerte mich als Achtjährigen damals recht wenig. Die Kinder des Dorfes, in welchem ich meine Ferien verbrachte, nannten ihn so, und daran war nicht zu rütteln.

Poling wohnte mit seinen Eltern in einem kleinen Haus am Waldrand. Es herrschte bittere Armut, die Familie war mehr oder weniger der Mildtätigkeit des Dorfes ausgeliefert, zumal die paar Äcker um das Haus nicht viel hergaben.

Der kleine Poling war ein williges Opfer unseres Spottes, denn er galt als geistig zurückgeblieben, so daß ihn selbst die Dorfschule verschmähte. Seit frühester Jugend half er seinen Eltern, soweit es seine schwachen Kräfte erlaubten. Aus unserer Sicht war nicht viel mit ihm anzufangen, denn wenn wir mit ihm rauften, wehrte er sich nicht einmal.

Denke ich heute an den Jungen mit den schmalen Augen und den kurzen Grabefingern, so nagt blanke Reue an mir. Ich habe ihn nämlich schlecht behandelt. Dies deshalb, weil ich ihn um seine grünen Finger beneidete. Unter seinen Händen wuchs, blühte und gedieh alles, was pflanzbar war, mochte der Boden noch so karg und trocken sein. Wo Poling säte, da zeigte sich die Natur von einer Großzügigkeit, die wunderlich erschien. Die anderen Kinder sagten, er würde mit den Pflanzen sprechen.

Ich habe meinen Gewächsen in Großmutters Garten wilde Abenteuer erzählt, doch sie ließen nicht mit sich reden, sondern kümmerten schweigend vor sich hin.

Und noch etwas konnte Poling: Er sprach mit den Tieren, ich habe es selbst gesehen. Es war reiner Zufall, daß ich Zeuge dieses Vorfalls wurde. Poling war auf seinen kurzen Beinen zum Waldrand gelaufen. Ich hörte, wie er vor sich hinsprach und ab und zu mit der Zunge schnalzte, denn der Wind kam mir entgegen. Mich konnte er nicht sehen, denn ich war unten am Bach und schaute über die Böschung.

Dann geschah das Merkwürdige! Ein Reh war aus dem Wald getreten, gefolgt von zwei Kitzen, und Poling trat zu ihnen. Er sprach mit den Tieren, ich hörte es deutlich, und sie ließen sich von ihm streicheln. Die Kitze sprangen um ihn herum, stießen ihn ins Gras, und ich hörte ihn lachen. Das ging so eine ganze Weile, bis die Rehe wieder im Wald verschwanden. Vielleicht hatten sie mich auch bemerkt.

„Wie machst du das, Poling?" fragte ich ihn später.

„Was?"

„Na, das mit den Rehen!"

„Weiß nicht", war die Antwort.

Meine Neidgefühle wurden so übermächtig, daß ich ihn eines Tages aufforderte: „Geh zum Krämer und besorge dir Heringssamen! Dann wachsen in deinem Garten Heringe!"

Zweifelnd schaute er mich an, doch ich schob nach: „Noch nie etwas von grünen Heringen gehört?"

Verständnis dämmerte in seinen Augen. Alles, was grün war, kam aus unserer Erde. Daran war nicht zu rütteln.

Großzügig gab ich ihm ein paar Münzen, und wir Kinder schlichen grinsend hinter ihm her, als er sich zum Dorfkrämer begab. Was sich drinnen im Laden abspielte, hörte ich nicht. Nur kam Poling plötzlich herausgeschossen und rannte davon.

Für uns Kinder war das damals ein köstlicher Spaß, nur heute habe ich meine Zweifel.

[Hamburg;
1931]

Willi F. Blaudow

Der dicke und der kleine Dirigent

Mein Vater war Berufsmusiker. 1931 hatte er auf der Großen Freiheit im Tanzlokal „Bayrisch Zell" eine Anstellung
gefunden. Er wäre zwar gern Theatermusiker geworden, aber
zu der Zeit waren die meisten Musiker erwerbslos oder „stän-
delten" zu dritt oder zu viert durch die Straßen Hamburgs,
um überhaupt etwas zu verdienen. Ständeln heißt soviel wie
Straßenmusik machen. Und so kamen jeweils abwechselnd
„Die Grünen", „Die Blauen" oder „Die Grauen", erkennbar
an ihren Anzügen, einmal in der Woche in die Straßen und
bekamen für ihre Musik von den Bewohnern ein paar Groschen aus den Fenstern zugeworfen.

Wir Kinder sammelten für die Musiker das Geld auf und
gaben es ihnen, wenn sie ihre drei Stücke gespielt hatten.
Ich paßte mit großem Eifer auf, daß die Kinder das Geld auch
ablieferten, denn mein Vater hatte beobachtet, daß sich einige von den Jungen mitunter das Geld in die eigenen Taschen
steckten. Dafür habe ich mal einen Jungen aus der Nach-
barstraße schwer verdroschen, und damit war Ruhe; keiner
wagte es mehr, sich am Geld der Musiker zu vergreifen. Doch
nun brauchte mein Vater nicht mehr zu ständeln, er verdiente sein Geld im Tanzlokal.

Die Kapelle bestand aus dem Dirigenten und elf Musikern.
Sie traten in Studenten- oder Bayerntracht auf und spielten
entsprechend ausnahmslos Blasmusik (im Jargon Blechmu-

sik). Allein der Dirigent war schon eine Sehenswürdigkeit, denn, von der Figur her klein und dick, hatte er etliche Pfunde zu bieten, war dabei aber stets quicklebendig und zu allerlei Streichen aufgelegt.

Nachmittags, wenn es noch etwas gesitteter zuging, – was gegen Abend aufgrund des Bier- und Schnapskonsums der Gäste mehr und mehr zu wünschen übrig ließ – ging meine Mutter mit mir und meinem fünf Jahre älteren Bruder manchmal in das Lokal, um Musik zu hören. Ich saß dann dabei und klopfte mit den Fingern den Takt zur Musik auf den Tisch.

Eines Tages setzt sich der Dirigent zu uns, die Kapelle spielt unterdessen ohne ihn. Nachdem er mir eine Weile zugesehen und zugehört hat, spricht er mich an:

„Sag mal, Willi, hast du nicht Lust zu dirigieren? Den Takt kannst du ja schon prima halten. Ist auch ganz einfach, du schwingst nur im Takt den Dirigentenstab, alles andere machen die Musiker dann ganz allein, so wie jetzt, wo ich hier bei euch sitze. Nun, was meinst du?"

Mir schießen die Gedanken nur so durch den Kopf. Schon immer habe ich mir gedacht, es müßte herrlich sein, auf der Bühne zu stehen, zu dirigieren, und die Musiker nach meinem Takt spielen zu lassen. Ich kannte es doch von meinem Vater, wenn er sich über einen Dirigenten beschwerte, weil er mit dem Tempo nicht einverstanden war. Aber jetzt und hier, als kleiner Junge gleich auf die Bühne und dirigieren? Ich kenne doch keine Noten, und wenn ich falsch dirigiere, was sagt dann mein Vater?

Ich hatte ja schon das Geigenspielen erlernen sollen, aber mein Vater war kein guter Lehrer, er verlangte nach dreimaligem Vorspielen die Leistung, die er mir vorgab. Deshalb hatte ich auch wenig Lust, Noten zu lernen. Und nun, ohne Notenkenntnisse dirigieren?

Ich schaue meine Mutter an und meinen Bruder (der sich eins feixt), bekomme weder von der einen noch vom andern

Hamburg 1931. Auf der Großen Freiheit, im Tanzlokal „Bayrisch Zell":
Der „Dicke" präsentiert seine Kapelle. In der zweiten Reihe steht mein
Vater als zweiter von links.

Rat und sage schließlich: „Nee... nee, das kann nicht gutge-
hen! Ich kenne keine Noten, und wonach soll ich dirigieren?"

Der Dicke schaut mich verwundert an, klopft sich auf die
gewaltigen Oberschenkel und lacht lauthals: „Donnerwetter, daß er sich solche Gedanken macht, hätte ich nicht gedacht! Aber keine Angst, mein Kleiner, Noten brauchst du
nicht zu kennen! Du sollst nur nach deinem Taktgefühl dirigieren, so wie du hier auf den Tisch klopfst, sonst nichts!"

Dann wendet er sich meiner Mutter zu:

„Der Willi schafft das bestimmt, ich habe schon mit seinem Vater gesprochen, und der meint auch, es würde mit
ihm klappen! Wir wollen es doch gleich mal probieren, klar?"

Mir rutscht das Herz in die Hose. Jetzt gleich also sollte
ich dirigieren, hier, auf dieser Bühne? Mann oh Mann, wenn
das man gut geht!

Der Dicke erhebt sich, packt meine Hand und ab geht's,

ohne Erbarmen auf die Bühne. Am Dirigentenpult nimmt er seinen Taktstock, dreht sich zu mir und sagt laut zu den Musikern: „So, meine Herren, ich stelle euch hier nun den Willi vor, er wird mich ab und zu vertreten, wenn ich mal keine Lust hab! Auf geht's Buam!"

Damit hebt er den Taktstock, die Musiker setzen die Instrumente an, und dann folgt der Bayrische Defiliermarsch. Kaum komme ich dazu, den Dirigenten zu beobachten, verneigt er sich auch schon vor mir, überreicht mir den Taktstock und flüstert mir zu:

„Nimm den Stock und mache gerade so weiter! Und nur keine Angst, es klappt schon!"

Nun, da ich den Taktstock in der Hand halte, ist alle Aufregung verflogen. Den Marsch kenne ich gut, den Takt kann ich auch halten, also hoch den Stock und im Takt auf- und abschwingen. So dirigiere ich bis kurz vor dem Ende des Marsches, hebe den Stock, bis der letzte Paukenschlag verklungen ist, und schwinge ihn dann rasch nach unten. Die Musiker nehmen die Instrumente runter, und dann erfolgt ohrenbetäubender Beifall.

Der Dicke kommt zu mir und klopft mir auf die Schulter: „Das hast du prima gemacht, Willi, darauf müssen wir einen trinken!"

Auch mein Vater kommt: „Na, Willi, war's schlimm? Das klappte doch gut und wird bestimmt noch besser!"

Das Lob meines Vaters tut mir besonders gut, und so laufe ich zum Treppchen, um zu meiner Mutter zurückzugehen. Doch dort haben sich viele Gäste eingefunden, die applaudieren. Dann nehmen sie mich auf die Schultern und gehen mit mir zur Theke. Ich bekomme von den Damen und Herren so viel Schokolade, Geldstücke und -scheine zugesteckt, daß meine Taschen den Segen kaum fassen können. Ich bin froh, als ich endlich wieder bei meiner Mutter sitze.

Am nächsten Tag frage ich natürlich meinen Vater aus. Ich will wissen, wie das nun mit mir weitergehen soll, welche Märsche gespielt werden sollen, und was ich zu Anfang und Ende des Musikstückes mit dem Taktstock besser machen kann. Bevor ich am Abend einschlafen kann, rekapituliere ich im Geiste noch einmal alles, denn ich soll am kommenden Sonntag wieder auftreten.

Am Sonntagnachmittag gehen meine Mutter, mein Bruder und ich wieder ins Tanzlokal. Ich trage nun, ganz bayrisch, kurze, schwarze Hosen, Wadenstutzen, ein weißes Hemd, breite, bunte Hosenträger, einen Janker und einen Seppelhut. Der erste Marsch ist verklungen, als der Dicke mich auf die Bühne holt. Dort steht bereits der Geschäftsführer des Lokals, der auch die Ansage macht. Wir stellen uns dazu.

„Meine Damen und Herren! Ich darf Ihnen heute eine Attraktion vorstellen, die es noch nie gegeben hat. Hier ist der Hubert, unser stattlicher, altbewährter Dirigent, und hier ist Willi, der neue Dirigent, fünf Jahre alt! Ich wünsche Ihnen viel Vergnügen!"

„Mach's gut Willi! Und keine Angst!" ruft mir der Dicke noch zu, während schon stürmischer Beifall losgeht. Dann gibt er mir den Dirigentenstab – es ist ein neuer mit Goldspitze. Ich trete an das Dirigentenpult, fordere Aufmerksamkeit von den Musikern durch Klopfen auf das Pult und rufe den Marsch auf: „Und nun, meine Herren, der Fehrbelliner Reitermarsch!"

Ich hebe den Stab, und als ich ihn senke, setzen die Instrumente auf Schlag ein. Es klappt bestens, und der Dicke verbeugt sich mit mir zusammen vor dem jubelnden Publikum. So dirigiere ich meine drei Märsche und bin dann im Gewühl meines enthusiastischen Publikums verschwunden.

Meine Mutter hatte nun vorgesorgt und etliche Taschen zusätzlich auf meinen Janker aufgenäht. Doch auch die reichen nicht aus, um alle Gaben zu fassen, die Kellnerinnen müssen helfen. Dann kommt mein Bruder, um aufzupassen, wo man mich hinschleppt. Hinterher erzählt er mir und meiner Mutter, was die Gäste, insbesondere die Damen, in allen möglichen Sprachen zu mir gesagt haben. – Es kamen seinerzeit ja viele Seeleute und Touristen aus aller Herren Länder nach Hamburg, die sich in den Tanzlokalen amüsieren wollten. Nach 1933 sah es damit anders aus.

So geht es einige Wochen. Wir haben für das Publikum einige Spielchen eingefügt, die mein Taktgefühl und das Erkennen von falschen Tönen besonders hervorheben. So bläst ein Trompeter zum Beispiel auffallend falsch, worauf ich sofort reagieren muß. Ich klopfe mit dem Stab die Musik ab und rüge den Missetäter laut: „Aber Herr Trompeter! Sie haben eben Moll geblasen und Dur hätte es sein müssen! Sie haben wohl schon an die Molle Bier gedacht? Also, dasselbe noch einmal, bitte!" Die Gäste johlen vor Begeisterung, und meine Einnahmen wachsen von Tag zu Tag.

Dann ist Fastnacht, die im Norden damals in Form von Maskenbällen gefeiert wurde. Die Musiker tragen deshalb Tierköpfe aus Pappmaché, Ochsen-, Schafs- oder Eselsköpfe. Für mich hat man sich einen Bärenkopf ausgedacht. Dieser wird mir aber ohne Vorwarnung über den Kopf gestülpt. Da er viel zu groß ist für mich, rutscht er mir über die Schultern, und plötzlich ist es dunkel um mich herum. Vor Angst bekomme ich keine Luft mehr in dem engen Gefängnis. Ich werfe mich auf den Boden und schreie aus Leibeskräften, bis man mir den Bärenkopf wieder abnimmt.

Kaum bin ich das Ding los, kann mich keiner mehr halten. Alle Entschuldigungen und Beschwichtigungen helfen nichts. Ich nehme meinen Janker und verschwinde von der Bühne. Nichts kann mich dazu bewegen, sie noch einmal zu betreten und zu dirigieren. Auch die Hinweise meiner Eltern auf das Geld, die Schokolade und die anderen Schnökereien können mich nicht umstimmen. – Ich bleibe hart und betrete das Tanzlokal nie mehr.

(Weitere Texte dieses Autors lesen Sie in: „Pimpfe, Mädels & andere Kinder. Kindheit 1933–1939" und „Jugend 1939–1945, Teil 2" der Reihe ZEITGUT.)

[Zepkow, Mecklenburg;
1932]

Magda Riedel

Alte Liebe rostet nicht

Es war der 7. Mai 1932. Wir feierten in meinem Elternhaus
meinen 14. Geburtstag. Stimmengewirr und ungezwungenes
Lachen durchfluteten unser Wohnzimmer. Der mit Mutters
feinstem Porzellan und grobweißem Leinen gedeckte Kaffeetisch sowie das Aroma von frisch aufgebrühtem Kaffee
verbreiteten eine Atmosphäre von Festlichkeit und ungetrüb-
ter Heiterkeit. Die in die Tischdecke mit roter Nähseide ein-
gestickte Jahreszahl 1798 bekundete die Vererbung selbst-
gewebter Leinwand seit Generationen auf dem Bauernhof.

Die 80jährige Mine, im Dorf bekannt als Tante Koop, trip-
pelte leichtfüßig wie ein Vogel um den Tisch, schenkte Kaffee nach und füllte die Kuchenteller auf.

Ich angelte mir schon das dritte Stück Torte. Mit mißbilli-
gendem Kopfschütteln warf sie mir einen unmißverständli-
chen Blick zu, und ihr süßsaures Lächeln unterstrich ihre,
bei jedem passenden oder unpassendem Anlaß geäußerten
Worte: „Is datt Ordnung?"

Frau Wilhelmine Koop, gerufen Mine, war mit 13 Jahren
zu meinen Urgroßeltern, der Lehrersfamilie Rausch, in
Dienst gekommen. Als deren Tochter Alwine, meine Groß-
mutter, in den Bauernhof Zehlke einheiratete, bekam sie
Mine als Mitgift mit. Der älteste Sohn aus dieser Ehe, mein
Vater Heinrich, übernahm majorenn mit 25 Jahren den Hof.

Tante Koop blieb in der Familie. Sie war pflichtbewußt

und stand treu zur Sippe. Die Kinder, meine jüngere Schwester Irma und ich, hatten ihren Anweisungen Folge zu leisten. Mit spitzbübischem Lächeln wies sie uns oft mit ihrem „Is datt Ordnung?" in die Schranken.

Die Kaffeetassen klirrten auf den Tellern, als ein Auto in voller Fahrt auf dem Sommerweg vor dem Fenster bremste

Die gute Seele unseres Hauses, unsere 80jährige Mine Koop. Weil ich faul im Grase sitze, schimpft sie: „Is dat Ordnung?"

und eine dicke Staubwolke vor dem Haus aufwirbelte. Wir drückten uns die Nasen an der Fensterscheibe platt. Ein Auto war zu dieser Zeit bei uns eine Sensation!

Ein bejahrter Herr, modisch behütet und mit gepflegtem Schnurrbart, schwenkte galant sein Spazierstöckchen und schritt in selbstbewußter Haltung auf unser Haus zu.

Mein Vater, Bauer Heinrich, 50jährig, eine goldene Uhrkette hüpfte auf seinem Bäuchlein, die Brille war ihm auf die Nasenspitze gerutscht, rappelte sich hoch, trat neugierig vor die Tür und rief erstaunt und erfreut: „Onkel Theodor, sei willkommen!"

„Nun, mein Lieber, da komme ich ja gerade im rechten Augenblick, wo die ganze Familie beisammen ist", erwiderte der Onkel. Unter Andeutung eines Lächelns sagte er mit belegter Stimme: „Heinrich, mit meinen 80 Jahren bleibt mir nicht mehr viel Zeit, ich hege schon lange den Wunsch, die Stätte meiner Jugendzeit, meine nie vergessene Heimat, noch einmal zu besuchen."

Heinrich: „Fühle dich nur wie zu Hause, du bist ein gern gesehener Gast."

Mine hatte mit gespitzten Ohren und Augen, die wie zwei kleine Monde glänzten, alles mit angehört. Widerstrittige Gefühle quälten sie, und ein schwerer Druck legte sich auf ihr Herz.

„Er hat mich nicht erkannt. Oder will er mich nicht kennen?" fragte sie sich, und mit herausforderndem Trotz huschte sie davon, wobei ihre Schürzenbänder wie der Schwanz eines Drachens flatterten.

Mein Großonkel Theo, Mines große Jugendliebe. Er war Hobby-Imker.

Auf einmal müde und zerschlagen, ließ sie sich auf einen Küchenstuhl sinken. Ihre Gedanken schweiften zurück in die Vergangenheit, und es wurde ihr warm ums Herz.

„Ich hatte eine herrliche Zeit mit Theo, voller Lebenslust, das kann ein Mensch doch nicht vergessen! Natürlich in aller Heimlichkeit, es ging ja nicht an, daß ein angehender Lehrer mit einer Dienstmagd ein Verhältnis hatte."

Der Bauer, der nach Mine Ausschau hielt, kam in Begleitung von Onkel Theodor in die Küche und zwinkerte ihm über die Schulter hinweg zu: „Theo, erkennst du unseren guten Hausgeist, die Mine, nicht?"

Er fuhr fort: „Ich weiß von Mutter, daß ihr in deinen Semesterferien oft zusammen Holz gesägt habt."

Feuerrot im Gesicht, wunderte sich der Onkel: „Das soll mein Minchen sein, ich habe sie ganz anders in Erinnerung. Du bringst mich in Verlegenheit, Mine. Wo sind deine dikken, blonden Zöpfe geblieben? Dein liebliches Antlitz habe ich nie aus den Augen verloren, ich konnte dich all die Jahre nicht vergessen. Kannst du mir meinen schwerwiegenden Fehler verzeihen?"

Erinnerungsbeladen, mit zugeschnürter Kehle und in Tränen schwimmenden Augen antwortete Mine zaghaft: „Ich hatte dein Bild immer vor Augen, noch heute steht deine Photographie auf meinem Nachttisch."

„Mine", jubelte Theo, „jetzt sollst du den Kuß bekommen, den ich damals versäumt habe, dir zu geben."

Theo nahm sein Minchen liebevoll in die Arme. Versunken in Erinnerungen, kauerten beide auf der alten Küchenbank. Sie tauschten zärtlich ihre beiderseitigen Erlebnisse aus. Viel Wasser war in all den Jahren den Bach hinuntergeflossen. Dann verstummten sie. Die Geburtstagsfeier war vergessen, die Gäste waren in weite Ferne gerückt. Beide sahen nur noch sich, das alte Schulgebäude und den Schulhof, die Stätte ihrer Jugendträume.

[Fastrau*), Rheinland-Pfalz;
Frühjahr 1932]

Klaus Pelzer

Talfahrt mit Hindernissen

Wenn ein echter Junge heute unter seinesgleichen etwas gelten will, muß er ein geländegängiges Mountain-Bike fahren. 1932, als ich 13 Jahre alt war, bedeutete mir ein einfaches, wackeliges Handwägelchen das Nonplusultra eines Transport- und Fortbewegungsmittels.

Mein Vater hatte es beim Wagenmeister meiner moselländischen Heimat arbeiten lassen. Das sonst stabile Fahrzeug brachte einen gravierenden Geburtsfehler mit auf die Welt: etwas hochbeinige und schmale Räder. Und gerade sie hatten auf den damals ausgefahrenen Feld- und Weinbergswegen, die schlaglöcherreiche Dorfstraße nicht ausgenommen, am meisten zu leiden.

Nicht allein diese widrigen Umstände, sondern auch der erbarmungslose und unablässige Einsatz, den das Wägelchen gerade durch mich Tag für Tag erfuhr, beschleunigte seine vorzeitige Invalidität.

Eine Fahrt ist mir zeitlebens unvergeßlich geblieben: Wenn im Frühjahr die Runkelrübenmieten geräumt waren und auch in den saftigsten Talwiesen am Bach noch nicht gemäht werden konnte, begann bei uns die Saison des „Kraudens". Tag für Tag zogen dann zumeist die älteren Schulkinder mit Karst und Kartoffelsäcken auf die brachliegenden Äcker oder in die noch kahlen Weinberge zum Krautsammeln aus.In der Regel wurden die vollen Säcke oder Körbe nach Hause getra-

*) heute Fell

gen oder einem zufällig vorbeikommenden Fuhrwerk aufgeladen. In behelfsmäßig durch Steine abgetrennten Tümpeln des Baches oder in einem eigens dafür vorgesehenen Sandsteinbecken des Dorfbrunnens wurde das eingesammelte Kraut gründlich gewaschen, bevor es in die Scheune kam und zerkleinert unter Strohhäcksel gemengt als Viehfutter diente.

An einem schulfreien Freitagnachmittag traten mein jüngerer Bruder Hans und ich mit unserem Wägelchen, dessen linkes Vorderrad schwer angeschlagen war, eine der üblichen Krautsammelfahrten zu dem etwa eine Stunde entfernten „Mäsberg" an. Der teilweise sehr beschwerliche Aufstieg konnte die Vorfreude auf die zu erwartende Abfahrt in keiner Weise beeinträchtigen. Jede mögliche Wegschwierigkeit unterzog ich einer fachmännischen Betrachtung, und sorgfältig legte ich die Route für die Talfahrt in allen Einzelheiten fest.

Aus allen Knopflöchern pustend, erreichten wir die Berghöhe und machten uns flugs an die Arbeit. Nachdem wir ein Brachfeld mit fettem Hahnenfuß gefunden hatten, füllten sich unsere beiden Säcke zusehends. Dann war es endlich soweit: Wir konnten unser altes, malträtiertes Fahrzeug beladen.

Hans räumte mir als dem älteren Bruder ein, die erste und steilere Hälfte des Heimweges bis an die beginnenden Weinberge zu fahren. Mit dem rechten Knie ließ ich mich auf dem hinteren Ende des Bodenbrettes nieder und steuerte mit der rechten Hand die schräg nach hinten umgelegte Fahrzeugdeichsel. Gleichzeitig umfaßte ich mit der linken den oberen Holm des Seitenaufbaus. Der Fuß des linken, leicht gestreckten Beines schwebte etwa eine Handbreit über dem Boden, jederzeit bereit, je nach Geländebeschaffenheit als Fahrtbeschleuniger oder Bremse eingesetzt zu werden.

Ach, war das ein Vergnügen, mit 15 bis 20 Sachen den holprigen Fuhrweg hinunterzujagen! Zur Rechten an heckenreicher Böschung, zur Linken an tiefeingegrabenen Wasserfurchen vorbei, ging es wie im Flug zu Tal. Und hinterdrein, mit ständig wachsendem Abstand, keuchte Hans im Laufschritt,

Diese Zeichnung meines Konabiturienten Wilhelm Speicher demonstriert meinen rasanten „Fahrstil" bergab, allerdings in der Regel mit beladenem Wagen.

ungeduldig des Augenblicks harrend, mich abzulösen. Nun ging's in die enge, schlüpfrige Linkskurve, die wegen ihrer extremen Schräglage schon so manchem hochbeladenen Erntewagen zum Verhängnis geworden war. Ich nahm sie spielend.

Und weiter sauste ich den noch im Winterlaub stehenden braunen Lohhecken zu. Da, o Schreck, was war das?

Der eiserne Reifen des linken Hinterrades hatte sich selbständig gemacht und landete gerade an der steilen Waldböschung. Erde spritzte, dichter Staub wallte auf, als ich mit aller Kraft meinen linken Fuß auf den harten Boden setzte, um mein angeschlagenes Fahrzeug zum Stehen zu bringen.

Hans kam angeprustet und blieb zunächst sprachlos. Dann

aber trumpfte er spitz auf: „Das hast du nun von deinem Rasen! Was machen wir jetzt?"

Ach, das war gar nicht so schwierig. Ich nahm die langen Seile, mit denen die Säcke zugebunden waren, und band damit den Reifen auf das barfüßige Rad. Doch wie ich es auch anstellte, die Schnüre reichten nicht. Da kam mir ein glücklicher Gedanke: Unsere ledernen Schuhriemen konnten wir doch entbehren! Gedacht, getan! Einer der meinen reichte sogar. Alles halb so wild!

Mehr berechnend als großmütig wollte ich Hans schon jetzt aufsitzen lassen, denn nach wenigen Sekunden Fahrt sollten wir die Weinberge erreichen. Doch ihm war die Lust vergangen, er verzichtete. Kurz entschlossen übernahm ich wieder das Steuer und fuhr behutsam an. Alles ging gut, und allmählich kam mein lädiertes Fahrzeug wieder auf Touren.

Da, ein ratterndes Krachen, Holzteile wirbeln durch die Luft, ein Reifen prallt von der Weinbergsmauer zurück. Unwillkürlich setze ich meine bewährte Fußbremse ein, und mein Vehikel steht. Heiliger Himmel, sieht das böse aus!

Der Reifen ist vom linken Vorderrad abgelaufen, zwei Felgenstücke und drei Speichen sind aus dem Rad herausgebrochen und liegen wie Feuerholz um einen Hauklotz versprengt am Boden. Mir läuft es kalt und warm den Rücken herunter. Das Herz schlägt bis zum Hals. Ratlos stehen wir beide da, hilflos starren wir die Trümmerstücke und den Radtorso an.

Eine Katastrophe hat ihren Anfang genommen, welches Ende würde sie zu Hause haben? Wie konnten wir die zu erwartenden harten Folgen abschwächen?

Keiner von uns beiden hatte bis jetzt auch nur ein Sterbenswörtchen über die Lippen gebracht, aber darin waren wir eines Sinnes: Es mußte etwas geschehen! Drei Schuhriemen hatten wir noch, auch die konnten wir noch entbehren.

Während wir unsere Kinderhirne so strapazierten, hörten wir Schritte in dem Weinberg, an dem wir hielten. Es war der Porten-„Päder", der hier am Richten der Weinbergspfähle war,

---

*) Mit „Päder" wurde im ganzen Dorf ein unverheirateter, älterer Mann bezeichnet, mit dem man nicht verwandt sein mußte.

eine Tätigkeit, die in unserem Dialekt „Stoecken" genannt wird. Er trat hart an den Rand der Weinbergsmauer und besah sich unser „Werk" aus der Vogelperspektive.

„Donnerwetter, da habt ihr aber was angestellt!" meinte er. Eine ganze Weile sann er nach, dann unterbrach er die Stille und sagte: „Wartet, ich glaube, das kriegen wir hin! Ich habe hier noch ein Bündel neuer Weinbergspfähle liegen. Den Draht, mit dem es gebunden ist, brauche ich nicht."

Aufnahme vom August 1932. Fast an der gleichen Stelle fand meine Talfahrt ein jähes Ende. Ich gehe am Ackerwagen, neben mir meine Brüder. Links befindet sich die Steinmauer mit den Weinbergen, wo unser „Nothelfer" arbeitete.

Er ergriff den Weinbergspfahl zu seiner Rechten, drehte sich behutsam und steif um und stapfte Schritt für Schritt bergan davon.

Währenddessen rafften Hans und ich die verstreuten Radteile auf und begannen, sie zusammenzusetzen. Dabei wurde uns klar, hier war mit unseren restlichen Schuhriemen nichts auszurichten.

Doch da humpelte der gute, alte „Päder" auch schon mit zwei langen Drahtstücken die nächste mannshohe Weinbergstreppe herunter. „Dann laßt mich mal gucken", sagte er und hockte sich vor das Unglücksrad. Hans und ich plazierten uns in gleicher Stellung daneben. Ängstlich, aber hoffnungsvoll, verfolgten wir jeden Handgriff des treuen Helfers.

Es dauerte eine geraume Weile, bis die eben noch herumliegenden Bruchstücke behelfsmäßig zusammengefügt und mit den Drähten aneinandergebunden waren. Porten-„Päder" erhob sich schwerfällig, besah sich seine „Bastelarbeit" und freute sich seiner guten Tat. Dann schickte er uns auf die Reise und mahnte: „Na, dann mal los! Aber Vorsicht, ich übernehme keine Garantie!"

Hans und ich konnten nur ein „Dankeschön" stammeln, spannten uns beide an die Deichsel und zogen, uns ängstlich nach dem Unglücksrad umschauend, ganz, ganz langsam an. Porten-„Päder" sah uns noch eine Weile nach, dann verschwand er wieder in seinen Weinberg.

Schritt für Schritt zogen wir zum Dorf. Immer wieder drehten wir uns um und prüften, ob das Flickwerk auch hielte. Eine Fracht roher Eier hätten wir kaum sorgsamer transportiert. Wir näherten uns den ersten Häusern. Hoffentlich sah uns niemand! Hätten wir unser Elternhaus auf einem verborgenen Umweg erreichen können, wir hätten ihn genommen. So jedoch mußten wir mitten durchs Dorf. Was würden wohl die Leute und besonders unsere Schulkameraden sagen, wenn wir ungewohnt friedlich das Wägelchen an der Deichsel die Straße hinabzögen?

Im Oberdorf hantierte der Schreiner Mattes an dicken Bohlen vor dem Haus. Er nahm keine Notiz von uns. In der leichten Kurve zwischen Oberdorf und Dorfmitte begegnete uns tiefgebeugt die hochbetagte „Klauden-Mimi" auf ihrem Nachhauseweg vom Friedhof. Sie schaute nicht auf und erkannte uns nicht. An der schmalen, steilen Kirchgasse spielten ein halbes Dutzend unserer jüngeren Schulkameraden „Verstekken". Man stritt gerade darüber, wer „zuhalten" sollte. Sie hatten kein Auge für uns. Noch ein paar Häuserlängen und unser geschundenes Fahrzeug ratterte auf das holprige Pflaster vor unserem Elternhaus.

Wir standen nun unmittelbar vor unserem Schuld-Bekenntnis, und danach folgte hoffentlich die Lossprechung. Wir wagten es nicht, das stark angeschlagene Wägelchen über die ausgedehnte und unebene Hoffläche näher ans Haus zu fahren, weil wir hier noch neues Unheil befürchteten. Unmittelbar neben der Straßenrinne hielten wir an, ließen das Fahrzeug samt seiner Ladung allein und wandten uns dem Haus zu.

Nachdem wir die immer unabgesperrte Haustür passiert und ungewohnt leise wieder ins Schloß gedrückt hatten, schlichen wir über den kurzen Flur zur halboffenen Zimmertür und betraten hintereinander die bäuerliche Wohnstube. Unser gestrenger Vater saß dort mit dem Rücken zur Tür am Tisch. Bei frisch duftendem, selbstgebackenem Brot, „scharfem Käse" nach Mutters Rezept und einem Krug „Viez" (heimische Bezeichnung für Apfelwein) hielt er seine übliche Nachmittags-Vesper.

Unmittelbar hinter der Tür blieben Hans und ich stehen. Nicht allein aus Sittsamkeit taten wir unseren Mund nicht auf. Vater drehte schließlich den Oberkörper etwas nach rechts. Danach blickte er geneigten Hauptes ein wenig zur Seite und unterbrach das angstvolle Schweigen, in dem nur das regelmäßige Ticken der alten Pendeluhr aus großväterlicher Zeit überlaut zu hören war: „Seid ihr endlich da?"

„Ja", entgegnete ich und fuhr nach einigen schweren Atemzügen mit gesenktem Kopf, am untersten Knopf meiner Jacke nestelnd, etwas mutiger fort: „Vater, das Wägelchen ist kaputt!"

„Was ist denn dran?" fragte er gleich zurück, und seine Stimme klang gar nicht sonderlich erregt.

„Das linke Vorderrad ist gebrochen", gab ich unumwunden zur Antwort.

Gott sei Dank, jetzt war mein Geständnis heraus! Nun noch die Lossprechung!

Hans und ich wußten nicht, wie uns geschah, als Vater darauf meinte: „Dem habe ich schon lange nicht mehr getraut, dann habt ihr jetzt Ruhe!"

Er erhob sich bedächtig vom Tisch, schob seine verschwitzte Schlappmütze aufs rechte Ohr und verließ mit uns beiden hintendrein die Stube. Draußen besichtigte er das Gefährt mit dem geschickten „Notverband", lüftete seine Mütze ein wenig, kratzte sich am Hinterkopf und meinte unerwartet gelassen: „Jetzt fahrt ihr noch zum Bach das Kraut waschen, dann kommt ihr heim und stellt das Wägelchen in den hintersten Schuppen. Ihr müßt dann eben, wie die anderen Kinder auch, alles nach Hause tragen!"

Sprach's, drehte sich um und ging nachdenklich zum Haus zurück. Hans und ich schauten uns verdutzt und sprachlos an. Fast wären wir uns um den Hals gefallen, denn dieser unerwartete Freispruch übertraf alles bisher Dagewesene in höchstem Maße.

Wilhelm Schäfer

„*Ja, die passen doch.*"

Mein Vater war Kleinbauer und Weingärtner, wie es in den
Dörfern im schwäbischen Unterland viele gab. Die Landwirtschaft ernährte die Familie mehr schlecht als recht, deshalb
gingen Vater und die anderen Kleinbauern in den Winter-
monaten zum Holzfällen in den Gemeindewald. Als die Mas-
senarbeitslosigkeit um sich griff, durften nur noch die Arbeitslosen der Gemeinde den Holzeinschlag durchführen. So
kamen die kleinen Bauern um ihren Nebenverdienst. Sie hatten wohl ihre Grundnahrungsmittel, aber oft keinen Pfennig Bares im Haus.

An einem Novembertag, ich war zwölf Jahre alt, ging der
Lehrer mit uns Buben zum Sport. Wir liefen von der Schule
durch die engen Dorfgassen hinunter zum kleinen Sportplatz
am Bach beim Gänsegarten. Die Gassen waren damals nur
mit Steinen eingeschottert, und in den Löchern stand das
Regenwasser in kleinen und großen Pfützen. Ich hatte Sandalen an, da ich keine anderen Schuhe besaß. Damit meine
Strümpfe nicht naß wurden, hüpfte ich immer über die Pfützen. Als der Lehrer sah, daß ich zu dieser Jahreszeit noch
Sandalen trug, meinte er: „Sage deinem Vater, er soll dir ein
Paar gute Schuhe kaufen."

Daheim, beim Mittagessen, berichtete ich meinem Vater
davon. Er erwiderte nichts, wurde aber nachdenklich. Nach
dem Mittagessen sagte er dann zu mir: „Komm, wir gehen

zum Schuhmacher." Mutter holte den Geldbeutel und gab
Vater zögernd einen Zehnmarkschein. Das war damals sehr
viel Geld. Ein Arbeiter verdiente 50 Pfennige in der Stunde.
Ich ahnte, daß es das letzte Geld sein könnte, das meine Eltern im Haus hatten.

In der Werkstatt des Dorfschuhmachers wurden mir dann
schwarze Schnürschuhe anprobiert.

„Sie kosten zehn Mark", sprach der Schuhmacher. Er kniete sich hin und drückte mit dem Daumen auf die Schuhe an
meinen Füßen. „Ein bißchen eng", bemerkte er, und ich spürte es auch. Aus einem Regal holte er dann ein Paar Schuhe,
das eine Nummer größer war. „Die kosten elf Mark."

Mein Vater, der neben mir stand, hielt noch immer das
erste Paar in der Hand. Während der Schuhmacher mir die
größeren Schuhe anprobierte, drückte und bog Vater die anderen hin und her, als wollte er sie etwas größer machen. Ich
wußte, daß er die Elfmarkschuhe nicht kaufen konnte.

Vater entschied schließlich: „Wir wollen doch noch einmal
die ersten Schuhe anprobieren."

Ich schlüpfte also wieder hinein und zog diesmal meine
Zehen zurück. Als der Schuhmacher erneut auf die Spitzen
drückte, stellte er fest: „Ja, die passen doch."

Stolz ging ich in den nächsten Tagen mit meinen neuen
Schuhen, wenn sie auch etwas zu eng waren, zur Schule.

Zu dieser Zeit ging mein Vater täglich hinaus zu unserem
Baumstück. Dort grub er mit dem Spaten die Wiese um, damit er im Frühjahr ein weiteres Stück Ackerland hatte.

„Du kannst mir helfen!" sagte Vater nach der Schule zu
mir. Ich ging mit ihm hinaus zur Baumwiese. Es war für
mich selbstverständlich, daß ich den Eltern half. Mit meinen
neuen Schuhen stieß ich den Spaten leicht in die Erde. Die
Zeit verging schnell. Als die Dorfglocke vier Uhr läutete, ver-
spürte ich auf einmal an meinem rechten Fuß Schmerzen.
Es war der Fuß, mit dem ich den Spaten in die Erde gedrückt
hatte. Die Schmerzen wurden immer schlimmer, ich hätte

1930: Mein Vater als schwäbischer Kleinbauer mit seinem Kuhgespann.

aufschreien können, doch ich biß die Zähne zusammen. Da meine Eltern für diese Schuhe ihr letztes Geld ausgegeben hatten, wollte ich mich nicht noch darüber beklagen. Auf dem Heimweg hinkte ich mühsam hinter meinem Vater her. Zu Hause, im Wohnzimmer, ratterte Mutters Nähmaschine. Vater ging in den Kuhstall, um das Vieh zu füttern.

Endlich allein, konnte ich in der Küche meine Schuhe ausziehen und mir die Bescherung ansehen. Der zu enge Schuh hatte mir auf dem Fußrücken die Haut aufgescheuert, so daß das blanke Fleisch zu sehen war. Im Zorn griff ich nach einem spitzen Küchenmesser und stieß es dort, wo das Leder gescheuert hatte, in den Schuh. Ich machte einen etwa drei Zentimeter langen Schnitt. Die Spalte klaffte weit auseinander wie die aufgesprungene Schale einer reifen Kastanie. Erleichtert dachte ich: „Der verdammte Schuh kann jetzt nicht mehr drücken!" – Da ich meine Schuhe selbst putzte, erfuhren meine Eltern nie von der Angelegenheit. Wenn Mutter im Winter fragte, warum mein rechter Strumpf oft so naß sei, dann gab ich einfach keine Antwort.

[Hermsdorf/Kynast im Riesengebirge*);
1932]

Gertraude Wortmann

Puschtag

Im Sommer war montags und donnerstags Puschtag. Bei uns im Riesengebirge wußte jeder, was das hieß: Es wurden aus dem Wald Holz und Beeren geholt.

Vater war schon lange arbeitslos, und Kohlen waren viel zu teuer. Es reichte höchstens mal für Hobelspäne vom Bahnhof. Für eine Zigarre durften wir dort unsere Säcke füllen. Mit breiten Messern schälten Männer die dicken Langholzstämme. Am besten waren die kienigen Hackspäne, die hielten im Ofen an. Dickes, weißes Harz klebte daran, und der große Platz roch so gut nach frischem Holz. Wir Kinder kamen hochbeladen mit dem Kastenwagen heim. Aber der Kessel in der Waschküche fraß so eine Fuhre schnell auf.

Doch nun zum Puschtag. Ich war sechs Jahre alt und immer dabei. Um vier Uhr in der Frühe ging es los. Muttel und Vatel zogen den Kastenwagen, jeder an einer Seite. Der Wagen hatte nur ein Brett in der Mitte, auf dem durfte ich sitzen. An den Seitenholmen hielt ich mich fest. Muttel trug immer ein weißes Kopftuch, und sie lief barfuß. An ihrem Arm hing der Blaubeerkorb, in den 20 Pfund reingingen. Sie wußte es genau, weil sie Beeren auch verkaufte. Vatel in seiner Puschjacke, die Löcher in den Ärmeln hatte. An den Füßen trug er dicke Schuhe, unsere Schuhe baumelten am Wagen. Im Pusch gingen wir wegen der Kreuzottern nicht barfuß. Die große Aluminiumkanne, mein Tippel und der Blaubeerkamm lagen mit Vatels

---

*) heute Sobieszów in Polen

Säge und Axt im Sack. Den Kamm durfte niemand sehen, das wußte ich.

Wir fuhren hintenherum, am Bahnhof und Friedhof vorbei. Die Sonne kam heraus, alles sah wie blankgeputzt aus.

„Halt dich fest, Tulla!" rief Vatel dann lachend, und beide rannten ein großes Stück. Manchmal nannte er mich so, wenn alles gut war. Wir waren fast allein auf dem Weg. Und oft sangen beide vom weinenden Mariechen, oder vom bösen Räuber, der sein Mädchen lieb hatte und es tröstete. Ich hörte ganz still zu, es war so schön. Und ich war so gern dabei. Vatel und Muttel nur für mich, den ganzen Tag. Das war nur am Puschtag möglich. Daheim schrien immer die beiden Kleinen, und ich mußte helfen.

Vatel zeigte auf die Spitze eines Daches in Agnetendorf, die aus hohen Bäumen ragte: „Gerhard Hauptmann schläft, oder er schreibt noch." Das vergaß er nie zu sagen. Bei uns zu Hause standen zwei große Kisten Bücher in der Kammer unterm Dach, die hatte Vatel von seinem Vater geerbt. Abends las er oft. Ich wollte das, wenn ich groß sein würde, auch tun.

Dann wurde es steil. Wir stiegen den Peterbaudenweg rauf. Nur Wald und Felsen an den Seiten. Immer an derselben Stelle hielten wir an. Beim Absteigen reichte Vatel mir seine Hand und tat so, als wäre ich eine feine Dame. Wir lachten sehr darüber. Er war beim Puschgang lieb und lustig. Wir stiegen noch bis zum Bächeltal hoch. Der Weg war steinig, und die Sonne blinkte durch die Bäume. Es wurde schon warm.

„Um sieben Uhr sind wir oben." Vater hatte keine Uhr, aber an den Baumschatten konnte er die Tageszeit ablesen. Vatel wußte sehr viel. Er hatte mir auch die großen Ameisenhaufen gezeigt und erklärt, was Ameisen tun. Sie räumen den Wald auf, und niemand darf ihre Haufen zerstören. Lang und rötlich sahen sie aus. Nicht so klein, wie die zu Hause auf den Steinen ums Haus.

Der Wehner Herrmann, der manchmal mit war, wollte mich im Spaß einmal auf einen Haufen setzen. Er rief dabei: „Paß

auf, ganz schnell sind nur noch deine Knöchelchen übrig!" Ich
träumte hinterher oft, daß mich die Ameisen auffressen, weil
ich nicht artig war. Jedenfalls ging ich jetzt nicht mehr so nahe
an die großen Ameisenhaufen heran.

Sonst war es schön im Wald. Muttel band mir mein Tippel um
den Bauch, wir zogen die Schuhe an und suchten nach guten
Stellen. Vatel zog mit Axt und Säge los. Dort, wo das Blaubeer-
laub am dichtesten war, hockten wir uns hin und pflückten.

„Drei Tippel voll", sagte Muttel, „und steck nicht so viele in
den Mund! Mach, der Winter ist lang."

Drei Tippel, das dauerte bei mir sehr lange. Dazwischen
guckte ich immer mal, wo sie war, denn im Wald durfte man
nicht rufen. Ganz still war's um mich. Nur die dicken Hum-
meln summten. Und in der Schlucht gluckste und grummelte
der kleine Bach. Aus der Ferne konnte ich Vatels Axt oder Säge
hören. Ein leises Klingen drang zu mir, wenn Muttel den vollen Kamm in die Kanne schüttete. Dann war mir nicht bange.

Das Pflücken mit dem Kamm war verboten, aber die Blau-
beerweiber, wie die Sammlerinnen bei uns hießen, taten es
alle. Muttel bog mit der einen Hand die Sträucher um, in der
anderen hielt sie den Kamm mit den langen Zinken und einem Kästchen dran. Auf diese Weise konnte man viele Beeren
auf einmal abzupfen. Unten hingen immer die dicksten. Muttel guckte beim Sammeln überhaupt nicht hoch.

Mittags saßen wir auf Vatels Jacke und einem Sack unter
einer großen Buche. Es gab Schmalzschnitten und für jeden
ein Ei. Vatel holte aus dem Bach Wasser. Sein Haar war voller
Nadeln, und im Gesicht waren Streifen, wo der Schweiß herr-
untergelaufen war. Aber er lachte, um seine Augen waren dunkle Striche wie bei einer gemalten Sonne. Ich träumte, wir hätten hier eine Wohnung nur für uns drei. Beim Ausstrecken
legte ich meinen Kopf in Vatels Arm. Manchmal schlief ich ein.

Wenn ich aufwachte, war ich allein. Dann suchte ich. Irgendwo mußte das weiße Kopftuch doch sein! Heiß war's, ich lief
hin und her. Doch da hörte ich wieder das leise Klingen der

Aluminiumkanne. Nun war alles gut. Gegen Abend holte Vatel
das Holz zusammen, er trug dicke Stämme auf den Schultern.
Die kamen unten in den Wagen, denn der Förster durfte sie
nicht sehen. Obendrauf dünne, so lang wie sie waren, und ohne
Äste. Es wurde ein mächtiges Fuhrwerk, lang und hoch. Vatel
befestigte alles mit Ketten, damit nichts rutschte.

Muttels Korb war meist voll, obenauf lagen noch Pilze. Ril-
gen mochte Vatel am liebsten. Dann hob er mich auf das hohe
Fuhrwerk: „Halt dich ganz fest, Tulla!"

Muttel schimpfte: „Du verrückter Kerl, du!" Aber sie lachte
ein bissel dabei. Ein kurzer, dicker Stamm, mit dem er vorn
unter den Wagen drückte, diente als Bremse.

Und dann ging's los! Wir sausten wie die Wilden den Peterbaudenweg hinunter. Ich juchzte vor Spaß. Vatel stemmte sich
gegen den Wagen und rutschte mehr, als er lief. Seine Bremse
riß eine Rille in den Weg. Wanderer sprangen zur Seite, die
Frauen schrien vor Schreck auf, wenn wir vorbeisausten.

Aber Vatel lachte nur ganz laut. „Festhalten Tulla, festhalten!" warnte er, bevor es über eine breite Regenrinne ging und
das Fuhrwerk hochhopste.

Ich hielt mich ganz fest. Aber mein Po hopste doch mit. Wie
bei den Komtessen vom Schloß aus Warmbrunn, wenn sie mit
ihren Pferden an unserm Haus vorbeiritten. Ihre Hunde hatten Wehners Katze totgebissen. Daran mußte ich jetzt denken, auf meinem Sitz wie bei einer wilden Jagd. Es war so
schön, wenn's im Bauch kitzelte. Ich schrie immer wieder „Juch-
hu!" Dabei konnte ich Vatels Lachen hören, obwohl das Fuhrwerk solchen Krach machte.

An unserer Ausgangsstelle hielten wir an. Für mich war die
Fahrt zu Ende, leider viel zu schnell. Vatel hob mich runter,
und ich kriegte einen Kuß. „Blaubeerschnute", lachte er.

Mit dem Ärmel wischte er übers Gesicht und legte Steine
vor den Wagen. Er setzte sich hin und stopfte seine Pfeife:
„Jetzt darf ich eine rauchen, hier ist kein Wald mehr."

Auf Muttel mußten wir lange warten, dabei konnte sie so

schnell laufen. „Ihr habt die Leute ganz schön erschreckt", lachte sie. „Die dachten wohl, der Teufel kommt angejagt."

Ein Weilchen blieben wir noch sitzen, dann ging es weiter. Der breite Zugriemen über Vatels Schulter, wir mußten schieben. Jetzt war es ein sehr schweres Fuhrwerk, und wir hielten oft an, um auszuruhen. Gelacht wurde nimmer. Wir trafen andere Puschleute, ebenfalls mit Blaubeeren und Holz. Ein Zuruf, ein kurzes Winken. Alle kannten sich.

„Die Kleene immer dabei", meinte eine Frau.

Als wir endlich zu Hause ankamen, wurde es schon dunkel. Die Kleinen brüllten, und in der Küche war ein Durcheinander. Vatel lud den Wagen ab. Morgen mußte gesägt werden, das mochte ich gar nicht. Bei mir wackelte die Säge immer, Vatel schimpfte dann.

Muttel machte inzwischen Essen für die Kleinen. Bei ihr ging alles ruck, zuck. Mich schubste sie zur Seite: „Fangt an, die Beeren auszulesen!" Sie schüttete einen Teil auf den Tisch. Meine große Schwester Inge und ich nahmen Schüsseln auf den Schoß. Wir rollten die Blaubeeren mit der Hand über den Tisch. Dabei wurde jedes Blättchen ausgelesen.

Muttel machte die Kleinen sauber und brachte sie ins Bett. Dann putzte sie die Pilze und briet sie in der Pfanne. Uns gab sie als Belohnung ein Schüsselchen voll Blaubeeren mit Milch und Zucker. Dazu eine Schnitte mit Pflaumenmus. Das war ein gutes Abendbrot. Alsdann hieß es: „Füße waschen und ab!"

Vatel saß inzwischen vor seiner Pfanne mit Pilzen, dazu eine Scheibe trockenes Brot. Beim Gute-Nacht-Kuß klopfte er mir auf den Po. Muttel drückte mich einmal tüchtig und räumte dann weiter auf. – Im Bett, bei meinem Gebet, hängte ich stets am Schluß an: „Lieber Gott, paß auf meine Eltern auf!"
Ich hatte immer Angst, sie könnten einmal nicht mehr da sein.

(Weitere Texte dieser Autorin finden Sie in den Bänden „Pimpfe, Mädels & ander Kinder. Kindheit in Deutschland 1933–1939", „Gebrannte Kinder. Kindheit 1939–1945" und „Jugend 1945–1950" der Reihe **ZEITGUT**.)

[Unterschwaningen, Mittelfranken;
1932]

Elsbeth Backofen

Zopf und Bubikopf

Das Eingangstor zum Pfarrgarten ist breit und dekorativ.
Die spitzen Eisenstäbe, mit Blattornamenten versehen, stechen in den Himmel. Die Eisenstange an der Innenseite, die
zum Stabilisieren des Tores von der unteren Ecke schräg
zur Mitte oben führt und dort eingehängt ist, eignet sich als
Turngerät. Ich kann mich daran hochziehen und wieder ab-
gleiten lassen, Felgaufschwünge versuchen, die nie gelingen,
oder einfach Rolle vorwärts machen.

Heute, am Sonntagnachmittag, ist das Turnen allerdings
nicht möglich: Ich stecke im weißen, rotblau geblümten, mit
Rüschen versehenen Sonntagskleid. Dieses Kleid in seiner
Pracht zu erhalten ist mein eigener Wunsch. In unversehr-
ter Schönheit will ich unsere Gäste empfangen: Den Onkel
Wilhelm, die Tante Johanna, die Heidi, die beiden Hunde
Struppi und Hex.

Das Besondere an unseren Gästen ist, daß sie mit dem
Auto kommen werden. Dieses Ereignis will sich auch meine
Freundin Elsa nicht entgehen lassen.

„Komm nach dem Mittagessen ans Gartentor", hatte ich
ihr gestern schon gesagt.

Da steht sie, wir warten zu zweit. Ich kann ihr Dinge erzählen, die noch bemerkenswerter sind als das Auto.

„Stell dir vor, die Heidi raucht Zigaretten und hat einen
Bubikopf. Auto fahren kann sie auch!"

Ich atme tief durch, nachdem ich so Beeindruckendes gesagt habe. Gleichzeitig fällt mein Blick auf meine stramm geflochtenen Zöpfe.

„Bubikopf", denke ich wehmütig, schließlich ärgerlich. Ich ärgere mich über die Mutter. Warum hat sie die Zöpfe so fest geflochten, daß sie vom Gesicht abstehen, als wären sie Eisenstangen? Außerdem ist wieder einmal der eine Zopf vor dem Ohr angeflochten, der andere hinter dem Ohr. Wie oft habe ich schüchtern eingewendet: „Das sieht aber nicht schön aus."

Immer hörte ich darauf die fröhliche mütterliche Antwort: „Das ist schon recht so." Sie ist mit ihrem Flechtwerk immer zufrieden und unterbindet weitere Grübeleien und Diskussionen: „Geh jetzt in den Garten."

Ich lasse mich gern in den Garten schicken. Hier stört mich keiner beim Grübeln. Deutsche Mädchen tragen Zöpfe! Warum eigentlich tragen deutsche Mädchen Zöpfe? Gibt es noch andere Mädchen als deutsche Mädchen? Ist die Heidi kein deutsches Mädchen?

„Was stehst du da und schaust so?", fragt die Elsa.

Da fällt mir ein, daß ich auf die Ankunft des Autos warte. Eigentlich müßten sie jetzt kommen. Die Dorfstraße ist am Sonntagnachmittag leer.

Da kommt es, das Auto! Viel zu langsam fährt es um die Ecke. (Ein Auto muß doch schnell fahren!) Hinter dem Auto bläht sich eine kleine Staubwolke. Um die Ankunft zu melden, drückt Onkel Wilhelm auf die Hupe. Nun versammelt sich die gesamte Pfarrfamilie zum Empfang an der Haustür.

Aus dem Auto drängen zuerst die Hunde, dann erscheint die stets freundliche, sanfte Tante Johanna.

Die weniger sanfte Heidi gibt ihrem Vater mit forscher Stimme Anweisungen, wie er das Auto ordnungsgemäß abzustellen habe: „Noch etwas mehr rechts, zurück, zurück, halt, nicht zu nah an die Mauer ... ja, jetzt stop!"

Während sich alle um den Hals fallen, die Hunde kläffen

und hochspringen, tippt mir die Elsa auf die Schulter: „Morgen komm' ich wieder" und verschwindet.

Die beiden Brüder Wilhelm und Karl (Karl ist mein Vater) sind sich herzlich zugetan. Dabei sind sie so verschieden. Onkel Wilhelm hat einen etwas spitzen Bauch, über den sich eine goldene Uhrkette spannt. Mein Vater ist dünn wie eine Bohnenstange. Der Onkel hat sanfte Gesichtszüge und große graue Augen. Der Kopf meines Vaters ist schmal, die Schläfen sind leicht eingedrückt, die dunklen Augen hinter den dicken Brillengläsern funkeln, der Schädel ist kahl. Onkel Wilhelms weißblonde Haare sind spärlich, sorgfältig von rechts nach links über den Kopf gezogen. Ich mag ihn gern, weil er immer sehr höflich und zuvorkommend ist. Er sagt zu mir, der Fünfjährigen: „Erlaube mal..." oder „Hättest Du die Güte...?"

Mein Vater hat mich noch nie um Erlaubnis gebeten, hingegen muß ich ihn oft und höflich um Erlaubnis bitten.

Die Kaffeerunde ist fröhlich und laut. Heidi erzählt. Sie macht zur Zeit eine Ausbildung zur Fürsorgerin in Helmstedt. Ihre Lehrerinnen und Vorgesetzten sind „alte Jungfern", „g'schupfte Hennen". Onkel Wilhelm lacht. Er lacht wirklich. Tante Johanna sagt: „Aber gell, Heiderle, du paßt doch auf, daß du sie net ärgerst?"

Heidi zieht an ihrer Zigarette, die auf einer langen Spitze steckt, stößt dicke Rauchkringel aus, wirft den Kopf mit dem kurzen, dauergewellten Haar zurück, sieht ihre Mutter mit einem langen Blick an und antwortet ihr nicht. Mein Vater schmunzelt ein bißchen. Meine Mutter wechselt das Thema. Sie unterhält sich jetzt mit Tante Johanna über Strickmuster. Heidi bietet meiner Schwester Liselotte eine Zigarette an. Ich spüre den strafenden Blick meiner Mutter. Die beiden Männer greifen zur Zigarre und entzünden sie umständlich. Ich rutsche vom Stuhl und spiele mit den Hunden.

Jetzt legt Heidi ihre rechte Hand fest auf meine Schulter, die linke Hand auf Agnes', meiner jüngsten Schwester Schulter, schiebt uns zusammen und fragt mit ihrer lauten Stimme: „Soll ich euch ein bißchen mit dem Auto spazierenfahren?"

Wir nicken eifrig. Beim Einsteigen muß ich erst nach allen Seiten schauen – ist da vielleicht die Elsa, sieht sie, wie ich ins Auto steige? – Ich bin enttäuscht, sie ist nirgends zu sehen. Aber die Fahrt ist aufregend. Die Bäume und die Elektromasten flitzen vorbei. Die Hühner flattern panisch erschreckt von einer Straßenseite zur anderen.

Die Heidi ist schon toll! Nach der Autofahrt spricht sie nicht mehr mit mir, läßt mich links liegen. Ich bin ihr zu brav. Das ärgert mich. Ich will ja gar nicht brav sein! Aber ich muß. Warum muß ich nur...?

Eine mögliche Antwort erhielt ich Jahre danach. Ich hörte, wie Onkel Wilhelm zu meinem Vater sagte, er sei der Überzeugung, daß ein Mensch in seinem Leben das entfalten müsse, was in ihm angelegt sei. Mein Vater mag sich das Ergebnis dieser Entfaltung, Heidi, angesehen haben – Heidi, die es ihren Lehrern schwer machte, Heidi, die die jungen und alten Männer in der Kleinstadt Gunzenhausen verrückt machte – und sich gedacht haben, daß er sich soviel Entfaltung nicht leisten könne. Schließlich hatte er nicht nur ein Kind, sondern war sechsfacher Vater. Heidi mal sechs – nein, das ging nicht.

Also erzogen unsere Eltern uns zu fügsamen, „ordentlichen" jungen Menschen. Sie mußten sich dabei gar nicht so sehr anstrengen. Mein Vater wurde rasch ärgerlich. (Warum eigentlich?) Sein Ärger traf und verletzte mich. Ich wollte nicht verletzt werden. Darum lernte ich, durch Wohlverhalten Ärger zu vermeiden. Er meinte vielleicht, das gut geratene Kind sei das Ergebnis seiner guten Erziehung.

Heidi lebte weiterhin fröhlich und ungeniert, wechselte die Ausbildungsplätze, die Berufe und die Partner, scheute nicht die Konflikte, schlagfertig parierte sie, lachend ging sie daraus hervor.

Ich ärgerte mich zwar über mein Bravsein, gleichzeitig
bescherte es mir viele Annehmlichkeiten. Ich wurde in Ruhe
gelassen. Ich richtete mich in meiner heilen Welt ein.
Auf meinem Nachttisch lag ein Bildband mit Stichen von
Ludwig Richter. Behaglich blätterte ich die Seiten. Die Hünd-
lein und die kleinen Buben sprangen, die Mädchen setzten
sich Blumenkränze ins Haar, die fleißigen Väter kehrten von
der Feldarbeit zurück, die Mutter wiegte das Jüngste, der
weißgelockte Großvater, auf seinen Stock gestützt, sah sin-
nend übers weite Land. Die Bäume mit ihren gewaltigen
Laubmassen spendeten kühlen Schatten und die Quellen
sprudelten. Ja, das war schön.
Ja, das war schön.
In den Richterschen Bildern erkannte ich vieles, was ich
wirklich erlebte. War die Wirklichkeit schließlich doch anders – grau, kränkend, bedrohlich, ungereimt –, konnte ich
die Sehnsucht nach heiler Welt wenigstens beim Anblick der
Bilder befriedigen.
Ich hielt es weiterhin mit dem Vermeiden, vermied Ärger
und Konflikte und auch den Blick auf eine schlimme Wirklichkeit, die mir allerdings auch vorenthalten wurde.

Jahrzehnte sind vergangen. Ich blicke zurück und schüttele
den Kopf: Vermeidung und Rückzug sind bestimmt kein gutes Lebenskonzept.
In den 80er Jahren, kurz bevor Heidi starb, saß ich neben
ihr auf dem Sofa. Man sank in dem Sofa etwas tief, die
Sprungfedern waren kaputt. Heidi war nicht daran interessiert, ihr Mobiliar zu erneuern. Sie hatte auch kein Geld.
Sorglos gab sie es für sich und andere aus. Außer mir saß auf
dem Sofa der amerikanische Captain, ein Weltenbummler,
der letzte ihrer Freunde, der zu ihr hielt.
Bessi, das Hündchen, war eifersüchtig, winselte, wurde
wegen seiner Eifersucht laut gescholten, durfte dann aber
doch auf Heidis Schoß Platz nehmen und wurde liebevoll
gestreichelt.

Jetzt steckte Lucki, einer der Studenten, die bei ihr wohnten, den Kopf zur Tür rein: „Heidi, ich muß gehen, denk an mich."

„Lucki, Bester, ich drück dir die Daumen, Servus. Tschüs." Heidi zog an der Zigarette, seufzte, schlug mir dann kräftig auf die Oberschenkel und grinste mir fröhlich ins Gesicht: „Ja, Elsbeth, wir haben ja manches im Leben nicht so doll hingekriegt, aber ... es gibt uns immer noch, und wir mögen uns. Prost!"

(Weitere Erinnerungen dieser Autorin finden Sie in den Bänden „Kindheit 1914–1933, Teil 2", „Pimpfe, Mädels & andere Kinder. Kindheit 1933–1939" und „Wir wollten leben. Jugend 1939–1945" der Reihe **ZEITGUT***.)*

[Röbel/Müritz, Mecklenburg;
März 1932]

Magda Riedel

„Alle unter den Tisch!"

Röbel, eine idyllisch gelegene Kleinstadt an der Müritz. Ich war 13 Jahre alt und besuchte hier die Realschule. Märsche der Nazis mit flotten Fanfarenklängen und Trommeln waren an der Tagesordnung. Wenn die Kolonnen durch die engen Gassen der kleinen Stadt marschierten und mit ihren mit Nägeln beschlagenen Stiefeln auf das Kopfsteinpflaster traten, dröhnte es wie Donnerschläge.

Es war ein sonniger, sommerlicher Vorfrühlingstag. Eine politische Versammlung, getarnt als „Deutscher Abend", war angekündigt. Trotz der geschlossenen Fenster drang die Marschmusik überlaut bis in unser Schulzimmer.

Mein Klassenkamerad Klaus konnte es sich nicht verkneifen, mit lauter Stimme zu verkünden: „Jetzt bricht eine neue Zeit, eine bessere Zukunft an!"

Klaus war schlank, sportlich durchtrainiert und zäh. Er gehörte zum Jungvolk und wurde „Pimpf" genannt. Er hatte große, sternklare Augen. Klaus war redegewandt und konnte jede Situation meistern. Es gelang ihm spielend, die Klasse für seine Ideen zu begeistern.

Für den Pimpf war es eine Pflicht, an der angekündigten Versammlung teilzunehmen. Die damalige Schulvorschrift besagte aber, daß der Rektor und die Lehrer auch für das Benehmen der Schüler nach dem Unterricht zuständig seien. Infolgedessen wurde Herr Riep, der Rektor der Schule, um Erlaubnis gefragt. Nach kurzer Rücksprache mit dem Lehrerkollegium verkündete er der Klasse ein klares Nein, mit der Begründung: „Kinder haben auf politischen Veranstaltungen nichts zu suchen."

Meine Klasse in der Zimmerschen Schule Röbel. Sie führte zur Lyzeumsreife. Links unser Klassen- und Mathematiklehrer, rechts Direktor Riep. In der zweiten Reihe, die erste von links, bin ich, die fünfte ist Inge. In der oberen Reihe der erste und zweite von links: Karl und Bernhard, der achte ist Klaus.

Klaus fühlte sich mit seinen 14 Jahren erwachsen. Zwei seiner Klassenkameraden, Karl und Bernhard, konnte er überreden, trotz des Verbotes mit ihm durch die Hintertür in den Saal zu schleichen. Karl war ein paar Zentimeter größer als Klaus und wirkte älter. Seine rotbraunen Haare standen wie Schweineborsten auf seinem Kopf. Er war gutmütig und gefällig. Bernhard, etwas kleiner und gedrungen von Statur, war vernarrt in Inge, die zwei Jahre jüngere Schwester von Klaus. Inge war blond, ihr lockiges, engelgleiches Haar fiel bis auf ihre Schultern. Sie wurde „unser Weihnachtsengel" genannt. Alles was Klaus tun wollte, war für Inge selbstverständlich und richtig.

Am besagtem Abend tappten die vier Schüler klammheimlich über Nachbars Hof. Im Dunkeln rammten sie einen leeren Bierkasten, die Flaschen zersprangen klirrend auf dem Steinboden. Sie schritten über die Scherben hinweg, erreichten die Tür und schlüpften in den Saal.

Die vier Kinder waren verblüfft von der prächtigen Dekoration. Rote Hakenkreuzfahnen hingen von den Wänden, sie reichten bis auf den Boden. Die Tische waren weiß gedeckt, auf jedem stand ein Blumenschmuck, der mit Hakenkreuzwimpeln garniert war.

Klaus ließ seine listigen, spitzbübischen Augen durch den Saal schweifen. Plötzlich hatte er einen abseits in einer Ecke stehenden Tisch entdeckt. Der Tisch war frei, Klaus stolzierte wie ein Pfau darauf zu, und mit einer Handbewegung bedeutete er den drei anderen, ihm zu folgen.

Kaum hatten die vier Platz genommen, als Rektor Riep und die anderen Lehrer eintraten. Kreidebleich und halb gelähmt vor Entsetzen, kommandierte Klaus: „Alle unter den Tisch!" In Windeseile konnte Inge die Decke noch nach vorne runterziehen. In der Hast riß sie die Blumenvase um, Wasser ergoß sich über den Tisch und tropfte auf den Fußboden.

Die Lehrer hatten inzwischen den vermeintlich freien Tisch entdeckt und steuerten zielstrebig darauf zu. Nun gab es kein Entrinnen mehr. Rot im Gesicht wie überreife Tomaten und finster wie eine Gewitterwolke ließ Herr Riep die Übeltäter hervorkommen. Schlotternd vor Angst krochen die vier unter dem Tisch hervor. Mit zusammengebissenen Zähnen und schnaubend vor Wut stieß Rektor Riep hervor: „Wir besprechen die Angelegenheit morgen in der Schule!"

Widerspruch war sinnlos. Mit hängenden Schultern und bibbernden Knien verließen die Sünder schuldbewußt den Ort ihrer Tat.

Der nächste Morgen war ausgefüllt von Konferenzen und Diskussionen der Lehrkräfte. Eine Elternversammlung wurde außerdem einberufen.

Das Resultat war, daß die vier Schüler wegen Ungehorsams und Besuch einer politischen Veranstaltung vorzeitig von der Schule verwiesen wurden. Die Abschlußprüfung war damit verbaut.

Nachtrag: Klaus ist als Soldat im Krieg gefallen. Karl ist an seinen Kriegsverletzungen gestorben. Inge ist bei einem Bombenangriff in Berlin umgekommen. Bernhard ist in Rußland verschollen.

(Weitere Texte dieser Autorin finden Sie in: „Kindheit in Deutschland 1914– 1933, Teil 2“, „Jugend 1933–1939“, „Wir wollten leben. Jugend 1939– 1945“ und „Lebenserinnerungen 1945–1950“ der Reihe ZEITGUT.)

Hans Georg Finken

„Das darf doch nicht wahr sein!"

Ein tropfender Wasserhahn gehört zu meinen ersten Erinnerungen. Ich muß wohl gerade über den Rand des eisernen
Ausgußbeckens in unserer Küche gereicht haben, als ich den
blitzenden Messinghahn bestaunte. Er wurde sicher häufig
geputzt. Trotzdem ist mir eine graugrüne Stelle im Gedächtnis geblieben, Grünspan also, den die Erwachsenen vermutlich von oben nicht sehen konnten.

Ein Ereignis hat sich mir besonders eingeprägt: Meine Eltern verreisten mit meiner drei Jahre älteren Schwester Susanne. Später erfuhr ich, daß Mutter ziemlich krank gewesen war, und auch meine Schwester eine Kräftigung nötig
gehabt hatte. Also fuhren sie für 14 Tage nach Thüringen.
Fritz, mein Halbbruder aus Vaters erster Ehe, blieb wahrscheinlich bei Verwandten seiner verstorbenen Mutter. Ich
kam zu den Großeltern.

Dort verbrachte ich eine herrliche Zeit. Ich durfte auf der
Fußbank durch die Küche rutschen. Oma gestattete mir auch,
den Fußboden zu wischen, was ich zu Hause nicht durfte.
Die gute, alte Frau hatte nicht ahnen können, wie gründlich
ich die Küche unter Wasser setzte. Zum Glück lag die Wohnung im Erdgeschoß, so daß keine Beschwerden kommen
konnten.

Meine größte Wonne war ein Tischkasten, in dem alte Brot-
rinden und -kanten lagen. Opa, schon weit über 80 Jahre

alt, schnitt immer die harte Kruste von den Brotscheiben ab, und daran waren meist etwas Butter oder Belag. Oma mochte noch so viel mit mir reden: „Bubi, ich schmiere dir 'ne frische Pflaumenmusbemme!" Mir schmeckten die ausgetrockneten Reste weitaus besser. Und Oma sang mit mir und wußte viele lustige Verse.

Einmal im Monat wurde bei uns große Wäsche gemacht. Einige Tage vorher sprengte Mutter in der Waschküche die Wannen naß, damit das Holz sich ausdehnte und die Gefäße dicht wurden. Am Vorabend des Waschtages kam die Schmutzwäsche in die Wannen, um über Nacht einzuweichen. Morgens um vier Uhr wurde der große Waschkessel angeheizt. Zwischen sieben und acht Uhr erschien Frau Peter, die bei den Großeltern und bei uns beim Waschen und Großreinemachen half. Sie war kräftig gebaut, hatte mehrere Kinder und besaß ein sehr gutes Mutterherz. Ihre Kinder haben meinen Kinderwagen oft geschoben. Sie gab so manche Lebenserfahrung in verständlicher Form an mich weiter. Von ihr habe ich auch zum ersten Mal von Lohnkämpfen und Streiks gehört.

Als Waschfrau kam sie zu einem bescheidenen Verdienst, ihre Devise war aber: nur Geld für gute Arbeit. Und sie faßte tüchtig zu! Am Vormittag stand sie am Waschbrett und rubbelte Stück für Stück mit Kernseife gründlich sauber. Nach dem Mittagessen wurde die Wäsche mehrmals gespült und dann durch die Wringmaschine gedreht.

Im Sommer trocknete die Wäsche auf dem Hof manchmal schon bis zum Kaffeetrinken, im Winter jedoch mußte sie auf den Dachboden gehängt werden. Im eiskalten Februar 1929 war es bei – 30° C unmöglich, den Waschtag in der üblichen Form durchzuführen. Schon das Einweichwasser fror in den Bottichen. So wurde das Wäschewaschen in unser Badezimmer verlagert. Dort mußte immer das elektrische Licht brennen, weil der Raum fensterlos war. Ich sehe noch ganz deutlich das Bild vor mir, wie Frau Peter in dem kleinen

Raum, von Dampfwolken umgeben, über die Badewanne gebeugt stand und rubbelte, rubbelte und – lachte.

Viel Schmerzliches ist mir in meiner Kindheit erträglicher geworden, wenn jemand mich freundlich anlächelte oder ein nettes Wort zu mir sagte. Meine Behinderung, ich wurde mit Klumpfüßen geboren, nahm ich als Kind nicht so stark wahr.

Als ich mich ankündigte, bestand meine Mutter darauf, in einer Klinik zu entbinden. Meine Schwester hatte zu Hause, in unserer Schlafstube, das Licht der Welt erblickt. Eine sicher erfahrene, aber schon sehr alte Hebamme aus dem Bekanntenkreis war dabei behilflich gewesen. Als nun das erwünschte Mädchen seinen ersten Schrei tat und die Augen öffnete, legte sie es kurzerhand auf die Marmorplatte des Waschtisches, überließ Mutter sich selbst und verständigte den Vater im Nebenzimmer. Wie oft dann auf das freudige Ereignis angestoßen wurde, war später nicht mehr genau zu ermitteln. Jedenfalls verzichtete Mutter auf die weitere Bekanntschaft mit der Hebamme.

Meine Mutter kam in der Osterwoche 1926 in aller Frühe ins Diakonissenhaus. Ihr wurde ein wunderbares Frühstück, Hühnerbrühe und Buttersemmel, ans Bett gereicht. Noch nach Jahrzehnten schwärmte sie von diesem, ihrem einzigen Krankenhausaufenthalt.

Um halb elf Uhr war ich schon auf der Welt. Mutter befand sich in Hochstimmung. Leider mußte der Doktor ihre Freude trüben. Er wies auf die Fehlstellung meiner Füße hin, sie waren einwärts gedreht. Er mahnte meine Eltern eindringlich, recht bald mit mir einen Orthopäden aufzusuchen.

Als ich acht Wochen alt war, begann die Behandlung durch den Spezialisten Dr. Buchholz. Sie sollte 18 Jahre dauern. Später lernte ich Leidensgefährten kennen, die von Professor Sauerbruch mit einer einzigen Operation auf den gleichen Stand gebracht worden waren, den ich erst nach langwierigen Bemühungen des hallischen Arztes erreichte.

Aber Buchholz war eben nicht Sauerbruch. Er bevorzugte kleine Schritte und ging außerordentlich behutsam vor. Unbeeindruckt vom Spott mancher Kollegen, sie nannten ihn „Häppchendoktor", was ihm wohl auch zu Ohren kam, überzeugte er seine Patienten immer wieder von der Notwendigkeit der Behandlungen und erklärte geduldig jede neue Maßnahme.

Dr. Buchholz führte nicht nur seine pflichtgemäßen Visiten durch, sondern besuchte mich Knirps, nachdem ich operiert worden war, selbst an einem Sonntagabend im Krankenhaus und brachte mir einen großen Blumenstrauß aus seinem Garten.

Meine Eltern ließen bei ihm wohl auch durchblicken, daß sie die Behandlung kaum bezahlen könnten. Wir waren ja nicht in der Allgemeinen Ortskrankenkasse versichert, sondern

1927:
Meine Schwester Susanne und ich, im Kinderwagen sitzend, mit Klumpfüßen geboren.
Als ich acht Wochen alt war, begann eine langwierige Behandlung beim Spezialisten. Mutter fuhr mich im Kinderwagen durch die ganze Stadt, weil die Straßenbahnen keine Kinderwagen beförderten.

mußten die Arztkosten erst einmal privat bezahlen. Die Beamtenkrankenversicherung, der mein Vater angehörte, erstattete manchmal sehr zögernd den Betrag oder nur einen Teil davon. Meine Klumpfüße stufte sie als Schönheitsfehler ein. Mein Vater führte einen langen Kampf, um die Behandlungsgelder wiederzubekommen. Dr. Buchholz, der das erfahren hatte, „vergaß" seitdem meistens, uns seine Honorarrechnung zu schicken.

Die Arztbesuche gehörten zum Alltag meiner Kindheit. Meine Mutter fuhr mich im Kinderwagen durch die ganze Stadt in die Praxis und zurück, die Straßenbahn beförderte damals wohl keine Kinderwagen. Laufen lernte ich ganz normal. Später brachte so mancher seine Verwunderung darüber zum Ausdruck, wie ich mit den schweren Gipsverbänden an beiden Beinen überhaupt Lust zum Laufen bekommen konnte. Mir selbst schienen meine Füße – so wie sie waren – ganz selbstverständlich. Dennoch, Spottrufe anderer Kinder oder auch Erwachsener schmerzten sehr.

1930 verlor Fritz seine Arbeit. Er hatte eine Lehrstelle in der Schokoladenfabrik „Mignon". Um das Geld für die Straßenbahn zu sparen und unabhängiger zu sein – er hätte zweimal umsteigen müssen –, fuhr er täglich den weiten Weg nach Büschdorf mit dem Fahrrad. Als er einmal nach starkem Schneefall zu spät auf der Arbeitsstelle erschien, kündigte die Firma das Lehrverhältnis.

Wir Geschwister bedauerten den Abschied von der Schokoladenfabrik deshalb so sehr, weil Fritz dort billig Schokoladenbruch hatte kaufen können, so daß wir bis dahin keinen Mangel an lädierten Osterhasen oder Weihnachtsmännern gehabt hatten. Das fiel nun weg.

Die paar Mark Lehrlingsgeld fehlten natürlich in der Haushaltskasse. Fritz bewarb sich täglich irgendwo. Leider vergeblich. Zum Glück wurde Vater nicht vom Abbau der Beamtenstellen betroffen, wenn es auch immer wieder Befürchtungen in dieser Richtung gab.

Andere Familien hatten es noch schwerer. Mehrmals am Tage klingelten an unserer Tür Hausierer, die Schnürsenkel, Streichhölzer oder ähnliche kleine Dinge anboten, immer mit dem Hinweis, daß sie schon lange arbeitslos seien und ihre Familien hungerten.

An den Straßen spielten Musikanten Leierkasten, Ziehharmonika oder Geige. Noch lieber musizierten sie in den Höfen. Da die Küchen meist zur Hofseite lagen, konnten sie darauf hoffen, daß manche mitleidige Hausfrau ein Zwei- oder Vierpfennigstück, in Papier eingewickelt, herunterwarf. Ich erinnere mich, daß einmal ein ganzes Orchester auftrat, wahrscheinlich arbeitslose Sinfoniker, die nicht „Waldeslust" oder Küchenlieder darboten, sondern Klassik. Vielleicht haben sie in mir die Liebe zu Händel erweckt.

Wer nicht das Geld für eine Grundausstattung an schwarzen und braunen Schuhbändern hatte, dem blieb nur zu betteln übrig.

Am schlimmsten war es, Kinder betteln zu sehen. Zu uns kamen manchmal mehrere Geschwister, mit einem Blechnapf und einem Löffel in der Hand. Sie waren froh, wenn sie einen Rest Grießbrei mit Backpflaumen oder etwas Ähnliches bekamen. Mutter steckte ihnen bestimmt auch ein paar Kupfermünzen in den Beutel.

Das Haushaltsgeld, über das Mutter im Monat verfügte, betrug, glaube ich, 40 Reichsmark. Unsere Wohnung, eine ausgebaute Dachwohnung in einem vierstöckigen Mietshaus, kostete im Monat 50 RM Miete, das war mehr als ein Viertel von Vaters Gehalt.

Familien, die die Miete nicht mehr bezahlen konnten, wurden unbarmherzig auf die Straße gesetzt. In unserem Stadtteil lag ein ungenutztes Grundstück, das wohl einmal Baustelle hatte werden sollen. Dort entstand eine wilde Siedlung, wenn dieser Ausdruck nicht schon zu hoch gegriffen ist für die elenden Hütten, die aus Eierkisten und Abfallholz auf dem blanken Erdboden errichtet wurden. Ohne Wasser,

Licht, Heizung. Darin hausten Familien mit Kindern, und das auch im Winter.

Ich kenne beeindruckende Fotos von der damals neugebauten Burgbrücke und vom Flugplatz in Schkeuditz. Die Slums, die es zur gleichen Zeit gab, fanden wohl nicht so sehr das Interesse der Fotografen.

In dieser Situation drängten radikale politische Kräfte zur Macht. Von dem, was ich hörte, verstand ich nicht viel. Mein Bruder sprach von den Nazis immer im Zusammenhang mit Schlägereien. Am Wahltag durfte ich bis vor das Wahllokal mitkommen. Während meine Eltern drinnen ihr Kreuz machten, hatte ich Zeit, mir die draußen postierten Werber anzusehen. Darunter waren auch Braununiformierte. Sie gaben sich leutselig und kinderfreundlich. Ich ließ mir von einem ein Papierfähnchen in die Hand drücken. Die Ohrfeige, die ich deshalb einstecken mußte, ist mir unvergeßlich geblieben!

Im Oktober 1932 hatte Hitler in Halle einen Wahlkampfauftritt. Von Angesicht sah ich ihn nicht. Auf der Fahrt zum Zelt des Zirkus Sarrasani, das die Nazis gemietet hatten, saß er geduckt im Auto.

Arbeiter säumten unter Polizeibewachung die Merseburger Straße. Trotzdem hagelte es von allen Seiten Steine und faule Eier auf die vorbeifahrenden Autos. Wir Kinder wurden nach Hause geschickt. Die Kolonne gelangte schließlich doch noch zum Zirkuszelt. Hitler begann seine Rede im bekannten Stil. Nach kurzer Zeit jedoch stand er plötzlich im Dunkeln, und die Lautsprecher schwiegen.

Einige junge Leute hatten herausgefunden, woher das Stromkabel kam, mit dem der Zirkus versorgt wurde. Ein kräftiger Beilhieb auf dasselbe beendete jäh die groß aufgezogene Veranstaltung. Das heillose Durcheinander, das nun folgte, ermöglichte den mutigen Attentätern die Flucht. Mein Bruder gehörte mindestens zu den Sympathisanten. Er war jedenfalls dort gesehen worden.

In den folgenden Wochen ging Fritz deshalb ganz selten aus dem Haus. Im Jahre 1933, als Schlimmes zu befürchten war, gelang es ihm, ins Ausland zu entkommen. Franz Heyl, der das Beil geführt hatte, wurde, als er die Grenze zur Tschechoslowakei überschreiten wollte, festgenommen und ermordet.

Wir Kinder hörten natürlich vieles, was die politische Situation betraf, aber wir verstanden nur wenig davon. Ich ging inzwischen in die erste Klasse und konnte lesen. Namen wie Thälmann, Hindenburg, Papen, Duesterberg, Hugenberg oder Hitler waren mir bekannt.

Zu meinen häuslichen Pflichten gehörte es, täglich die Zeitung aus dem Briefkasten zu holen. Die „Hallischen Nachrichten" wurden meist um 17 Uhr zugestellt. An jenem sehr kalten 30. Januar 1933 fiel mir die dickgedruckte Schlagzeile der Zeitung sofort auf. Im Dämmerlicht des Treppenhauses entzifferte ich sie und rief sogleich in die Wohnung hinein: „Hitler ist Reichskanzler!"

Ich hätte auch „Feuer!" schreien können. Sofort sprangen alle auf. Im Nu rissen sie mir die Zeitung aus der Hand.

Die erste Reaktion war ungläubiges Kopfschütteln: „Ausgerechnet der!" Dann fast hysterisches Lachen: „Das darf doch nicht wahr sein!" Schließlich sorgenvolles Stirnrunzeln: „Jetzt können wir uns auf was gefaßt machen!"

Klaus Brockerhoff

Auf dem Weg ins Dritte Reich

Als das Dritte Reich begann, war ich zehn Jahre und eine
Woche alt. Ich habe den Fackelzug am 30. Januar 1933 gesehen. Es war ein Montag.

Am Abend des 27. Februar 1933 brannte der Reichstag.
Ich hörte die Feuerwehr die Kantstraße in Berlin-Charlottenburg in Richtung Stadtmitte fahren, krabbelte aus
meinem Bett und sah aus dem Fenster. Der Löschzug kam
wahrscheinlich von der Feuerwache Suarezstraße – in der
Nähe des Amtsgerichts. Der Himmel sah rot aus. Meine
Mutter steckte mich wieder ins Bett.

„Ich glaube, es ist ein Großbrand", sagte sie und „es ist
auch schon spät. Du mußt morgen zur Schule."

Ich beschloß morgen – Dienstag – festzustellen, was das
für ein Großbrand war. Dann erfuhr ich, daß der Reichstag
gebrannt hatte. Das mußte ich mir ansehen. Die Hinfahrt
bewältigte ich mit der „Elektrischen" für 15 Pfennige Schü-
lerfahrschein.

Die Ruine sah schlimm aus. Es roch noch brandig, das Areal
war abgesperrt, Polizei patrouillierte, viele Menschen betrachteten das zerstörte Gebäude, und ich schnappte Ge-
sprächsfetzen auf. Die Berliner diskutierten laut und kopf-
schüttelnd das Ereignis.

„Bin ma jespannt, wat da rauskommt" oder „Sowat jibst
doch jar nich, einfach den Reichstag anzustecken, wenn det

Die Morgenausgabe des „Vorwärts" berichtete am 28. Februar 1933:
„...Kurz nach 21 Uhr ertönte im Reichstag das Feuersignal. Im Restaurant war Feuer ausgebrochen, und auf den Alarm eilten zunächst drei Lösch-züge an die Brandstelle. Die Flammen konnten bald erstickt werden, und während die Feuerwehrleute noch in den Restaurationsräumen die Auf-räumungsarbeiten vornahmen, loderten an verschiedenen anderen Stel-len die Flammen empor. In einer unglaublich kurzen Zeit brannte der große Sitzungssaal ... lichterloh. Das Feuer, das an den hölzernen Wand-verkleidungen überaus reiche Nahrung fand, griff wie rasend um sich ... Die brennende Kuppel nahm sich wie ein Fanal aus, das bis weithin hin-ein in die Außenbezirke zu erkennen war ... Die weitere Umgebung des Reichstages war in kurzer Zeit mit Tausenden von Schaulustigen gefüllt..."

der olle Wallot wüßte" oder „Da stimmt wat nich, wartet mal ab, da is der Wurm drin. Irjendwo."

Ich pilgerte wieder nach Hause. Zu Fuß. Fast sieben Kilo-meter. Ich bin auch heute noch ein guter Marschierer.

Unterwegs überlegte ich mir so einiges: Von dem ollen Wal-lot hatte ich schon gehört. Er war der Baumeister des Reichs-tages, dessen Grundstein 1884 gelegt wurde. Den Reichstag einfach anzuzünden, empfand auch ich als Unverschämtheit. Aber warum da was nicht stimmen sollte und weshalb da der Wurm drin sein könnte, das wußte ich nicht.

Ich war für mein Alter außerordentlich neugierig, interessiert an allem, was um mich herum vorging. In der Schule lediglich mittelmäßig und dabei auch noch ziemlich „pampig" und eigensinnig. All das bin ich auch heute noch. Ich habe mich kaum gebessert. Und: Ich war und bin ein guter Beobachter! In Berlin bin ich groß geworden. Ich besitze so eine Art „empörendes Gedächtnis" und kann mich bis zu meinem fünften Lebensjahr recht gut zurückerinnern. An gute, weniger gute, humorvolle, traurige und ganz traurige – also empörende Ereignisse.

Ich will versuchen, meine damaligen Beobachtungen im Elternhaus, im häuslichen Freundes- und Bekanntenkreis, in der Schule oder im täglichen Leben mit dem später Gehörten, Diskutierten und Gelesenen über die Entstehung des Dritten Reiches zu verknüpfen. Denn ohne die Vorgeschichte sind die späteren Ereignisse nicht verständlich. Die Endphase dieser Vorgeschichte habe ich teilweise noch unbewußt, aber niemals unbemerkt erlebt.

Ich stamme aus einer bürgerlichen Familie. Mein Vater war „Bankbeamter". Heute würde man Bankkaufmann sagen. Er arbeitete in der Effektenabteilung der Berliner Discontogesellschaft.

Im Sommer 1928, wo meine Geschichte beginnt, war er 34 Jahre und ich stolze fünf Jahre alt.

Ich nervte ständig meine Mutter, weil ich aus den „Henkelmännern" der Handwerker trinken wollte, die bei uns in die Wohnung elektrisches Licht legten. Vorher hatten wir schlichtes Leuchtgas. Ich stellte einen Haufen Fragen, bekam auch geduldig Antworten. Hörte etwas von Strom und Spannung und durfte endlich aus der Emaillekanne trinken. Es war schwarzer Kaffee drin, heiß und bitter, ich fand ihn scheußlich!

Wir bewohnten eine 4-Zimmer-Wohnung in der vierten Etage in der Kantstraße in Berlin-Charlottenburg, zwischen Kaiser-Friedrich-Straße und Wilmersdorfer Straße. Meine

Mutter hatte eine Aufwartefrau, die aus Pommern stammte und dreimal in der Woche kam.

Im Herrenzimmer standen vier Bücherschränke, ein großer mit Papieren beladener Schreibtisch, mehrere sehr bequeme Sessel und ein Rauchtisch. Es war das Reich meines Vaters. Er war Vorstandsmitglied im „Verein für die Geschichte Berlins". Er war ein sehr belesener, bibliophiler, künstlerisch begabter und disziplinierter Mann und hat maßgeblich zur Erforschung der Geschichte Berlins, insbesondere des Berliner Humors, beigetragen. Ich habe viel von ihm gelernt. Manchmal verlangte er aber zuviel von mir, und dann maulte ich – meine gute Mutter glich alles wieder aus.

Vater hatte am ersten Weltkrieg teilgenommen, vom Anfang bis zum Schluß. Er war Gardeoffizier der Reserve. Sein Regiment lag einst in Potsdam. Ein Bild von Kaiser Wilhelm II. hing in seinem Zimmer an der Wand. Es zeigte ihn in der Felduniform. Mein Vater verehrte ihn sehr, er hatte auf ihn geschworen. Schon früh erklärte er mir, was ein Fahneneid ist: „Wer auf Preußens Fahne schwört, hat nichts mehr, was ihm selbst gehört" und „Suum cuique" – Jedem das Seine – der Wahlspruch der Preußischen Könige seit 1701, eingeprägt in den „Schwarzen Adler Orden", den Vorläufer des Gardesterns. – Unsere Polizei trägt ihn heute etwas abgewandelt als Polizeistern an der Mütze, in der Mitte das Wappen des jeweiligen Bundeslandes.

Deutschland hatte den ersten Weltkrieg verloren. „Adieu, mein kleiner Gardeoffizier", „Schöner Gigolo, armer Gigolo", waren beliebte Schlager. Meine Mutter mußte sie öfter auf dem Klavier spielen. Und noch ein Evergreen war sehr beliebt: „Donnerwetter, wir sind Kerle, Donnerwetter, janz famos, jeder von uns eene Perle, Donnerwetter, Donnerwetter, Donnerwetter tadellos!" Eine nostalgisch wehmütige Reverenz an die Offiziere des ehemaligen Garde du Corps – oft vorgetragen von Hubert von Meyerinck, einem beliebten Operetten-, Bühnen- und späteren Filmdarsteller.

Wir hatten häufig Besuch. Mehrfach kamen Kriegskameraden meines Vaters. Man saß im Herrenzimmer, es wurde diskutiert. Zigarrenduft wehte durch die Wohnung – Fehlfarben*) der Firma Otto Boenicke. Mutter reichte Kaffee und Cognac. Ich sperrte die Ohren auf, lungerte im Wohnzimmer herum und hoffte nur, daß die Tür nicht geschlossen wurde. Ich hatte die Herren artig begrüßt und meinen Diener gemacht. Sie sahen alle drahtig aus. Einer war etwas älter als die anderen, er hatte Schmisse. Er war Doktor – Jurist – Kriminalrat!

Das habe ich erst später erfahren, damals an jenem Sonntagnachmittag, habe ich erstmals bewußt einer politischen Diskussion der „Erwachsenen" zugehört, ohne daß es zunächst jemand bemerkte.

Ich war sieben Jahre alt und ging seit Ostern 1929 in die Schule. Ich hörte Begriffe wie: Marxismus, Demokratie, Wirtschaftskrise, Arbeitslosigkeit, Kriegsgewinnler und ähnliches. Namen wurden genannt: Brüning, Stresemann (ehemaliger Außenminister, der 1929 verstorben war), Hindenburg und immer wieder Hindenburg – der „Ersatzkaiser", die Vaterfigur. Ich hatte ihn gesehen, als im Februar 1928 Amanullah, der König von Afghanistan, als erster ausländischer Staatsmann nach dem Krieg Deutschland besuchte. Vater hatte mich „mitgeschleppt", als der König und Hindenburg ins Reichspräsidentenpalais in die Wilhelmstraße fuhren. Ich konnte den pompös aufgemachten Monarchen beim Aussteigen bewundern. Neben ihm – im schwarzen Mantel und Zylinder – der Reichspräsident: Paul von Beneckendorff und Hindenburg. 14 Tage später gab es die Zigarettenmarke „Amanullah". Vater hat die Zigarette probiert, aber sie schmeckte ihm nicht. Er blieb bei „Overstolz" und seinen Fehlfarben. Er war ein starker Raucher.

Ich spielte also an diesem Nachmittag mit den Zinnsoldaten, die ich auf Mutters Nähtisch aufgebaut hatte. Kieler Zinnfiguren, die eigentlich meinem Vater gehörten, aber heu-

---

*) Zigarren mit verfärbtem Deckblatt

Kriegsspielzeug: Zinn- und Bleisoldaten waren sehr beliebt, sie wurden auch gern getauscht und „weitervererbt".

te war Sonntag, da durfte ich sie haben. Von dem Inhalt der Unterhaltung verstand ich nicht viel, aber einiges behielt ich von den Begriffen, die später einmal für uns alle größte Bedeutung erlangen sollten. Lediglich das Wort „Marxismus" schien mir geläufig. Ich verwechselte es und meinte, es müßte „Maxismus" heißen und bezöge sich vielleicht auf Max Schmeling, den ich „knorke" fand. Er war immerhin Boxweltmeister im Schwergewicht.

Vater erzählte, daß in der Bank enorm „abgebaut" würde. Er selbst habe eine erhebliche Gehaltskürzung hinnehmen müssen. Meine Mutter sprach von der Suppenküche für die Armenspeisung, die das Bezirksamt Charlottenburg in der Pestalozzistraße eingerichtet hatte.

Einer der Herren, ich glaube, es war der mit den Schmissen, sagte: „Habt Ihr das neue Wahlplakat von den Nazis gesehen? ‚Haut dem Brüning auf die Glatze, daß die Notverordnung platze', steht da drauf."

Ich wußte nicht, ob er eine Glatze hatte. Brüning war Kanzler, katholisch, „Erfüllungspolitiker" – so ganz klar kam ich da nicht, und ich brachte bestimmt einiges durcheinander. Aber ich wußte, wer er war, und diesen Text auf dem Wahlplakat stellte ich mir bildlich vor. Vielleicht konnte ich es irgendwo sehen. Es klebten ja massenhaft davon an jeder Litfaßsäule und lesen konnte ich schon – recht gut sogar.

„Und was wird mal aus ihm?" fragte jemand und deutete mit seiner Zigarre in Richtung Wohnzimmer und Nähtisch. Meine Mutter seufzte.

„Ick wer' Klettermaxe!" krähte ich, und zappelte derart auf meinem Kinderstuhl herum, daß alle Zinnsoldaten umfielen. „Klettermaxe" war ein damals von den Berlinern heimlich bewunderter Fassadenkletterer, der sich als Einbrecher betätigte.

„Na sowas!" rief mein Vater, „der Bengel hört ja zu", und schloß die Flügeltüren. Ich war ziemlich enttäuscht.

Ja, es war schon eine Menge los damals in Berlin, und was der Bengel da so aufschnappte und mitbekam, war mehr, als seine schwergeprüften Eltern ahnten.

Besonders imponierten mir auch die Brüder Saß, ein Gaunerpaar. Sie hießen Erich und Franz und buddelten 1929 einen Tunnel bis zum Tresorraum der Zweigstelle der Depositenkasse der Discontogesellschaft in der Kleiststraße. Getarnt als Bauarbeiter der Reichspost. Und dann räumten sie alles ab. Und mein Vater arbeitete bei der Discontogesellschaft! Aber auch er war amüsiert und fasziniert. Und sie machten auch 1930 noch weiter!

Inzwischen ging ich schon über ein Jahr zur Schule. Es war die 25. Volksschule in der Sybelstraße, Fußweg zirka 25 Minuten. Frau Rissom war meine Lehrerin. Ich habe selten einen Menschen in meinen Leben getroffen, der so war wie sie. Sie sah streng aus und war die Güte selbst. Sie besaß ein aus dem Herzen kommendes soziales Empfinden, war eine fürsorgliche Pädagogin und konnte einfach alles. Sie verstand jeden von uns.

Wir waren etwa 40 Kinder in der Klasse. Die Schule hatte ein großes Einzugsgebiet. Es reichte von Berlin W15 (damals Kurfürstendamm) bis nach Charlottenburg Nord. Wir hatten reiche, sehr reiche, bürgerliche, arme und bitterarme Kinder unter uns. Auch etwa zehn Juden gehörten zu den Klassenkameraden.

Einige meiner Schulkameraden waren sogenannte „Trokkenwohner", das heißt, sie lebten mit ihren Eltern in Neubauten, die erst noch austrocknen mußten. Die Miete war gering oder entfiel gänzlich, dafür mußten die Bewohner heizen – sofern sie das Geld hatten. Die wenigsten konnten es. Daher litten sie wegen der ewigen Feuchtigkeit an Bronchialkrankheiten. „Die ham die Motten" (Tuberkulose), sagten wir respektlos, obwohl das nicht zutraf, es waren vorwiegend Dauererkältungen und Heiserkeit. Zwei von ihnen hatten so eine Art Rheuma und wurden irgendwann „verschickt", an die Nordsee, wie es hieß.

Während unserer ersten Schultage als „Achteklecker-Tafellecker" (Achteklecker: Damals zählten die Klassen rückwärts, also von 8 bis 1 = 8 Schuljahre vom 6. bis 14. Lebensjahr) fragte Frau Rissom, wer von uns kein Frühstücksbrot mitbekommen kann. Etwa 12 Kinder meldeten sich, aber erst nach langem Zögern und Zureden von Frau Rissom.

„Ihr seid jetzt Klassenkameraden, also bittet eure Eltern, daß diejenigen, die ein Frühstücksbrot haben, noch 'ne Stulle mehr mitbringen für die, die keine haben! In meiner Klasse hungert keiner", sagte sie.

Ich sah, wie ein Junge spontan die Hand seines Nebenmannes ergriff und sie festhielt. Der andere weinte. Es war Frühjahr 1929 – wir waren gerade sechs Jahre alt. Ich hatte einen Kloß im Hals und empfand unbewußt, daß diese Handlung unserer Lehrerin mehr war als nur eine Anordnung. Sie war der Beginn einer vier Jahre dauernden Klassengemeinschaft, die uns bis 1933 fest zusammenhielt.

Das Bild der beiden Knirpse, die sich an den Händen hielten, vergesse ich nie. Sie waren die Ärmsten unter uns und konnten nicht einmal den Groschen für die „Schulspeisung" aufbringen, die aus 1/4 l Kakaomilch und einer trockenen Schrippe bestand. Ich glaube, ab 1931 war die Schulspeisung kostenlos.

Von Anfang an herrschte eine erstaunliche Klassendisziplin. Wir machten Krach wie andere auch, aber wir empfanden großen Respekt vor Frau Rissom. Wenn sie die Klasse betrat, standen wir auf und sagten im Chor: „Guten Morgen, Frau Rissom."

Sie erwiderte den Gruß freundlich, strich ihre Bluse glatt, blickte prüfend über unsere Köpfe und bemerkte meist noch etwas, so zum Beispiel: „Bohr bitte nicht in der Nase Harry, das gehört sich nicht!"

Sie sprach fast nie im Befehlston und bedankte sich für jede Handreichung wie Tafel abwischen, Kreide holen, Fenster öffnen. Wir glitten in einen Schulalltag hinein, der unser künftiges Leben bestimmte, lernten fast automatisch – und die sich immer mehr zuspitzenden politischen und sozialen Verhältnisse wurden ständig spürbarer.

Unser erstes Schulbuch war die „BÄRENFIBEL". Das Titelbild zeigte einen kleinen Berliner Bären, der fröhlich auf das Brandenburger Tor zu marschierte. Er trug einen Schulranzen. Ein Lineal ragte aus dem Tornister, Schwamm und Tafellappen baumelten an der Seite. Wir benutzten ebenfalls Schwamm, Tafellappen, Schiefertafel und Griffel und identifizierten uns mit unserem Bären, also mit der Fibel. Der kleine Bär mußte auch lernen und wir lernten einfach mit.

Sonntags unternahm Vater mit mir manchmal lange Spaziergänge. Wir fuhren mit der Stadtbahn von Charlottenburg nach Grunewald und gingen zu Fuß nach Schildhorn, das waren etwa acht Kilometer. Vorbei am Teufelssee, quer durch den Wald, bis zur Dampferanlegestelle Schildhorn. Dort gibt es ein Gartenlokal und Eis. Aber nur im Sommer.

„Haben denn jetzt alle ein Frühstücksbrot, und wem gibst du denn deine Stulle?" wollte mein Vater auf einem dieser Ausflüge wissen.

Ich erzählte es ihm: „Meins bekommt Fedor."

„Wer ist Fedor? Wieso heißt er Fedor?"

„Seine Mutter ist aus Rußland."

„Und sein Vater?"

„Weggeloofen."

„Was macht seine Mutter?"

„Die is in de ,Teestube' hinter de Theke."

„Woher weißt Du das?"

„Ick bin dagewesen und hab rinjekiekt."

„Und sie kann Fedor kein Butterbrot mitgeben?"

„Nee, der Besitzer will ihr immer heiraten und se will nich, und Fedor kann ihn ooch nich leiden, und nu muß se aus de Wohnung raus."

„Berlinere doch nicht so! Ist Fedor nett?"

„Hm, weeß nich, ziemlich frech."

„Du sollst nicht so berlinern!"

„Jibt's 'n Eis?"

„Geh nicht über den großen Onkel, heb deine Füße und paß auf, wo du hintrittst!"

„Ach, hier war det."

Ich blieb stehen und deutete auf einen Baum in der Nähe des Havelufers. Dort hing ein runder Schild am Stamm. Er soll einst Jaczo, einem Wendenfürsten, gehört haben. Dieser war auf der Flucht, weil er zum Christentum bekehrt werden sollte. Das mißfiel ihm offenbar, sagt die Legende. Als seine Verfolger immer näher kamen, schwamm er durch die Havel. Hier kam er an. Lebendig. Mit seinen Pferd. Das war mitgeschwommen. Seinen Schild hängte er an einen Baum, angeblich demselben, vor dem wir standen. Dann fiel er auf die Knie und gelobte, fortan ein frommer Mann zu werden und dem Christentum zu dienen, weil er die Flucht lebend überstanden hatte. Mitsamt seinem Pferd.

„Und darum heißt Schildhorn eben Schildhorn", schloß ich meine Erzählung.

„Woher weißt du das mit dem Pferd?"

„Von Frau Rissom, die weiß alles".

Mein Vater runzelte die Stirn und meinte: „Das kann ich nachprüfen, vielleicht hat sie sogar recht".

Er prüfte später nach, und sie hatte recht. Aber vorher bekam ich ein Eis. Dabei erzählte ich noch andere haarsträubende Geschichten, so von der Weißen Frau im Jagdschloß Grunewald, warum der Teufelssee so heißt, wie viele Raubritter es in der Mark Brandenburg gegeben hatte. Auch von Kurfürst Joachim dem Ersten von Brandenburg, der sie alle besiegt hatte. So um 1520.

„Ihr habt doch noch keinen Geschichtsunterricht, in welcher Stunde erzählt sie euch das denn alles?"

„Det heeßt heimatkundliche Anschauung und is wichtig, sowat muß man wissen, sacht se."

„Hör jetzt endlich auf zu berlinern, sonst gibt's 'ne Backpfeife!"

Ich hielt sofort meinen Mund und blickte auf die Bläßhühner und Haubentaucher, die auf der Havel dümpelten. Je mehr man mich ermahnte, desto widerspenstiger wurde ich. Heute ist das noch genau so.

„Nimm dir ein Beispiel an Jaczo, der hatte Mut und ist ein besserer Mensch geworden."

Ich teilte diesen Ratschlag durchaus nicht, da ich mich sowieso für großartig hielt. Und dann wollte ich von meinem Vater wissen: „Wat is'n det, 'n Sandwichmann?"

Meine Mutter hatte das Wort kürzlich gebraucht. Drüben, bei der Suppenküche, standen eines Tages plötzlich Männer, zum Teil gut angezogen. Sie trugen Schilder auf dem Rükken und auf der Brust. „Nehme jede Arbeit an", stand darauf. Vater erklärte es mir. „Nächsten Sonntag wird gewählt, vielleicht bessert sich ja was", fuhr er fort.

„Schon wieder?" Ich hatte mehrfach Wahlen erlebt und war immer brav mit meinen Eltern zum Wahllokal am Stuttgarter Platz marschiert. Da stand meist ein Haufen Leute herum, auch SA, „Sipos", Mitglieder der „Rotfront", vom „Stahlhelm" oder vom „Reichsbanner" – es herrschte immer gespannte Aufmerksamkeit, und die Polizei sollte Schlägereien und Schlimmeres verhindern.

Auch Sandwichmänner hatte ich dort gesehen und eine „Harfenjule" von der Heilsarmee. Sie war unbestimmbaren Alters, bei jeder Wahl dabei – bis das Wahllokal geschlossen wurde. Auf Ihrem „Wimmerholz" (Gitarre) spielte sie fromme Lieder, manchmal sang sie auch dazu. Das wäre nicht unbedingt nötig gewesen. Zwischendurch rückte sie ihren Schutenhut zurecht. Sie wurde immer etwas mitleidig betrachtet, aber niemand „pflaumte" sie an. Einmal legte sie mir die Hand auf den Kopf und wünschte mir Gottes Segen. Heute glaube ich fest, daß mir diese rührende Geste manchmal Glück gebracht hat.

Also: Sonntag würde es wieder so sein. Vielleicht durfte ich auch diesmal ein Bulette essen, mit Mostrich, die der Wirt des Wahllokals – es war eine Kneipe – in großen Mengen herstellte und mit einer Schrippe für 25 Pfennige anbot. Ohne Schrippe 20 Pfennige. Mostrich umsonst.

Zu Weihnachten hatte ich einen Roller bekommen – keinen Tretroller, die waren zu teuer – sondern einen einfachen. Marke: „Naether".

„Der Arzt hat gesagt, daß Rollern das gleichmäßige Wachstum beeinträchtigen kann, weil ja nur mit einem Bein abgestoßen wird, während das andere auf dem Brett steht", sorgte sich meine Mutter.

„Quatsch", war mein Kommentar, „ick werde abwechseln, eenmal links, eenmal rechts!"

Ich bin heute sicher, daß ich meinen Eltern manchmal ganz schön auf die Nerven gegangen bin. Aber: Der Arzt hatte tatsächlich so etwas ähnliches gesagt, als ich unter die Höhensonne gesteckt wurde, weil ich angeblich „zu blaß" war.

Meine Mutter hat auch bisweilen geglaubt, ich sei „zu gut für diese Welt", weil ich gutmütig und in Grenzen freigebig bin. Sie war nie vom Gegenteil zu überzeugen.

Ich rollerte rund ums „Karree" Kantstraße, Wilmersdorfer Straße, Stuttgarter Platz, Kaiser-Friedrich-Straße, Kantstraße. Anfangs wechselte ich – einmal links, nach einer Weile rechts, aber das hielt ich nicht lange durch. Dann stieß ich nur noch links ab.

Der Roller hatte über dem Hinterrad ein Schutzblech, das gleichzeitig als Bremse diente, wenn man drauftrat. Außerdem benutzte ich statt einer Klingel eine Hupe mit einem Gummibalg, die einen schrillen Mißton von sich gab. Eine mit Bindfaden befestigte Taschenlampe vervollständigte meine Ausrüstung. Um die Holzlenkstange hatte ich mehrere Gummibänder gewickelt, um im Bedarfsfalle etwas notdürftig befestigen zu können. Dies bewährte sich jetzt.

An jeder Straßenecke standen Zettelverteiler mit den Parolen der verschiedenen Parteien, die auch Papierfähnchen verschenkten. Ich nahm sie alle mit: Schwarz-Rot-Gold, Schwarz-Weiß-Rot, Rot mit Hammer und Sichel, Hakenkreuzfähnchen und den „Sozi-Wimpel" – drei nach links unten gerichtete Pfeile. Außerdem zwei Reklamefähnchen der Firmen „Kaisers Kaffeegeschäft" und „Josetti: „Aus gutem Grund ist Juno rund". Also alles, was man wollte. Die Fähnchen flatterten fröhlich, mit Gummibändern befestigt, an meinem Lenker.

„Kannste det übahaupt lesen?" fragte ein Zettelverteiler.

„Klar, ick bin ja nich doof" erklärte ich herablassend und stopfte sein Pamphlet zu den übrigen in die Gesäßtasche meiner kurzen Hose. Meine Mutter schlug die Hände über dem Kopf zusammen, als ich nach Hause kam. Ich mußte die Fähnchen abmontieren und durfte einige in die Balkonkästen stecken. Aber nicht alle. Die Zettel wurden für meinen Vater aufgehoben.

„Was sollen bloß die Leute denken?" meinte sie, und „bring bitte nächstes Mal keine Fähnchen mehr mit!"

Was die Leute dachten, war mir absolut „piepe".

Mein Vater las abends die Zettel und erklärte mir so einiges. Eine Hindenburg-Wahl stand bevor. Seine Amtszeit lief ab. Die Nazis hatten enorme Stimmengewinne erzielt, überall im Land. In Bremen und Braunschweig gab es seit 1931

schon nationalsozialistische Regierungen. Brüning „wackelte". Fast sieben Millionen Arbeitslose.

Die Wortkombination „nationaler Sozialismus" war genau
das, was die immer noch unter dem Trauma des verlorenen
Krieges, der Inflation und der Reparationen stehenden Deutschen ansprach. Das Zentralorgan der NSDAP, der „Völki-
sche Beobachter" (VB), trug auf der Kopfzeile über dem Ho-
heitszeichen das Spruchband „Freiheit und Brot". Der VB
wurde auch bei uns zeitweilig gelesen, neben der DAZ (Deutsche Allgemeine Zeitung), die liberal war.

Beide Begriffe – „Nationaler Sozialismus" und „Freiheit
und Brot" – haben meines Erachtens mehr zur Verbreitung
des Nationalsozialismus beigetragen, als manche Veranstaltung oder Rede. Sie waren kurz, prägnant und zielsicher. Sie
gingen in das Bewußtsein ein und blieben da.

Die Schlagworte begannen sich einzuprägen: Erfüllungs-
politik, November-Verbrecher, Schandvertrag von Versailles,
Wiederherstellung der Ehre, Im Felde unbesiegt, Dolchstoß
der Sozis, Tod dem Faschismus, Demokratie, Marxismus,
Kriegsgewinnler, Nationaler Sozialismus, Freiheit und Brot!
Die letzten beiden Schlagworte, sie machten das Rennen.
Sie deckten alle Emotionen ab.

Viele Parolen konnte man auf den Zetteln lesen, die ich
mit nach Hause gebracht hatte. Außerdem waren Karikatu-
ren darauf gezeichnet, von Bonzen mit Ballonmützen, die
man hinwegfegte, gequälten Menschen, die mit Stacheldraht
gefesselt waren, einem Ertrinkendem, dem ein Rettungsring
zuflog, auf dem HINDENBURG stand, und dabei war auch
eine gegen Brüning: „Haut dem Brüning auf die Glatze, daß
die Notverordnung platze!" Da hatte ich es! Schwarz auf
Weiß! Nicht nur an der Litfaßsäule! Ich war richtig stolz auf
mich. „Proletarier aller Länder vereinigt Euch, wählt Rot-
front-Kommunisten!" Das war der letzte Zettel. Es war schon
eine Menge, was mein Vater erklären mußte, und ich war
ein wißbegieriger Zuhörer.

Während er noch dabei war, zu erklären, kurz nach dem Abendbrot, marschierten die Kommunisten durch die Kantstraße. Erst kam eine Schalmeienkapelle, dann Frauen mit Kinderwagen, dann die Werktätigen mit geballter Faust, viele Jugendliche, aber alles etwas durcheinander und auseinandergezogen. Es war mehr eine Art Demonstrationszug. Die „Polente" (Sipos) und zwei „Überfallkommandos" schirmten den Zug ab. Dann sangen sie: „Die Internationale erkämpft das Menschenrecht!"

„Denkste!" schrien die Berliner am Straßenrand zurück. „Die Überlandzentrale versorgt die Stadt mit Licht."

Die „Elektrische" mußte halten, weil der Zug die Schienen blockierte. Die Sipos versuchten, den Verkehr zu regeln, es gelang nur mühsam. Die Unordnung war zu groß. Ich stand auf dem Balkon und beobachtete alles. Vor mir, in den Balkonkästen, steckten die genehmigten Fähnchen.

Mein Vater schüttelte den Kopf, und wir gingen ins Herrenzimmer zurück.

„Und wat passiert nu?" fragte ich. „Wen wählste?"

„Das weiß ich noch nicht, wir brauchen dringend wieder Zucht und Ordnung, die Wirtschaft bricht zusammen, die Reparationen fressen uns auf, wir haben den Krieg und unsere Ehre verloren."

Während ich noch darüber nachsann und mit der Antwort unzufrieden war, da sie mir zu allgemein war, hörten wir einen Spielmannszug der SA und den Marschschritt der Kolonnen. Vorneweg der Standartenführer, dahinter der Träger der Standarte*), flankiert von zwei Sturmführern. In das Tuch war mit Goldbuchstaben eingestickt: „Deutschland erwache!" Der Spielmannszug hatte aufgehört zu spielen.

Fast 600 Mann marschierten schweigend, zackig, diszipliniert auf der rechten Straßenseite, so daß der Verkehr wieder fließen konnte. Die Elektrische fuhr an, jetzt waren die Schienen frei. Und plötzlich skandierten 600 Kehlen: „Aus dem Feuer der rettenden Rache erschallt unser Kampfruf:

---

*) Feldzeichenträger

Deutschland erwache! Deutschland erwache! Deutschland erwache! Deutschland erwache!"

Alles genau im Takt und im Gleichschritt. „Deutschland erwache!" Es ging wirklich unter die Haut. Dann setzte wieder der Spielmannszug ein. Danach wurde gesungen: „Als die goldene Abendsonne sandte ihren letzten Schein, zog ein Regiment von Hitler in ein kleines Städtchen ein." Dann kam: „Volk ans Gewehr!" Und: „Die Glocken stürmten vom Bernwardsturm, der Regen durchrauschte die Straßen" (ein Traditionslied der Nazis).

Und jetzt wieder: „Deutschland erwache!"

Die ersten Berliner begannen zögernd zu klatschen – es wurden mehr, viele Fenster öffneten sich, Beifall brandete auf, Bravorufe, Heilrufe. Deutschland in der Kantstraße war endlich aufgewacht. Unten marschierten die Muntermacher, und ich stand auf dem Balkon und starrte hinunter. Offenen Mundes.

„Mach'n Mund zu, hier fliegen keine gebratenen Tauben, morgen haste wieder dicke Mandeln!"

Das war meine Mutter. Diesen Abend im Frühjahr 1932 sehe ich noch so vor mir, als sei er gestern gewesen,

Es kam häufig vor, daß Kommunisten, Sozis oder Reichsbanner durch die Straßen marschierten und kurz darauf die Nazis oder der Stahlhelm. Oft genug entwickelten sich dann die gefürchteten Straßenschlachten, bei denen es fast immer Verletzte und auch Tote gab. Aber diesmal ging alles gut. Warum, weiß ich nicht, denn der Kontrast konnte augenfälliger nicht sein: Hier – der undisziplinierte Haufen der Kommunisten – dort die sich als Ordnungsmacht verstehenden Nationalsozialisten.

„Wir brauchen wieder Zucht und Ordnung", hatte Vater gesagt. Langsam begann ich zu verstehen.

In der Mitte der Woche war meine Mutter zum Kaffee eingeladen, ich durfte mit. Zu Tante Heinzchen. Sie war eine Nenntante. Rückblickend betrachtet, besaß sie den sentimental melancholischen Charme des verblassenden Jugendstils. Sie war Klavierlehrerin und hatte trotz der schlechten Zeiten viele Schüler – Kinder reicher Eltern. Sie wohnte in der Nähe der Kleiststraße, nicht weit vom Nollendorfplatz. Fliegende Gewänder wurden von ihr bevorzugt, weite Kleider, lange Mäntel. Eine Pagenfrisur zierte ihren schönen Kopf, der einer Gemme ähnelte. Sie war von rührender Anhänglichkeit, immer freundlich, hatte ständig Liebeskummer und konnte so bezaubernd Klavier spielen, daß ich selbstvergessen zuhörte. Und das wollte was heißen.

Also fuhren wir hin. Am Nollendorfplatz war was los. Ein großer Menschenauflauf, SA-Leute, Polizei. Mutter zog mich weiter, aber ich wollte nicht. In dem Gedrängel ließ ich den Blumenstrauß fallen und hob ihn wieder auf.

„Lassen Se den Kleenen doch", sagte jemand. „Stell dir mal uf det Podest, denn kannste besser sehn!" Ein Berliner hob mich hoch und stellte mich drauf.

Mutter fügte sich ins Unvermeidliche. Und dann hörte ich auch eine prägnante Stimme, die bildhaft, treffend und sarkastisch die Regierung abhalfterte und an die geistigen Güter der Nation appellierte. Der Mann, dem sie gehörte, trug eine Lederjacke, er war klein, dunkelhaarig und stand in einem offenen Mercedes. Er sprach frei und ohne Mikrofon. SS-Leute mit schwarzen Mützen, die ich vorher noch nie gesehen hatte, umringten ihn. Es war Dr. Joseph Goebbels, der Gauleiter von Berlin. Dort sah und hörte ich ihn zum ersten Male.

Wir kamen natürlich zu spät zu Tante Heinzchen, aber sie war nicht böse.

„Mein Gott, was soll bloß werden? Ich bin ja so unpolitisch", klagte sie. „Wen wählt ihr denn?" fragte sie dann.

„Stell erst mal die Blumen in die Vase, Klaus hat sie in dem Gedrängel fallenlassen, weil er unbedingt den Goebbels hören mußte."

„Ach ja, er ist ja heute am Nollendorfplatz, morgen soll er

im Sportpalast sprechen. Ich bin manchmal ganz durcheinander."

„Wir wissen auch noch nicht, wen wir wählen, aber Hindenburg muß erst mal bleiben", sagte Mutter.

„Aber der ist doch steinalt, was passiert, wenn er morgen tot umfällt? Aber er soll ja den Professor Sauerbruch haben, der muß eben auf ihn aufpassen", beruhigte Tante Heinzchen sich wieder.

Dann tranken wir Kaffee, aßen Streusel- und Kranzkuchen, die Damen rauchten eine Zigarette mit Goldmundstück, und anschließend spielte Tante Heinzchen endlich Klavier. Ich war hingerissen. Bevor wir gingen, lud sie Mutter zu einem Konzert ein, das sie in zwei Monaten mit ihren Schülern im UNIVERSUM am Lehniner Platz geben wollte.

Auf der Rückfahrt in der Straßenbahn fragte ich: „Wo is Gertrud eigentlich geblieben? Kommt se nich mehr?"

Gertrud war die Aufwartefrau.

„Nein, sie hat eine andere Stelle, wir können sie nicht mehr bezahlen." Und dann rechnete Mutter vor: „Dreimal in der Woche pro Tag drei Mark plus Mittagessen, das sind mehr als 36 Mark im Monat. Wir können es uns nicht leisten."

Ich war baff.

„Jeder muß sich einschränken, aber uns geht es verhältnismäßig gut. Vater ist noch bei der Bank, aber ob das so bleibt, wissen wir nicht."

Als wir ausstiegen, war ich ziemlich still und sah zu Hause sofort nach, ob meine 4,50 Mark Taschengeld, die ich im Laufe eines Jahres angespart hatte, noch in der Kassette waren. Ich brachte sie Mutter.

„Brauchste Jeld?"

Ich streckte ihr die Kassette entgegen. Ich meinte es ganz ernst. Mutter war zu Tränen gerührt und nahm mich in die Arme. Mir wurde wieder besser, es schien ja doch nicht ganz so schlimm zu sein.

Die „Hindenburg-Wahl" am Sonntag brachte kein eindeutiges Ergebnis. Ich bekam meine Bulette, aber ohne Schrippe. Die „Harfenjule" sang noch schlimmer als sonst, und die Stimmung war sehr gereizt. Wir gingen auch gar nicht mehr spazieren, sondern gleich nach Hause. Es stellte sich heraus, daß ein zweiter Wahlgang erforderlich wurde.

Jetzt erst begriff ich, daß Hitler gegen Hindenburg angetreten war und keine absolute Mehrheit erhalten hatte. Er startete zu einem Deutschlandflug, um Stimmen zu sammeln. Die „Berliner Illustrirte Zeitung" zeigte ihn – ich glaube auf dem Titelblatt – vor einem Junkers Flugzeug.

In Mai gab es überall Kundgebungen.

Mutter wollte mich in dieser Zeit einmal zur Schule bringen „weil wieder soviel los ist". Am Bahnhof Charlottenburg kamen wir nicht weiter. Mutter war ganz verzweifelt. Da kam ein Berliner „Taxenschofför" auf uns zu. Er sah so aus, wie Schimanskis Vater ihn gespielt haben würde: Lederweste, Ledermütze, eine Art Zimmermannshose, rotes Halstuch, rote Nelke im Knopfloch, verschwitzt, Schnurbart, leicht angesäuselt, gutmütig und treuherzig.

„Können Sie uns zur Sybelschule fahren – bitte, wir kommen nicht durch!"

„Lassen se man jut sin, junge Frau, jehn se ruhig nach Hause, den Kleenen fahr ick umsonst hin, er soll ja mal dafür sorjen, det et uns später besser jeht!"

Auch diese Worte werde ich nie vergessen.

Die Taxe war ein uralter „Protos", mit Kulissenschaltung außen. Auf dem Dach ein Gepäckträger, keine Kurbelfenster, sondern Fenster, die mit Lederriemen festzustellen waren. Überhaupt war innen alles aus Leder. Ich versank fast in dem Rücksitz. Der Chauffeur kurbelte das Ding an, und wir fuhren los durch die Menge, die uns Platz machte. Nach zehn Minuten waren wir da. „Lerne wat, Kleener", sagte er und gab mir seine Nelke. „Für Deene Mutter."

Es war ein Schlüsselerlebnis. Die Nelke wurde im Sommer 1943 ausgebombt. Wir auch.

Ich erinnere mich noch an das Ergebnis des zweiten Wahlganges, das Hindenburg fast 20 Millionen Stimmen bescherte. Gut 13 Millionen hatte Hitler. Mein Vater versuchte, es mir zu erklären, aber mit den Millionen kam ich nicht klar. Im Rechnen war ich keine Leuchte. Jedenfalls Hindenburg blieb. Und er lebte noch! Er war nicht tot umgefallen! Tante Heinzchen konnte sich wieder entspannen.

Brüning verbot die SA und die SS, nicht aber die Linken. Und dann hatte man ihm tatsächlich auf die Glatze gehauen, er wurde entlassen. Ihm folgte von Papen. Die Nazis durften wieder marschieren. Das passierte alles 1932. Dann fand im Juli auch noch eine Reichstagswahl statt, und Göring wurde Reichstagspräsident. (Wir hatten – das habe ich nochmals nachgeschlagen – von 1918 bis 1932 = 23 Regierungen!)

Ich verlor jetzt den Überblick.

In dieser Zeit wurde ein SS-Mann in der Nähe unserer Wohnung ermordet. Die Eltern waren entsetzt, da unsere Gegend als verhältnismäßig sicher galt. Ich durfte nur noch in der Mittagszeit rollern oder „trieseln", und bei Umzügen mußte ich im Zimmer bleiben. Es gab mehr Polizei auf den Straßen und die Gewalttätigkeiten nahmen zu. Am schlimmsten war es am Wedding, in Moabit und im Osten der Stadt und natürlich bei den Großveranstaltungen, die in Sälen stattfanden: Sportpalast, Hasenheide (Neue Welt), Saalbau Friedrichshain und andere.

Es gab auch einen „Bierstreik": Die Flasche kostete – glaube ich – damals 20 Pfennige und sollte teurer werden. Die Berliner kochten vor Wut. Dann wurde alles wieder abgeblasen oder auf später verschoben. Die Leute hatten die Nase voll, sie wollten endlich wieder Ruhe, Arbeit, Ordnung, Freiheit und Brot. Hauptsächlich letzteres. Und das stand ja auf der Kopfzeile des „Völkischen Beobachter".

Ich wurde zur Kindergesellschaft eingeladen, Ralph hatte Geburtstag. Er wurde auch neun.

„Was wünscht er sich denn?"

„Ne Hupe!"

Mutter schüttelte den Kopf: „Muß das sein? Eine Hupe! Was soll denn das?"

„Klar, er will so'ne Hupe wie ick se am Roller habe!"

„Bist du sicher?"

„Bin ick!"

Also wurde eine Hupe gekauft, bei TIETZ in der Wilmersdorfer Straße, Spielwarenabteilung, 4. Stock. Kostenpunkt: 1 Mark 75.

Ralphs Eltern waren reich. Sogar sehr reich. Sein Vater besaß mehrere Textilgeschäfte in Berlin – eine Filialkette. Sie bewohnten eine 8-Zimmer-Wohnung in der Clausewitzstraße. Außerdem besaßen sie ein Auto, einen Chrysler, der Chauffeur hieß Albert.

Sehr viele Kinder waren eingeladen – auch Hotte und Kutte, die Ärmsten von uns. Für sie hatte man zwei Päckchen mit Kleidungsstücken zurechtgelegt, die ihnen beim Abschied einfach in die Hand gedrückt wurden, so konnten sie nicht zu laut protestieren.

Ralphs Mutter empfing uns. Objektiv und ohne Beschönigung muß ich auch heute bestätigen, daß sie die schönste Frau war, die ich damals in meinem jungen Leben kennengelernt habe – meine Mutter natürlich ausgenommen!

„Ihr könnt alle Du zu mir sagen, ich heiße Ruth!"

Sie kam auf mich zu, nahm mich in die Arme, wie vorher schon die anderen, und gab mir ein Küßchen auf die Backe, spontan, unbefangen und „ohne Jetue" wie die Berliner sagen. Ich fand sie schöner als Lilian Harvey. Und das sagte ich ihr.

Und noch etwas: Sie duftete so wunderbar! Erfrischend, lieblich – na ja, eben toll. Das sagte ich ihr auch.

Ralph stand neben ihr, nahm die Hupe entgegen und grinste. Dann drückte er mehrfach auf den Gummiball. Der schrille Krach war nervenzerreißend. Aber der Zauber, den seine Mutter auf mich ausübte, blieb erhalten.

Ruth nahm mich an die Hand und sagte: „Komm, ich zeige dir, was so gut riecht!"

Ich sah zum ersten Mal ein Boudoir, einen verspielten kleinen Salon, den sie betrat.

Ich war sehr verlegen und traute mich erst nicht rein.

„Hier", sie nahm einen Flakon von einem Toilettentisch und öffnete ihn. Einen Tropfen tupfte sie auf meine Nase.

Wölfchens Geburtstag im Mai 1930. Von links: Wölfchen mit „Eulenbrille", Hänschen, Kurti, Walter, Anita und ich, sieben Jahre alt, sowie zwei Nachbarskinder mit Luftschlangen und bunten Papiermützen.

„Das ist Lavendel Orangen", sagte sie, „es kommt von der Cote d-Azur, weißt du, das liegt in Südfrankreich, am Mittelmeer". Sie nahm eine Pipette und füllte ein winziges Fläschchen ab. „Für Deine Mutter, verlier es nicht". Sie steckte es mir in die linke Hosentasche. Dann nahm sie meinen Kopf und legte ihn sanft unter ihren Busen. „Hörst Du mein Herz klopfen? Es klopft auch für dich, für euch alle".

Ich hörte es klopfen und war immer noch verzaubert.

Ruth hatte braune Augen, die etwas auseinander standen, einen vollen schönen Mund, braunes, welliges, sehr weiblich frisiertes Haar und eine Art Pfirsichhaut. Sie trug „wat Lilanes", ein violettes langes Kleid, und hochhackige Schuhe. Ihr Schmuck glitzerte an ihrem großzügigen Dekolleté, ihre Ringe glänzten wunderbar. Sie war wie eine Erscheinung aus einer anderen Welt. Ich konnte nicht aufhören, sie anzusehen. Sie war Jüdin.

Ein anderer treuer Klassenkamerad war Wolfgang S., genannt Wölfchen. Er war ein Pummel, also etwas dicklich, hatte ein Mondgesicht, Ponyfransen und trug eine Eulenbrille. Etwa ein Jahr lang saß er in der Klasse neben mir. Er konnte sehr gut rechnen und ließ mich abschreiben. Wir haben uns gut verstanden. Sein Vater war Importeur für – wie Wölfchen sagte – „Appelsinen, Zitronen, Kokosnüsse, sojenannte Citrusfrüchte und so'n Zeuch, allens aus Palästina!" Er berlinerte derartig grandios, daß es einem ganz warm ums Herz wurde.

Wölfchen nahm regelmäßig am jüdischen Religionsunterricht teil und hatte „een Jebetbuch" mit hebräischen Buchstaben. Ein „Schriftgelehrter" von der Synagoge unterwies ihn und die andern jüdischen Kinder immer donnerstags, nach dem Schulunterricht, in ihrem Glauben.

„Kann ick mal zuhören?"

„Kannste, und damit de Bescheid weeßt, du bist ooch nischt anderes als'n verkappter Jude! Da, wo wir herkommen, kommen wa nämlich alle her! Aus Mesepetunien! Steht ooch in deine Bibel, kannste jloben!" Er piekte seinen dicken Zeigefinger in meinen Bauch und lachte.

„Is det n' Pastor, der da kommt?"

„Nee, so ne Art Reserve-Rabbi, der macht det nämlich nebenbei, mein Vater kennt ihm."

Der kam dann auch und erzählte vom gelobten Land, vom Jordan, dem Land wo Milch und Honig fließen, und von den Kindern Israel. „Hast Du alles verstanden?" fragte er mich.

„Klar, det hat uns Frau Rissom ooch schon alles aus unsere Bibel erzählt".

„Siehste", schrie Wölfchen, „du bist 'n verkappter Jude, det hab ick dir doch jleich jesacht!" Er fuchtelte mit seinem „kleenen Talmud", seinem Religionsbuch, in der Luft herum und amüsierte sich königlich.

Als ich alles zu Hause erzählte, sagte Vater nur: „Na, ganz so ist es zwar nicht, aber ein bißchen stimmt schon".

Das stimmte mich nachdenklich.

Zum Ende des Jahres 1932 mußte befürchtet werden, daß auch mein Vater „abgebaut" würde. Entlassungen waren bereits angekündigt worden. Die DANAT-Bank – Darmstädter und Nationalbank – war 1931 zusammengebrochen. Der Schock saß noch tief. Es ging aber alles gut. Vater wurde weiter beschäftigt.

Übrigens stand in der Zeitung, daß Hitler zum Regierungsrat in Braunschweig ernannt worden war und gleichzeitig die deutsche Staatsbürgerschaft erworben hatte. Das erzählte mein Vater eines Abends im Herbst. Ich wußte bis dahin gar nicht, daß Hitler Österreicher war.

Am Heiligen Abend ging ich mit meiner Mutter in die Trinitatis-Kirche am Karl-August-Platz. Der Pastor hielt eine eindrucksvolle Predigt über ein Bild, das er etwa folgendermaßen beschrieb: Ein verzweifelter Mensch klammerte sich in höchster Not an einen von Wogen und Sturm umtosten Felsen und blickte zu einem dünnen Sonnenstrahl empor, der durch das Sturmgewölk bricht. Das Bild hatte den Titel „Weihnacht".

„Det hat er vorijet Jahr ooch schon erzählt, weeßte noch?" zischelte ich meiner Mutter zu.

Sie schüttelte meinen Arm: „Halt den Mund! Sowas gehört sich nicht!"

Ich betrachtete angelegentlich eine Bildkarte, die anläßlich des Weihnachtsfestes mehrfach auf alle Kirchenbänke verteilt worden war. Sie zeigte Gottvater auf einer Wolke sitzend, umgeben von Engeln. Christus rechts neben ihm. Ich zählte die zwölf Apostel und versuchte, sie zu identifizieren. Bei fünf gab ich es auf. Dann wurde gesungen.

Meine Mutter war bemüht, die von mir begangene Ungezogenheit, die die anderen sehr wohl schmunzelnd bemerkt hatten, etwas abzumildern und wollte alles „wieder gut machen". Sie sang daher besonders laut – aber sie konnte wenigstens singen, denn sie hatte eine sehr gute Stimme. Sopran. Sie wollte in ihrer Jugend mal zur Oper und hatte Gesang studiert. Einige Kirchenbesucher sahen sie bewundernd an, andere hörten auf zu singen, so daß Mutter „Es ist ein Roß entsprungen" und „Stille Nacht" – fast allein bestritt. Alle Strophen! Ich hielt meinen Mund. Wohlweislich.

Am ersten Feiertag gab es Gänsebraten. Am zweiten Feiertag kam meine Großmutter zu Besuch und kochte selbst – wie alljährlich – schlesische Kartoffelklöße mit Backobst und Braten. Sie kochte unglaublich gut und ich verdarb mir den Magen – wie alljährlich.

In diesem Jahr bekam ich „praktische Sachen" geschenkt: eine kurze Hose, einen Pullover (selbstgestrickt), Kniestrümpfe und ein sogenanntes „Sporthemd" mit angeschnittenem Kragen und einer aufgesetzten Brusttasche. Alles in „Burschengröße". Und einen Modellgüterwagen von „Märklin" für meine Eisenbahn, Spur Null. Außerdem ein Buch – „Winnetou", Band I. Da ich einen Monat später schon wieder Geburtstag hatte, wurden die Dotationen sorgsam dosiert.

Silvester hatten wir Besuch von netten Nachbarn, die unter uns wohnten. Es war ein urbayerisches Ehepaar aus Freising, mit dem wir uns sehr gut verstanden. Es wurde geknallt und sogar mit Sekt angestoßen – ich durfte nippen – alle hofften auf bessere Zeiten. Ich warf den Inhalt von drei Schachteln Knallerbsen vom Balkon auf die Straße, bekam einen Rollmops und wurde gegen ½ 1 Uhr ins Bett gesteckt.

Am nächsten Morgen, um 9 Uhr, marschierte das Wachbataillon der Reichswehr, aus der Königin-Elisabeth-Straße kommend, in Richtung Zoo – durch die Kantstraße. Der Kommandeur zu Pferde. Die Soldaten „umgeschnallt, mit Stahlhelm und aufgepflanztem Bajonett". Das Musikkorps spielte gerade: „Freut euch des Lebens, solange noch das Lämpchen glüht", dann folgte wieder ein Marsch.

Die „Elisabether" kamen traditionsgemäß an jedem Neujahrsmorgen bei uns vorbei. Man nannte es „das große Wekken". Wir standen auf dem Balkon und begrüßten sie mit Winken und mit „Prosit Neujahr". Auch das war Tradition. Viele klatschten. Heute war der 1. Januar 1933.

Etwa Mitte Januar erzielte die NSDAP in Lippe einen großen Wahlerfolg. Von Papen war übrigens jetzt auch Reichskommissar für Preußen. Er hatte den „Vipoprä", Vizepolizeipräsident Isidor Weiß, absetzen lassen, außerdem den Kommandeur der Schutzpolizei. Seit Dezember war General von Schleicher Reichskanzler. Die Reichswehr hatte die Verhaftung der Polizeioberen vorgenommen. Über all das wurde ständig diskutiert. Keiner wußte, was kommen würde, viele – ja die meisten – hofften auf Hitler.

Ich jedoch hoffte auf meinen 10. Geburtstag am 23. Januar. Der kam mit Sicherheit. Es gab auch eine Kindergesellschaft mit Kakao, Kuchen, Kartoffelsalat mit Würstchen und Brause. Coca Cola war damals noch nicht „in". Wölfchen, Ralph, Kurti, Fedor, Hotte, Kutte, Harry und mindestens noch vier andere Jungen waren eingeladen und kamen auch.

Ich hatte mir besonders eine Karte für die Berliner SCALA, das internationale Varieté in der Martin-Luther-Straße, gewünscht. Für die Nachmittagsvorstellung. Das verkündete ich lauthals überall. Ich wollte auch warten, bis es was Besonderes gab. Die „Drei Codonas" zum Beispiel, oder Rastelli, den Jongleur. Vielleicht auch Charly Rivel mit „Akrobat schöööön". Und dann mußte ich unbedingt Otto Stenzel sehen, den Kapellmeister des SCALA Orchesters, das er, auf den Rücken eines Elefanten sitzend und mit einem Tropenhelm auf dem Kopf, angeblich oben von der Bühne aus dirigierte. So wurde erzählt.

„So'n Quatsch" sagte Fedor, „bei die Affenhitze in de SCALA ooch noch 'n Tropenhelm uff'm Kopp!"

„Na ja, deshalb doch", krähte Wölfchen, „wo't heeß is, setzt man so'n Tropenhelm uff, ick wer ooch bald enen haben!"

„Natürlich Wölfchen", sagte Mutter, „wir schenken dir zum Geburtstag einen Tropenhelm."

„Da bin ick jarnich mehr da im Juni, da bin ick schon weg!"

„Und wo bist du da?"

„In Palästina!" schrie er und hüpfte so herum, daß seine Eulenbrille verrutschte.

„Und warum?"– „Wir ha'm verkooft und lösen uff!"

Meine Mutter war perplex, wir auch: „Aber vorher besuchst Du uns doch noch einmal?"

„Klar, wir jeben 'ne Abschiedsvorstellung, jeder kriejt zwee Pfund Datteln – jratis! Kommt jetzt det Toppschlagen?"

Es kam das Topfschlagen. Wölfchen fand eine Trillerpfeife, die sofort und lang anhaltend ausprobiert wurde. Dann spielten wir „Die Reise nach Jerusalem". Es paßte irgendwie. Ralph mit seinem Lockenkopf stand neben mir und sagte plötzlich: „Wir hauen ooch ab, unsere Jeschäfte übernimmt 'ne Textilfabrik – eener von die wollte sich dicke tun, dem ha'm wa abjesagt, aber die andern sind in Ordnung, die kriejen allet."

„Wo geht ihr denn hin?"

„Amerika oder Kanada, ick weeß nich so jenau, da ham wa Verwandte."

„Und wann?" – „Na, im April, wenn de Schule aus is."
Nach den vier Volksschuljahren wollten die meisten von uns aufs Gymnasium oder die „Hohe Schule", wie es damals hieß.

Inzwischen war mein Vater gekommen und hatte den Kriminalrat Dr. S., wie er allgemein genannt wurde, mitgebracht. Alle Kinder begrüßten die beiden artig und mein Vater gratulierte mir. Dann wurde das Kasperletheater aufgebaut, und wir amüsierten uns bei selbstdachten Spielen, speziell jedoch über das Krokodil, dem mehrere Zähne fehlten.

Nach dem Abendessen, so gegen 19 Uhr, wurden die ersten abgeholt. Dann kam Ruth. Sie trug ein Zobeljäckchen, meine Mutter erkannte so etwas sofort. Dazu einen Turban, der opalisierend schillerte. Jäckchen und Turban wurden in der Garderobe auf dem Flur deponiert. Sie schüttelte nur ihre Locken zurecht und kam rein.

„Na, da biste ja schon, ick wollte noch ne Weile bleiben", quengelte Ralph.

Sie hielt ihm den Mund zu, schüttelte leicht den Kopf, sagte: „Sch, sch", und gab mir einen Kuß. „Viel Glück! Hier, das ist für dich."

Ich nahm ein eindrucksvolles Paket entgegen und begann, es auszupacken. Alle standen schweigend um mich herum,

Ralph grinste. „Ick weeß, wat drin is, aber ick bin stille!"

Eine Pappschachtel. Wertheim stand auf dem Deckel. Ich öffnete sie vorsichtig. Ein Spielzeugauto kam zum Vorschein. Ein Coupé! Zum Aufziehen! Mit Türen zum Öffnen! Mit Beleuchtung! Zwei Scheinwerfer, ein Rücklicht. Rot! Und die Klappe für den Notsitz ließ sich sogar aufstellen!

Mir blieb die Spucke weg. Das kam selten vor. Alle starrten das Geschenk ehrfürchtig an. Das Auto war wunderbar lackiert. – Heute weiß ich: So schön kann nur ein Blechspielzeug sein – es wäre jetzt ein kleines Vermögen wert.

„Los, zieh uff!" rief Ralph, „ick habe detselbe, deshalb hab ick et ja ooch empfohlen!"

Und dann ging es los. Wir ließen das Auto auf dem langen Korridor hin- und herfahren, jeder durfte es anfassen, das Licht einschalten, die bewegliche Vorderachse einstellen – ich habe nichts davon vergessen.

Meine Mutter war sehr verlegen: „Das war doch nicht nötig, das mußte doch nicht sein, Ralph hatte doch schon ein Geschenk mitgebracht" und ähnliches.

„An seinem nächsten Geburtstag sind wir nicht mehr da,

es war unser letztes Geschenk für ihn", sagte Ruth und ging ins Herrenzimmer.

Vater empfing sie sehr formvollendet, mit einem Handkuß. Der Kriminalrat war auch nicht schlecht, aber er klappte zu laut mit den Hacken. Und dann nahm sie Platz. In dem großen ledernen Ohrensessel, angetan mit einer seidenen Glitzerbluse und einem hellen Faltenrock. Sie hatte die Beine übereinandergeschlagen und war völlig entspannt. Ihren Pompadour legte sie auf den Rauchtisch. Vater holte Cherry Brandy.

Der Kriminalrat sah fasziniert auf ihre seidenbestrumpften Beine und sagte plötzlich: „Donnerwetter, ich hab dem Bengel ja sein Geschenk noch gar nicht gegeben".

Der Bengel stand – taktisch richtig – im Wohnzimmer, mit Blick ins Herrenzimmer und auf den Korridor, er sah und hörte alles. Dr. S. erhob sich widerwillig und holte von der Garderobe das Geschenk. Es war ein Buch.

„Eigentlich wollte ich dir ja „Ein Kampf um Rom" schenken, aber dein Vater meinte, das wäre noch nichts für dich. Hier ist die Geschichte Friedrichs des Großen von Franz Kugler, mit den Illustrationen von Adolph Menzel."

Ich nahm das Geschenk ehrerbietig entgegen und bedankte mich. Menzel gefiel mir, der konnte wirklich malen, das hatte ich schon oft im Zeughaus gesehen, wo seine Werke zu bewundern sind. Hoffentlich konnte der Kugler auch spannend schreiben. Der Kriminalrat war wieder blitzschnell im Herrenzimmer verschwunden und stieß soeben mit Ruth an.

„Auf Ihr Wohl gnä' Frau", sagte er leise und akzentuiert.

Ruth räkelte sich wohlig im Sessel und wippte mit der rechten Fußspitze. Sie trug königsblaue Samtpumps mit spitzen Absätzen. Im Januar! Draußen waren ein paar Grad Kälte!

„Komm mal her", rief meine Mutter, „du hast dich noch gar nicht richtig für das Auto bedankt!"

Ich kam aus dem Wohnzimmer angetrottelt. Die nächsten Augenblicke werde ich auch nie vergessen: Der Kriminalrat hatte sein silbernes Zigarettenetui geöffnet und bot an. Er beugte sich vor. Ruth nahm eine Zigarette, Mutter auch.

„Es sind amerikanische," erklärte er, „Virginia Tabak, sehr aromatisch."

Beide Herren verhedderten sich beim Feuergeben. Mehrfach wurden Streichhölzer angerissen – vor Aufregung mit der falschen Seite – und wieder ausgepustet. Ruth hatte nämlich aus ihrem Pompadour eine Zigarettenspitze genommen, die man teleskopartig ausziehen konnte. Die Spitze war aus Silber, das Mundstück aus Schildpatt. Die Spitze war allerdings kürzer als die, die ich mal auf einem Foto mit Marlene Dietrich gesehen hatte.

Mein Vater entzündete endlich die Kerze auf dem Rauchtisch und schnitt eine Zigarre ab.

Mit einem etwas traumverlorenen Blick nahm Ruth die ersten Züge. Mutter hüstelte. Ich kam langsam näher.

„Vielen Dank für det dolle Auto", sagte ich, „ick freue mir riesig!"

„Ich freue mich", korrigierte mein Vater und „hör endlich auf zu berlinern, das ist ja kaum auszuhalten. Frau Rissom sollte da wirklich mehr drauf achten!"

Ruth lachte herzlich. „Lassen Sie man, er hat heute Geburtstag und alle sind so vergnügt."

Der Kriminalrat starrte immer noch auf ihre Beine. Es schien ihr nichts auszumachen.

„Weißt du", sagte sie, „du sollst noch lange an uns denken. Wir fahren ja nun bald weg. Vielleicht will Ralph noch ein Schwesterchen haben, das soll ganz unbeschwert aufwachsen können – woanders, nicht hier. Vielleicht verstehst du das noch nicht, aber deine Eltern wissen, was ich meine."

Daß Ralph ein Schwesterchen haben wollte, war mir völlig neu. Ich blickte ihn konsterniert an. Er machte ein unbeteiligtes Gesicht und zog ständig an der Gardinenschnur vor den Balkonfenstern.

„Na, da kann man ja nur Glück wünschen", postulierte

Dr. S. mit leicht belegter Stimme und hob das neu gefüllte Glas mit Cherry Brandy in Richtung Ruth.

„Ja, wünschen Sie uns nur Glück, lieber Freund, wir können es brauchen", sagte sie und dann, nach einer Pause: „Es ist so schön hier, ich möchte gar nicht weg."

„Ick ooch nich!" schrie Ralph und ließ endlich die Gardinenschnur los.

Einen Augenblick war es still und dann summte Ruth ganz leise den Erfolgsschlager „Das gibt's nur einmal, das kommt nicht wieder..." vor sich hin. Mutter summte mit.

Es war ein unvergleichlicher Anblick: Unser großes, hohes Herrenzimmer, ausgestattet mit den warmen, schweren Möbeln und Sesseln, dem schönen Teppich, der sanften Stehlampe, den dicken Portieren, die halb geöffnete Balkontür, links der fast drei Meter hohe Kachelofen, der gemütlich bullerte, und der große Holzrahmen für die Flügeltüren, der dieses Bild umschloß.

In der Mitte, das Gesicht mir zugewandt, – Ruth – eine zeitlos schöne Frau, die – unvergleichlich – nonchalant im Sessel saß und eine Virginia-Zigarette aus einer eleganten Spitze rauchte. Neben ihr meine Eltern und der Kriminalrat. Welch ein Jammer, daß niemand einen Fotoapparat zur Hand hatte, um diesen Eindruck festzuhalten! Die Aufnahme hätte auf das Titelblatt jeder mondänen Zeitschrift gepaßt. Selbst Kaiser Wilhelm schien von seinem Bild an der Wand aus die Szene mit Wohlwollen zu betrachten.

Sie entnahm ihrem unerschöpflichen Pompadour eine Puderdose und fuhr sich mit der Quaste leicht über Stirn, Nase und Wangen. Dann zog sie ihre Lippen nach, blickte prüfend in den Spiegel und klappte die Dose zu. Jede Bewegung war damenhaft, leger und unbefangen.

„Gut so?" fragte sie lächelnd meinen Vater. Der nickte nur stumm. Dann erhob sie sich, um sich zu verabschieden. Wir standen jetzt alle im Herrenzimmer herum.

Kurti sah vom Balkon.

„Der Chrysler steht unten!" schrie er.

Ja, da stand der Chrysler, eine viertürige Limousine, vor dem Haus Kantstr. 102 in Berlin-Charlottenburg 4, am 23. Januar 1933, gegen 20 Uhr.

„Is Albert ooch da unten?" fragte Fedor.

„Nee, der hat schon 'ne andere Stelle." Ralph zog sich seinen Mantel an.

„Und wer fährt nu?" Fedor wollte es genau wissen.

„Ich", sagte Ruth und streifte ein paar Glacehandschuhe über.

Wir rannten alle die vier Treppen runter vor die Haustür. Ruth schloß das Auto auf. Ralph kletterte auf den Vordersitz. Hotte und Kutte aus Charlottenburg-Nord wurden mitgenommen. Sie saßen mäuschenstill auf der Rückbank.

„Lebe wohl", sagte Ruth zu mir. „Ich meine es ernst und wörtlich!"

Dann stieg sie ein. Sie ließ den Motor an, schaltete geräuschlos in den ersten Gang und fuhr los.

Vor Begeisterung gab Fedor sein bekanntes Zeichen von sich: Er steckte zwei Finger in den Mund und pfiff gellend, tatkräftig unterstützt von Wölfchen, der seine soeben gewonnene Trillerpfeife erfolgreich einsetzte. Ruth winkte mit der linken Hand aus dem Seitenfenster. Das Glaceleder ihres Handschuhs schimmerte hell.

Ich habe sie nie wieder gesehen.

Verfasser

Backofen, Elsbeth
geb. 1927 in Unterschwaningen,
lebt in Soest, Nordrhein-Westfalen.
Beruf/Tätigkeiten: Hausfrau, früher Lehrerin.

Blank, Ingeborg, geb. Gothe
geb. 1922 in Mühlhausen, Thüringen,
lebt in Steinheid, Thüringen.
Beruf/Tätigkeiten: Lehrerin im Ruhestand.

Blaudow, Willi F.
geb. 1926 in Damgarten, Mecklenburg-Vorpommern,
lebt in Petersberg, Hessen.
Beruf/Tätigkeiten: Kriminalbeamter i.R.
Bisherige Veröffentlichungen: Erlebnisse hessischer Grenzpolizisten
in Dörfern in der Rhön; Beitrag zur Geschichte der Zonengrenze in
der Neuerscheinung „Grenzland Rhön".

Brengel, Heinz
geb. 1912 in Grünstadt, Pfalz,
lebt in Weilheim/Teck, Baden-Württemberg.
Beruf/Tätigkeiten: Rektor a.D.

Brockerhoff, Klaus
geb. 1923 in Berlin, verstorben 1998,
lebte zuletzt in Kirchlinteln, Niedersachsen.
Beruf/Tätigkeiten: Personalleiter im Ruhestand.

Brodmerkel, Grete geb. Riedelbauch
geb. 1920 in Oberredwitz, heute Marktredwitz, Fichtelgebierge
lebt in Holenbrunn, Bayern.
Beruf/Tätigkeiten: Rentnerin.

Brümmer, Emmy, geb. Wollschläger
geb. 1909 auf Gut Lenzienen, Ostpreußen,
lebt in Hanau, Hessen.
Beruf/Tätigkeiten: Landwirtin; Buch-, Kunst-, Musikalienhändlerin
im Ruhestand.

Bunzenthal, Ernst
geb. 1916 in Helmarshausen,
lebt in Balingen, Baden-Württemberg.
Beruf/Tätigkeiten: Selbständiger Malermeister im Ruhestand.

Dessau, Manfred
geb. 1922 in Berlin,
lebt in Penzance, Cornwall, England.
Beruf/Tätigkeiten: Kriminalist im Ruhestand.
Bisherige Veröffentlichungen: Kurzgeschichten, Fachliteratur:
„Privat-Detektive".

Eberbach, Ludwig
geb. 1914 in Ravensburg,
lebt in Albstadt-Tailfingen, Baden-Württemberg.
Beruf/Tätigkeiten: Fachdrogist; Verwaltungsangestellter im Ruhestand.

Eilers, Jan
geb. 1920 in Oldenburg i.O.,
lebt in Wardenburg, Niedersachsen.
Beruf/Tätigkeiten: Fernseh-Techniker, seit 1985 im Ruhestand.
Bisherige Veröffentlichungen: in Hochdeutsch und Plattdeutsch, in
Tageszeitungen, Wochenzeitungen, Zeitschriften, Kalendern und
Büchern; Kurzgeschichten und Artikel über Heimat, Kindheit,
Persönlichkeiten, Technik und Luftfahrt.

Finken, Hans Georg
geb. 1926 in Halle/Saale,
lebt in Halle, Sachsen-Anhalt.
Beruf/Tätigkeiten: Lehrer im Ruhestand.
Bisherige Veröffentlichungen: „Wandtafelzeichnungen zur Heimat-
kunde in der Stadt Halle", 1956; „Die Franziskaner in Halle", 1980;
„Die katholische Propsteikirche St. Franziskus und St. Elisabeth in
Halle", 1996; „Mit der Kraft von oben, 100 Jahre Kongregation der
Grauen Schwestern von der hl. Elisabeth in Halle", 1992; Zahlreiche
Beiträge in Publikationen zur Heimatgeschichte.

Frisch, Annemarie
geb. 1921 in Nürnberg,
lebt in Cadolzburg, Bayern.
Beruf/Tätigkeiten: Landwirtschaftsmeisterin im Ruhestand.

Gaedike, Erika, geb. Molitor
geb. 1921 in Berlin-Charlottenburg, lebt in Bremen.
Beruf/Tätigkeiten: Säuglingsschwester im Ruhestand.

Haak, Liselotte
geb. 1918 in Berlin,
lebt in Kreiensen, Niedersachsen.
Beruf/Tätigkeiten: staatl. gepr. Kindergärtnerin, Hortnerin im Ruhestand.
Bisherige Veröffentlichungen: Laienspiele für Schulkinder im früheren
Deutschen Laienspielverlag Weinheim, jetzt Deutscher Theaterverlag.

Henseler, Peter Konrad
geb. 1915 in Heppingen/Ahr,
lebt in Bad Neuenahr, Rheinland-Pfalz.
Beruf/Tätigkeiten: Bergmann, Schriftsteller.
Bisherige Veröffentlichungen: zehn autobiographische Bücher aus
den Jahren 1957-1994.

Kilger, Hans, Dr.
geb. 1902 in Köln, verstorben 1993,
lebte zuletzt in Frankfurt am Main, Hessen.

Beruf/Tätigkeiten: Dipl.-Ingenieur Maschinenbau.
Bisherige Veröffentlichungen: „Technische Baustähle", Fachbuch.

Kilger, Hildegard, geb. Rüdiger
geb. 1910 in Dresden,
lebt in Frankfurt am Main, Hessen. Beruf: Hausfrau

Kirschke, Rosemarie, geb. von Gierke
geb. 1924 in Lojewo, Inowrocław nahe Torun, Polen,
lebt in Bad Soden / Taunus, Hessen.
Bisherige Veröffentlichungen: „Lojewo in memoriam", SOLDI-Verlag,
Hamburg, 1994; „Von der Tippse zur Putze", SOLDI-Verlag, Hamburg 1997.

Kraus-Kolter, Cäcilie, geb. Kolter
geb. 1915 in Herne, Westfalen,
lebt in Bergisch Gladbach, Nordrhein-Westfalen.
Beruf/Tätigkeiten: Lehrerin, Autorin.
Bisherige Veröffentlichungen: „Schmetterlinge und Bomber, Vom
Ruhrgebiet zum Bergischen Land", Andrea Schmitz Buchverlag,
Overrath 1997; Beitrag in „Rhein.-Bergischer Kalender", Verlag
Heider, 1993; „Unter die Schulbank geschaut", „Geschichten, die das
Leben schrieb", „Licht und Schatten" in Anthologien, Andrea Schmitz
Buchverlag, Overrath 1993.

Kronberg, Liselotte, geb. Korsch
geb. 1920 in Wernigerode/Harz,
lebt in Ballenstedt/Harz, Sachsen-Anhalt.
Beruf/Tätigkeiten: Kindergärtnerin, Hortnerin, Buchhändlerin,
Buchhandlungsleiterin.

Kubelka, Margarete
geb. 1923 in Haida, Nordböhmen,
lebt in Darmstadt-Eberstadt, Hessen.
Beruf/Tätigkeiten: Lehrerin, seit 1951 freie Schriftstellerin, freie
Mitarbeiterin zahlreicher Zeitungen, Zeitschriften und im Hörfunk.
Bisherige Veröffentlichungen: mehr als 30 Bücher (Roman, Erzählung,
Lyrik, Kinder- und Jugendbuch), Beiträge in ca. 70 Anthologien.

Linke, Margot, geb. Scholz
geb. 1924 in Maltsch,
lebt in Kirchheim/Teck, Baden-Württemberg.
Beruf/Tätigkeiten: Kindergärtnerin im Ruhestand.

Lutz, Hilde, geb. Holle
geb. 1913 in Hannover,
lebt in Laatzen bei Hannover, Niedersachsen.
Beruf/Tätigkeiten: Buchhändlerin im Ruhestand.

Michel, Renate, geb. Meyer-Bothling
geb. 1914 in Berlin,
lebt in Heidelberg, Baden-Württemberg.
Beruf/Tätigkeiten: Malerin, Grafikerin.
Bisherige Veröffentlichungen: Kalender für Zoologischen Garten
Heidelberg 1992; Kalender für Zoologisches Institut der Universität
Heidelberg 1997.

Nettersheim, Richard
geb. 1911 in Bedburg (Erftkreis),
lebt in Gummersbach, Nordrhein-Westfalen.
Beruf/Tätigkeiten: Rektor i.R.
Bisherige Veröffentlichungen: „Besinnliche Stunden", Verlag
Gronenberg, Gummersbach.

Pätz, Trudi, geb. Schröder
geb. 1922 in Hamburg,
lebt in Hamburg.
Beruf/Tätigkeiten: im Ruhestand, vordem Behördenangestellte in der
Staatlichen Pressestelle.
Bisherige Veröffentlichungen: Gedicht über Indien-Reise in „Reime,
Riemels und Balladen", hrsg. vom NDR-Hamburg; mehrere Kurzgeschichten und Gedichte in der Deutschen Multiple Sklerose Zeitschrift „Gemeinsam".

Pelzer, Klaus
geb. 1918 in Fastrau (heute Fell, Kreis Trier-Saarburg),
lebt in Trier, Rheinland-Pfalz.

Beruf/Tätigkeiten: Postbeamter im Ruhestand.
Bisherige Veröffentlichungen: Kurzgeschichten und Anekdoten in
Tageszeitungen und Zeitschriften.

Pötter, Hans
geb. 1896 in Boisheim, Pötterhöfe, verstorben 1992,
lebte zuletzt in Mönchengladbach, Nordrhein-Westfalen.
Beruf/Tätigkeiten: Lehrer.

Riedel, Magda, geb. Zehlke
geb. 1918 in Zepkow, Mecklenburg,
lebt in Maintal, Hessen.
Beruf/Tätigkeiten: Sekretärin im Ruhestand.
Bisherige Veröffentlichungen: „Johannisfeuer", Kurzgeschichten und
Prosa (Anth.), Wiesjahn-Verlag, Berlin 1997.

Sabel, Ursula, geb. Berekoven
geb. 1924 in Duisburg,
lebt in Kenn, Rheinland-Pfalz.
Beruf/Tätigkeiten: Elektroassistentin, Lehrerin, Hausfrau.

Schäfer, Wilhelm
geb. 1920 in Pfaffenhofen-Weiler,
lebt in Obersulm-Willsbach, Baden-Württemberg.
Beruf/Tätigkeiten: Landwirt und Weingärtner im Ruhestand.

Schladt, Franz
geb. 1923 in Köln,
lebt in Köln, Nordrhein-Westfalen.
Beruf/Tätigkeiten: Gymnasiallehrer im Ruhestand.
Bisherige Veröffentlichungen: „Kein Achsenbruch, Ein Reiseleiter
erinnert sich", R. G. Fischer Verlag, Frankfurt/Main 1993.

Schmidtgall, Irma, geb. Bloch
geb. 1909 in Eichental, Ukraine,
lebt in Darmstadt, Hessen.
Beruf/Tätigkeiten: Rentnerin.

Schwarzkopf, Lore, geb. Habel
geb. 1917 in Stuttgart, verstorben 1998,
lebte zuletzt in Metzingen, Baden-Württemberg.
Beruf/Tätigkeiten: Klavierlehrerin bis 1993.

Siemionow, Elisabeth, geb. Joël
geb. 1922 in Berlin-Charlottenburg,
lebt in Trier, Rheinland-Pfalz.
Beruf/Tätigkeiten: Buchhalterin und Deutsch-Lehrerin in Polen.
Sonstiges: war mit einem polnischen Offizier verheiratet und lebte
35 Jahre in Polen; kehrte 1982 mit ihrer Tochter nach Deutschland
zurück.

Stade, Marie
geb. 1920 in Siegelbach,
lebt in Siegelbach, Thüringen.
Beruf/Tätigkeiten: Buchhalterin im Ruhestand.

Stimmelmayr, Lisa, geb. Wetzel
geb. 1920 in Berlin,
lebt in Berlin.
Beruf/Tätigkeiten: TU-Angestellte im Ruhestand.
Bisherige Veröffentlichungen: Aufsätze in der Zeitschrift „Charlottenburger", Berlin 1956-1959.

Stübing, Frieda, geb. Kolditz
geb. 1914 in Wippra, Südharz,
lebt in Hanau, Hessen.
Beruf/Tätigkeiten: Hausfrau, Rentnerin.
Bisherige Veröffentlichungen: Zwei Beiträge in Reader's Digest,
Rubrik „Menschen wie du und ich", 1965.

Truhe, Maria
geb. 1915 in Köln,
lebt in Köln, Nordrhein-Westfalen.
Beruf/Tätigkeiten: Sparkassen-Angestellte; Rentnerin.

Wagner, Hans
geb. 1921 in Bütow, Pommern,
lebt in Weinbach-Fürfurth, Hessen.
Beruf/Tätigkeiten: Frauenarzt im Ruhestand.
Bisherige Veröffentlichungen: medizinische Fachartikel.

Wagner, Paul F.
geb. 1914 in Weida, Thüringen,
lebt in Lörrach, Baden-Württemberg.
Bisherige Veröffentlichungen: „Immer wieder", Gedichte, Hellberg
Verlag, Lörrach 1983; „100 + 1 Limerick", Resin Verlag, Bingen 1986;
„Hermann Burte und seine Zeit", Resin Verlag, Bingen 1990; Essays
und Erzählungen im Radio, in Schweizer Zeitschriften und Zeitungen.
Der in diesem Band veröffentlichte Text stammt aus dem unveröf-
fentlichten Manuskript „Eine Kindheit in Thüringen".

Wiehr, Ursula, geb. Keßmann
geb. 1909 in Königs Wusterhausen,
lebt in Göttingen, Niedersachsen.
Beruf/Tätigkeiten: Technische Lehrerin im Ruhestand.
Bisherige Veröffentlichungen: „Kreuzfahrt", „Sieben in Nepal",
„Reise nach Bangkok" (Reiseromane), Gedichte in Anthologien.

Wittwer, Hertha, geb. Krause
geb. 1915 in Ullersdorf, Kreis Glatz, Niederschlesien
lebt in Bad Orb, Hessen.
Beruf/Tätigkeiten: Kindergärtnerin; Mütterheimleiterin; Märchenerzählerin. Sonstiges: 1987 für ihre Verdienste um den Kneipp-Verein
und viele andere Vereine mit dem Bundesverdienstkreuz am Bande
ausgezeichnet.

Wortmann, Gertraude, geb. Matterne
geb. 1925 in Hermsdorf im Riesengebirge, Schlesien,
lebt in Georgsmarienhütte, Niedersachsen.
Beruf/Tätigkeiten: Kauffrau im Ruhestand.
Bisherige Veröffentlichungen: Artikel in Tageszeitungen und Zeitschriften; Beitrag in „Gebrannte Kinder", Kindheit 1939-1945, Reihe
ZEITGUT, JKL-Publikationen, Berlin 1998.

1999 erscheinen neu:

Erinnerungen
Deutschland 1939–1945 (Arbeitstitel)
ISBN 3-933336-08-2

Erinnerungen
Deutschland 1945–1950 (Arbeitstitel)
ISBN 3-933336-10-4

Gebrannte Kinder, 2. Teil
Kindheit in Deutschland 1939–1945
ISBN 3-933336-09-0

Nachkriegs-Jugend (Arbeitstitel)
Jugend in Deutschland 1945–1950
ISBN 3-933336-06-6

Wir wollten leben, 2. Teil
Jugend in Deutschland 1939–1945
ISBN 3-933336-11-2

Pimpfe, Mädels & andere Kinder, 2. Teil
Kindheit in Deutschland 1933–1939
ISBN 3-933336-12-0

Deutsch-deutsche Geschichten
Grenzgänge 1949–1989
ISBN 3-933336-13-9

Weitere Bände in Vorbereitung.

Jeder Band ca. 320 Seiten, 34,80 DM, Klappenbroschur mit
vielen Abbildungen, Umschlag vierfarbig, matt cellophaniert